Unsere Muttersprache
10

Cornelsen
Volk und Wissen

Zu diesem Buch gibt es ein passendes **Arbeitsheft** (ISBN 978-3-06-101083-6).

Autorinnen und Autoren: Christiane Biechele, Hartmut Frentz, Brita Kaiser-Deutrich, Kristina Maiwald, Viola Oehme, Gerda Pietzsch, Anja Rebbin, Edith Sonntag, Martin Steen, Marion Thielicke-Grünheid, Viola Tomaszek, Hannelore Walther

Redaktion: Karin Unfried

Autoren und Redaktion danken Martina Brinkel (Thüringen), Hannelore Flämig (Brandenburg), Cordula Rieger (Berlin), Eva-Maria Riesner (Sachsen), Silvia Teutloff (Sachsen-Anhalt) und Christina Westphal (Mecklenburg-Vorpommern) für wertvolle Anregungen und praktische Hinweise bei der Entwicklung des Manuskripts.

Illustrationen: Peter Menne, Potsdam
Umschlaggestaltung: Gerhard Medoch, Berlin
Layout: Stephan Rosenthal, Berlin
Technische Umsetzung: Karoline Grunske, Berlin

www.cornelsen.de

Die Internetadressen und -dateien, die in diesem Lehrwerk angegeben sind, wurden vor Drucklegung geprüft. Der Verlag übernimmt keine Gewähr für die Aktualität und den Inhalt dieser Adressen und Dateien oder solcher, die mit ihnen verlinkt sind.

Dieses Werk berücksichtigt die Regeln der reformierten Rechtschreibung und Zeichensetzung. Ausnahmen bilden Originaltexte, bei denen lizenzrechtliche Gründe einer Änderung entgegenstehen.

2. Auflage, 2. Druck 2007 / 06

Alle Drucke dieser Auflage sind inhaltlich unverändert und können im Unterricht nebeneinander verwendet werden.

© 2005 Cornelsen Verlag, Berlin

Das Werk und seine Teile sind urheberrechtlich geschützt.
Jede Nutzung in anderen als den gesetzlich zugelassenen Fällen bedarf der vorherigen schriftlichen Einwilligung des Verlages.
Hinweis zu § 52a UrhG: Weder das Werk noch seine Teile dürfen ohne eine solche Einwilligung eingescannt und in ein Netzwerk eingestellt werden.
Dies gilt auch für Intranets von Schulen und sonstigen Bildungseinrichtungen.

Druck: Offizin Andersen Nexö Leipzig

ISBN 978-3-06-101082-9

Inhalt gedruckt auf säurefreiem Papier aus nachhaltiger Forstwirtschaft.

Inhaltsverzeichnis

Zuhören – Sprechen – Schreiben

Miteinander diskutieren – einen Standpunkt vertreten ... 6
- Zu einem Problem referieren ... 6
- Diskutieren und Argumentieren ... 12

Schriftlich Stellung nehmen – Erörtern ... 17
- Textunabhängiges oder freies Erörtern ... 17
- Textbezogenes oder textgebundenes Erörtern ... 26

Schildern und Erzählen ... 30
- Schildern ... 30
- Im Film erzählen ... 32

Beschreiben ... 41
- Personen charakterisieren ... 41
- Komplexe Sachverhalte beschreiben ... 44

Berichten und Kommentieren ... 47
Projektidee: Wir führen eine Expertenkonferenz durch ... 60
(Integrierendes Projekt: Erörtern, Beschreiben, Berichten)

Gebrauchstexte schreiben ... 62
- Einen Antrag stellen ... 62
- Eine Bitte formulieren, einen Appell verfassen ... 64

Sich bewerben ... 66
- Ein Bewerbungsschreiben verfassen ... 66
- Selbst eine Anzeige formulieren ... 70
- Den Lebenslauf schreiben ... 71
- Ein Vorstellungsgespräch führen ... 71

Abschlusstraining: Einen argumentativen Brief schreiben ... 74

Mit Texten und Medien umgehen

Einen literarischen Text lesen und verstehen ... 76
- Ein Gedicht interpretieren ... 76
- Einen kurzen Erzähltext verstehen ... 84
- Eine Dramenszene interpretieren ... 89
- Interpretation eines literarischen Textes im Überblick ... 92

Inhaltsverzeichnis

Mit Sach- und Fachtexten umgehen 93
- Sachtexte lesen und verstehen 93
- Fachtexte lesen und verstehen 97

Mit Medien umgehen 103
- Zeitungen lesen und verstehen 103
- Medien kritisch betrachten 110
- Das Internet nutzen 112

Projektidee: „Klick mit Durchblick" – Wir organisieren einen Internetworkshop 116

Abschlusstraining: Einen literarischen Text interpretieren 119

Über Sprache nachdenken

Sprache im Wandel 120
- Einflüsse auf die deutsche Sprache im Lauf der Geschichte 120
- Entwicklungen in der Gegenwartssprache 122

Mit verschiedenen Sprachen leben 125
- Mehrere Sprachen sprechen 125
- Sprachen im geeinten Europa 130

Projektidee: Verschiedene Sprachen sprechen 132

Die Wirkung von Sprache untersuchen und selbst nutzen 134

Satzbau und Textgestaltung 140
- Verknüpfen von Sätzen 140
- Nachträge und Zusätze 143
- Der Bau zusammengesetzter Sätze 147
- Verknüpfen von Textabschnitten 150
- Auflockern und Verdichten 152

Wortarten und Wortformen 154
- Die Wortarten im Überblick 154
- Stilübungen zum Konjunktiv 155
- Stilübungen zum Passiv 158

Wortbedeutung 159
- Metaphern 159
- Fachwörter/Fachsprache 161

Inhaltsverzeichnis

Richtig schreiben

Fehler erkennen und Rechtschreibhilfen nutzen 165

Groß- und Kleinschreibung 166

Getrennt- und Zusammenschreibung 170

Fremdwörter 172

Rechtschreibhilfen im Überblick 175

Abschlusstraining: Einen Text überarbeiten 178

Arbeitstechniken anwenden

Sachtexte kürzer fassen 181
   Inhalte gekürzt wiedergeben oder die Hauptinformation herausarbeiten 181
   In Texten markieren/unterstreichen 182

Gesetzestexte lesen und verstehen 184

Anhang

Lösungsbeispiele zu den Abschlusstrainings 187
Wichtige grammatische Bezeichnungen 194
Sachwortverzeichnis 196
Quellenverzeichnis 198
Einander entsprechende Lerninhalte in „Unsere Muttersprache 10"
und „Unser Lesebuch 10" 200

Arbeitet zu zweit.

Arbeitet in Gruppen.

Lies dort nach.

Nützlicher Tipp

Hier kannst du den Computer einsetzen.

Nutze das Internet.

Zuhören – Sprechen – Schreiben

Miteinander diskutieren – einen Standpunkt vertreten

Zu einem Problem referieren

1 a In einer 10. Klasse, in der es ab und zu Konflikte mit Lehrern und Eltern gibt, steht ein Elternabend an zum Thema „Jung und Alt – ein unlösbares Generationenproblem?". Als Klassensprecher erklärt sich Tim bereit, ein Referat zu diesem Problem zu halten. Zunächst notiert er sich folgende Fragen:

- Was will ich mit meinem Referat bei meinen Zuhörern erreichen?
- In welcher Situation und unter welchen Bedingungen stelle ich meine Gedanken vor?
- Was erwarten meine Zuhörer von mir?

b Beantworte diese Fragen. Versetze dich dazu in Tims Rolle. Denke dabei auch an das Verhältnis zwischen Schülern, Lehrern und Eltern in deiner Klasse.

c Welche grundsätzlichen Fragen stellst du dir noch, wenn du dich auf ein Referat vorzubereiten hast?

2 Welchen der folgenden Behauptungen (Thesen) stimmst du zu? Begründe deine Meinung.

„Zwischen Jung und Alt gibt es ein lösbares Generationenproblem."

„Zwischen Jung und Alt existiert ein unlösbares Generationenproblem."

„Zwischen Jung und Alt herrscht nicht nur ein Generationenproblem, sondern ein Generationenkonflikt."

Zu einem Problem referieren 7

3 a Tim hat sich in einem ersten Brainstorming Gedanken zum Thema „Jung und Alt" (Aufg. 1) gemacht und diese aufgeschrieben. Er will sie später für die Gliederung seines Referats verwenden. Lies zunächst aufmerksam seine Notizen.

- Das Generationenproblem ist lösbar.
- Die Jugend ist kritischer gegenüber Althergebrachtem.
- In Gesprächen lassen sich viele Meinungsverschiedenheiten überbrücken.
- Die Jungen haben selten Verständnis für die Verhaltensanweisungen der Älteren.
- Eine Lösungsmöglichkeit des Generationenproblems: gegenseitige Anerkennung zwischen Jugendlichen und älteren Menschen.
- Erwachsene sind zum großen Teil Besserwisser.
- Die Älteren haben eine größere Lebenserfahrung.
- In Diskussionen kann man sich Zeit für den anderen nehmen und versuchen, ihn zu verstehen.
- Weiterer Lösungsweg: bessere Kommunikation zwischen Jung und Alt.
- Die Jugend wird von vielen Lehrern und Eltern bevormundet.
- Die Jungen handeln spontaner und unbekümmerter.
- Die Älteren nehmen sich oft keine Zeit für die Jüngeren.
- Das Erkennen der beiderseitigen Fehler = ein erster Schritt zur Problemlösung.
- Die ältere Generation hat mehr Überblick.
- Viele Jugendliche vergreifen sich im Umgangston gegenüber Erwachsenen.

b Welche These vertritt Tim?

c Bringe Ordnung in Tims Notizen. Nenne die drei Hauptargumente, mit denen er die Lösungsmöglichkeit des Generationenproblems begründet. Ordne diesen Argumenten die entsprechenden Beispiele (Belege) zu.

d Findest du Gegenargumente? Wenn du dich für eine andere These entscheidest, dann belege deine Argumente auch mit Beispielen.

4 a Weil Tim in seinem Referat seine Argumentation untermauern will, sucht er nach Informationen und Publikationen zum Thema. Dabei stößt er auf den folgenden Text. Lies den Text.

Miteinander diskutieren – einen Standpunkt vertreten

Die moderne kommunikationspsychologische Sichtweise von den zwischenmenschlichen Vorgängen lautet:

Kommunikation ist eine Wechselwirkung zwischen mindestens zwei Beteiligten. Ist diese Wechselwirkung gestört, so sollten die Beteiligten ihre Kommunikation thematisieren. Gemeint ist eine Kommunikation über die Kommunikation (Metakommunikation), also eine Auseinandersetzung über die Art, wie wir miteinander umgehen, und die Art, wie wir die gesendete Nachricht gemeint und die empfangenen Nachrichten entschlüsselt und darauf reagiert haben. Das verlangt in erster Linie einen vertieften Einblick in die eigene Innenwelt und den Mut zur Selbstoffenbarung. Mut insofern, als das Thema „Was geht – hier und jetzt – in mir vor, wie erlebe ich dich und was spielt sich zwischen uns ab?" eine meist vermiedene Konfrontation mit der oft als peinlich erlebten Realität darstellt. Als Preis winkt allerdings eine Befreiung von Spannungen und die Chance, aus der Störung herauszukommen.

b Kläre zuerst unbekannte Wörter.

c Wodurch sind gestörte zwischenmenschliche Beziehungen gekennzeichnet? Wie lassen sich Störungen aus kommunikationspsychologischer Sicht beheben?

d Was bedeutet das für die Lösung von Generationenproblemen? Wie sollten sich Jung und Alt verhalten?

e Für welches seiner Argumente findet Tim in diesem Text einen Beleg?

5 a Tim hat sich entschieden: Er will ein Plädoyer (eine Verteidigungsrede) halten. Darin will er sich für die Lösung von Generationenproblemen durch die Verbesserung der Kommunikation zwischen der Jugend einerseits und den Eltern und Lehrern andererseits aussprechen. Lies den Stichpunktzettel mit seiner Gliederung.

Einleitung:
Probleme zwischen Schülern, Lehrern und Eltern in unserer Klasse sind auch Generationenprobleme.

Hauptteil:
Allgemeine These: Die Lösung zwischenmenschlicher Probleme ist prinzipiell durch eine verbesserte Kommunikation möglich.
Beleg: (Zitat aus Textauszug zu „Miteinander reden")
Meine These: Durch häufigere Gespräche können wir mehr gegenseitiges Verständnis erreichen und Konflikte vermeiden oder abbauen.
Argumente: Folgende Konflikte traten in der Vergangenheit auf und wären durch verständnisvollere Gespräche zu vermeiden gewesen:
– Streit um die Klassenfahrt
– riskante Mutproben
– Rauchverbote
– …

Zu einem Problem referieren 9

> Schluss:
> Für die Verbesserung unserer Kommunikation und damit für die Lösung unserer Probleme gebe ich folgende Tipps:
> – Eltern: uns als junge Erwachsene akzeptieren / uns nach unserer Meinung fragen / sich selbst auch kritischer sehen / …
> – Lehrer: mehr Lob aussprechen / mehr Zeit nehmen / über Kommunikation diskutieren / …
> – Mitschüler: Eltern besser informieren / Schimpfwörter vermeiden / Probleme selbst ansprechen / …

b Wie beurteilst du den Aufbau dieses Stichpunktzettels? Warum hat Tim auch Sätze formuliert?

c Wie hat Tim seine These begründet? Ergänze seine Beispiele durch eigene Erfahrungen. Ergänze auch seine Tipps am Schluss.

6 a Wiederhole, welche Möglichkeiten es gibt, einen Vortrag einzuleiten.

Tim hat zuerst verschiedene Möglichkeiten ausprobiert, wie er seinen Vortrag anfangen kann. Lies, welche Varianten er formuliert hat.

1. „Jede Generation ist eine Fortsetzung der anderen und ist verantwortlich für ihre Taten."
(Heinrich Heine)

2. Die einen meinen, Probleme und Konflikte zwischen den Generationen gab es schon immer und sie wurden nie gelöst. Die anderen sagen, dass man sich damit aber nicht abfinden muss. Es gäbe nämlich Lösungsmöglichkeiten …

3. Es kommt immer öfter vor, dass mich Eltern und Lehrer einfach „volltexten" mit ihren Ansichten. Sie fragen nicht danach, was ich denke und fühle. Andererseits lasse ich meinen Frust über sie auch raus …

Miteinander diskutieren – einen Standpunkt vertreten

b Welche Einstiegsmöglichkeiten hat Tim gewählt? Wie beurteilst du sie?

c Wie könnte Tim zu seiner These überleiten? Probiere entsprechende Formulierungen aus.

d Formuliere weitere Einstiegsvarianten zum Thema.

Wie dir die Beweisführung beim Argumentieren gelingt

Du kannst aus drei Möglichkeiten wählen:

1. Du stellst eine These auf und suchst dir einzelne Tatsachen (Argumente), die deine These unterstützen. Du verallgemeinerst diese so, dass deine These bewiesen wird (induktive oder hinführende Beweisführung), z.B.:

    Du gehst von folgenden zwei Tatsachen aus:
    (1) *Fabian hat sich beim Radfahren eine Bänderzerrung zugezogen* (Tatsache).
    (2) *Mandy fährt auf ärztliche Anweisung täglich Rad, hatte aber gestern einen Unfall* (Tatsache).
    Deine Schlussfolgerung/These: *Radfahren ist gesund, aber gefährlich.*

2. Du gehst von einer allgemein als richtig anerkannten Aussage aus und fügst aus eigenen Erfahrungen/Beobachtungen gewonnene Tatsachen hinzu. Über eine Wenn-so-Folgerung kannst du die Richtigkeit deiner eigenen These beweisen (deduktive oder ableitende Beweisführung), z.B.:

    Du gehst von folgender allgemein anerkannten Aussage aus:
    (1) *Sportliche Betätigung steigert die Leistungskraft.*
    Du fügst eine eigene Beobachtung hinzu:
    (2) *Jana besucht regelmäßig das Fitnessstudio.*
    Deine Schlussfolgerung/These: *Janas Leistungskraft wird sich erhöhen.*

3. Du vergleichst deine eigene These mit einer anderen Aussage (Tatsache) und stellst Ähnlichkeit/Übereinstimmung in bestimmten Punkten fest. Daraus schlussfolgerst du die Richtigkeit deiner These (Analogiebeweis), z.B.:

    Deine These ist:
    (1) *Schwimmen ist eine noch bessere Möglichkeit, sich fit zu halten, als Radfahren.*
    Du vergleichst deine These mit folgender allgemein anerkannter Tatsache:
    (2) *Radfahren ist zwar auch gesund, aber weitaus gefährlicher als Schwimmen.*
    Deine Schlussfolgerung: *Da beides Ausdauersportarten sind, Schwimmen jedoch ein geringeres Verletzungsrisiko hat, ist es die bessere Variante.*

---

7 a Welche Art der Beweisführung ist in Tims Stichpunktzettel (Aufg. 5) erkennbar?

Zu einem Problem referieren

b Skizziere anhand des Rahmens stichpunktartig die beiden anderen Beweismöglichkeiten zu Tims These.

8 a Wiederhole, welche Möglichkeiten es gibt, einen Vortrag abzuschließen.

b Formuliere einen Abschluss, der zu Tims Argumentation passt. Verwende dazu die ergänzten Stichpunkte aus Aufgabe 5 c.

9 a Lest den folgenden Satz. Warum ist er für den Vortrag ungeeignet? Verkürzt den Satz und schreibt dafür mehrere Sätze.

„Wenn wir uns mit dem Generationenproblem beschäftigen, dann sollten wir überlegen, wie das Zusammenleben und die gegenseitige Anerkennung zwischen der Jugend und den älteren Menschen im Allgemeinen funktioniert, aber auch, welche Erfahrungen wir im Alltag mit unseren Eltern und Lehrern – und umgekehrt natürlich genauso – im Besonderen machen, damit wir zu einer Lösung des Problems gelangen."

b Formuliert wiederholend zu folgenden Stichworten Grundsätze für die Gestaltung von Referaten:
- Fremd- und Fachwörter
- Satzbau und Satzlänge
- Dialekt und Hochsprache
- Sprechtempo/Artikulation/Lautstärke
- Kontakt zum Publikum
- Einsatz von Körpersprache
- Länge des Referats
- Verwendung von Medien

10 Welche der folgenden Verhaltensweisen machen eine aktive Zuhörerin/einen aktiven Zuhörer aus? Wählt die richtigen Aussagen aus und notiert diese.

Die Zuhörerin/Der Zuhörer
- beschäftigt sich mit den eigenen Gedanken zum Thema,
- wiederholt Aussagen anderer mit eigenen Worten,
- blickt aus dem Fenster,
- hält Blickkontakt zum Gesprächpartner,
- zeigt sich distanziert und abwartend,
- redet dazwischen,
- stellt Nachfragen zwecks Klärung von Unverstandenem,
- wartet ungeduldig, bis sie/er zu Wort kommt,
- zeigt durch Kopfnicken oder Kopfschütteln eine Reaktion auf Gesagtes,
- fasst den Inhalt des Verstandenen kurz zusammen.

Miteinander diskutieren – einen Standpunkt vertreten

> Aktives Zuhören bedeutet,
> - sich in den Referenten oder den Diskussionspartner hineinzuversetzen,
> - beim Referat oder Gespräch mitzudenken,
> - dem oder der Vortragenden Aufmerksamkeit und Interesse entgegenzubringen.

11 a Bereite dich auf ein Referat zu einem der folgenden Themen vor und halte es. Es sollte 20 Minuten nicht überschreiten.

- Kuschen, Konfrontation oder Kooperation? Wodurch sollte das Verhältnis zwischen Jugendlichen und Erwachsenen bestimmt werden?
- Warum wollen Eltern immer nur „das Beste" für ihre Kinder?
- Hilfe, da tanzt mein Vater! Wie helfe ich meinen Eltern aus der Midlife-Crisis?

➡ *S. 134: Die Wirkung von Sprache untersuchen und selbst nutzen.*

b Lass Zuhörerinnen und Zuhörer beurteilen,
- ob du deren inhaltliche Erwartungen erfüllt hast,
- wie die sprachliche Gestaltung (Wortwahl, Satzbau, Gliederung) wirkte,
- wie die Sprechweise (Tempo, Deutlichkeit, Blickkontakt, Körpersprache) ankam.

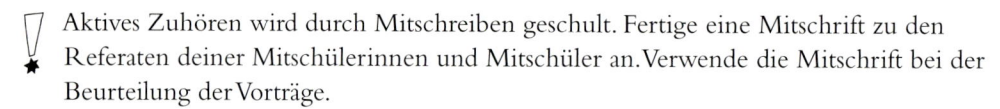

❗ Aktives Zuhören wird durch Mitschreiben geschult. Fertige eine Mitschrift zu den Referaten deiner Mitschülerinnen und Mitschüler an. Verwende die Mitschrift bei der Beurteilung der Vorträge.

Diskutieren und Argumentieren

1 a Lies folgende Zeitungsmeldung, die in der Klasse für Aufregung sorgt.

> **Genervte Lehrer**
> Weil eine Schulleiterin an ihrer Gesamtschule in Sehnde bei Hannover keine bauchfreien und tief ausgeschnittenen Shirts mehr sehen will, müssen sich ihre Schülerinnen jetzt an eine neue Kleiderordnung halten. Nachdem sich die Klagen von Lehrern über zu sexy angezogene Mädchen häuften, entschloss sich die Leiterin zu einer ungewöhnlichen Maßnahme und forderte in einem Brief „angemessene Kleidung". Wer sich nicht an die Kleiderordnung hält, wird zum Umziehen wieder nach Hause geschickt.
> *Thüringer Allgemeine vom 17.6.2003*

b Inwiefern steht dieser Artikel mit dem Thema „Jung und Alt – ein unlösbares Generationenproblem?" (S. 6, Aufg. 1) in Verbindung?

c Wie stehst du zu einer vorgeschriebenen Kleiderordnung an Schulen? Notiere Argumente zur Stützung deiner Meinung.

Diskutieren und Argumentieren

2a Die 10. Klasse diskutiert über das Thema. Lies den folgenden Ausschnitt aus der Diskussion zur Frage „Brauchen wir eine Kleiderordnung an Schulen?".

PHILIP: Wenn ich mich so umsehe, wie manche Mädchen in der Schule angezogen sind, dann kann ich diese Forderung verstehen. Man muss solche Leute immer wieder unwillkürlich betrachten. Das lenkt natürlich vom Unterricht ab. Und das geht nicht nur mir so, sondern auch so manchem Lehrer. Da ist der „rote Faden" schnell mal weg. Deshalb ist eine „angemessene" Kleidung sinnvoll.

LISA: Teilweise hast du schon Recht. Manche meiner Mitschülerinnen übertreiben da schon etwas. Aber: Betrifft das nicht auch die Jungen? Haben die nicht auch gewagte Klamotten an? Und außerdem: Sind unsere Lehrerinnen denn alle bis oben zugeknöpft?

FALKO: Das stimmt! Denkt mal an Frau Müller!

INA: Wir hatten doch schon darüber diskutiert, dass es ein Problem zwischen den Generationen gibt. Wir waren uns einig, dass das Problem zwischen „Jung" und „Alt" nicht durch Vorschriften zu lösen ist, sondern nur durch Verständigung. Nun werden an dieser Schule wieder Vorschriften gemacht. Wahrscheinlich haben vorher gar keine Gespräche stattgefunden. Da muss es ja zu Konflikten kommen. Deshalb würde ich eine solche Maßnahme ablehnen.

NILS: Das geht sowieso nicht! Was soll man über solchen Unsinn noch reden. Da kommt doch nichts dabei heraus.

MELANIE: Du redest dummes Zeug! Wenn du so an die Sache herangehst, dann brauchst du dich nicht zu wundern, wenn eines Tages auch an unserer Schule solche Vorschriften eingeführt werden. Du bist dann mit schuld!

MARCO: Trotzdem ist an der Forderung etwas dran. Denkt doch mal an die Armee. Wenn sich dort auch jeder oder jede anziehen würde, wie er oder sie wollte, bräche das Chaos aus. Die Armee ist wie die Schule eine Institution des Staates. In beiden Einrichtungen muss man Ordnungen einhalten. Das bezieht sich auch auf die Kleidung.

KEVIN: Ich habe den Eindruck, dass dein Vergleich mit der Armee etwas hinkt. Wenn man den Fakt zugrunde legt, dass beides öffentliche Einrichtungen sind, dann müssten alle Menschen im öffentlichen Dienst Uniformen tragen. Das träfe dann schließlich auch auf unsere Lehrer zu …

Miteinander diskutieren – einen Standpunkt vertreten

b Findest du deine Meinung zu dem Thema in den einzelnen Beiträgen wieder? Wem stimmst du zu, wem widersprichst du?

c Philip, Ina und Marco versuchen sich in ihrer Argumentation an einer bestimmten Form der Beweisführung. Welche der drei Formen erkennst du wieder (Merkkasten, S. 10)? Beurteile die Überzeugungskraft in den dargestellten Fällen.

d Stelle deine persönliche Meinung zum Thema so dar, dass du eine Beweisführung ausprobierst. Schreibe sie auf.

> Jede Äußerung, die in einer Diskussion gemacht wird, hat verschiedene Aspekte. Dabei muss man nicht nur auf den Inhalt achten.
>
> Der **Inhaltsaspekt** bezieht sich auf die Sache selbst und vermittelt Informationen zur Sache oder zur Klärung des Sachverhalts.
> *(Was will ich sagen?)*
>
> Der **Beziehungsaspekt** enthält Hinweise auf das Verhältnis zwischen den Gesprächspartnern und wirkt sich auf deren soziale Beziehungen aus.
> *(Wie stehen wir zueinander?)*
>
> Der **Sprecheraspekt** offenbart etwas von den persönlichen Einstellungen, Gefühlen und Bewertungen des Redners.
> *(Was bringe ich über mich selbst zum Ausdruck?)*
>
> Der **Adressatenaspekt** appelliert an das Verhalten der Angesprochenen.
> *(Was will ich bei meinen Partnern erreichen?)*

3 Wie spiegeln sich die im Merkkasten genannten vier Aspekte in den Äußerungen der einzelnen Sprecher (Aufg. 2) wider?
Übertrage dazu folgende Tabelle in dein Heft und fülle sie aus.

Sprecher/-in	Inhaltsaspekt	Beziehungsaspekt	Sprecheraspekt	Adressatenaspekt
Philip	„unangemessene Kleidung" lenkt vom Unterricht ab	versucht Interessen aller einzubeziehen	wird selbst abgelenkt	will Zustimmung zu seiner Haltung
...				

Sprecher/-in —— Ich-Botschaft ——▶ Adressat/-in

Diskutieren und Argumentieren

Welche Formulierungen du in einer Diskussion vermeiden solltest

1. **„Killerphrasen"**: Sie leisten keinen konstruktiven Beitrag zu einer Diskussion. Sie zielen oft auf die Person und nicht auf die Sache. Sie „killen" neue Ideen, indem sie Abwehr, Ablehnung oder Herabsetzung signalisieren, z.B.:
   Das weiß doch jeder!   *Das haben wir immer schon so gemacht!*
   Du hast doch keine Ahnung!   *Das ist bloße Theorie.*
   Das geht mich nichts an.   *Das ist längst überholt …*

2. Schuldzuweisungen, meist in der Form von **„Du-Botschaften"**: Sie bringen die Diskussion nicht voran, sondern belasten die Beziehungen zwischen den Teilnehmern und schaffen Konflikte. Ist man nicht einverstanden mit dem vorher Gesagten, dann sollte man besser **„Ich-Botschaften"** formulieren:
   Ich verstehe dich so: …
   Ich denke, dass man das anders sehen sollte …
   Ich schlage vor, dass du darüber nochmal nachdenkst …

4a Melanies Beitrag (S.13) ist eine typische „Du-Botschaft". Formuliere eine Entgegnung so, als hätte Melanie dich angesprochen. Versuche dich an einer „Ich-Botschaft".

b Formuliere Melanies Äußerung so um, dass ein Konflikt vermieden werden könnte.

5a Welche Killerphrasen entdeckst du in dem Diskussionsausschnitt (Aufg. 2)?

b Notiere weitere solcher Killerphrasen und die passende Antwort darauf. Schreibe z.B.:
Das weiß doch jeder! – Ich weiß das noch nicht. Deshalb sollten wir darüber reden.

Mit folgenden **Methoden** kannst du in der Diskussion deine **Argumente** stützen:

Die **Zitiermethode** ersetzt Argumente durch Zitate von bekannten Persönlichkeiten. Sie hat jedoch eine geringe Überzeugungskraft, z.B.:
Schon Goethe schrieb dazu …

Die **Umkehrmethode** nimmt einen Gegenvorschlag auf, verweist auf mögliche negative Folgen und beweist so die Richtigkeit der eigenen Meinung, z.B.:
Nehmen wir einmal an, Marco hätte Recht. Was würde dann passieren? …

6 Wende die Zitiermethode an, indem du aus den folgenden Zitaten eines auswählst, das du für deine Argumentation zum Thema „Kleiderordnung" verwenden würdest. Formuliere damit einen Diskussionsbeitrag.

Miteinander diskutieren – einen Standpunkt vertreten

> *Eine einfache und gefällige Unterstützung ihrer natürlichen Reize ist den Mädchen mehr als bloß erlaubt und die gänzliche Vernachlässigung derselben ist gewiss tadelnswürdig.*
> (Heinrich von Kleist)

> *Wer die Uniform erfunden hat, wollte keine Gesichter mehr sehen.*
> (Thomas Niederreuther)

> *Wer sich albern kleidet, ist albern.*
> (Christian Dietrich Grabbe)

7 Widerlege eine Gegenmeinung zu deiner These mit der Umkehrmethode (Merkkasten S. 15). Notiere deine Ergebnisse.

8 a Bereite dich auf eine Diskussion zu einem selbst gewählten Thema oder zu einem der Themen aus den vorangegangenen Aufgaben vor. Lege fest, wer
- die Diskussionsleiterin/der Diskussionsleiter sein soll,
- die Diskussion mit einem Referat einleitet.

b Stelle die dir bekannten Diskussionsregeln zusammen. Schreibe die wichtigsten auf und veranschauliche diese (z. B. auf Folie). Sprich auch über die Aufgaben einer Diskussionsleiterin/eines Diskussionsleiters.

c Entscheide dich zwischen
- einer gemeinsamen Diskussion mit Diskussionsleiter/-in und Beobachtern,
- einer Podiumsdiskussion mit ausgewählten Sprecherinnen und Sprechern sowie einer Leiterin bzw. einem Leiter.

d Führt die Diskussion.

9 a Mach dir im Anschluss an die Diskussion Notizen zu folgenden Fragen:
- Wie habe ich mich während des Gesprächs gefühlt?
- Was waren die Auslöser meiner Gefühle?
- War ich mir im Klaren darüber, welche Botschaft ich vermitteln wollte?
- Ist meine Botschaft angekommen?
- Was hätte ich am liebsten im Klartext gesagt?
- Was hat mich am Klartext gehindert?
- Was würde ich gern jetzt noch loswerden?

b Sprich über deine Notizen. Tausche dich über deine persönlichen Eindrücke aus und überlege, wie du Diskussionen noch besser gestalten kannst.

Schriftlich Stellung nehmen – Erörtern

Textunabhängiges oder freies Erörtern

1a Lies die folgenden Informationen zu einem Schreibwettbewerb im Internet:

Wer schreibt, bleibt!

Macht mit bei unserem Schreibwettbewerb! Er steht unter dem Motto „Jugend und Kultur". Wir erwarten Beiträge zu der Frage, welches Verhältnis die Jugend zur Kultur unserer Gesellschaft hat und wie sie die kulturelle Entwicklung mitbestimmen kann. Häufig prallen hier die unterschiedlichen Vorstellungen von Jugendlichen und Erwachsenen aufeinander. Hier sind also Lösungsvorschläge gefragt!

Ihr könnt über grundsätzliche Themen schreiben, z. B.:
- Hat die Jugend Kultur?
- Gibt es eine besondere Kultur der Jugend?
- In welcher Beziehung stehen die Kulturen der Generationen zueinander?
- Die Jugend braucht mehr Kultur! – Ist diese Forderung berechtigt?
- Heißt Jugendkultur Abweichung von der Norm?
- In der Auseinandersetzung zwischen Jugend- und Erwachsenenkultur steckt ein Konfliktpotenzial. Das wird immer dann deutlich, wenn besondere Kulturereignisse stattfinden.
- Wie kann Jugendkultur gefördert werden?

Ihr könnt auch über spezielle Themen schreiben, wie z. B.:
- Gehören Graffiti zur Jugendkultur?
- Vermitteln die Medien ein richtiges Bild von Jugendkultur?
- Piercing – ein Ausdruck von Hässlichkeit?
- Die Jugend wächst im Zeitalter der Eventkultur auf. Welche Folgen hat das für die „Spaßgeneration"?
- Bestimmt die Techno-Szene die Jugendkultur?
- Führen Jugendkulturen zum Verfall der Sprachkultur?
- Wie wirkt sich Jugendkultur auf den Sport aus?
- Hat „gutes Benehmen" etwas mit Jugendkultur zu tun?

Wählt ein Thema aus oder denkt euch selbst eins aus. Wir sind gespannt auf eure Ideen!

Schriftlich Stellung nehmen – Erörtern

b Stell dir vor, du würdest dich an diesem Schreibwettbewerb beteiligen. Zu welchem Thema würdest du dich äußern? Begründe deine Wahl.

c Ergänze die Themenvorschläge durch weitere Angebote. Formuliere die Einzelthemen so, dass sie zur Auseinandersetzung anregen.

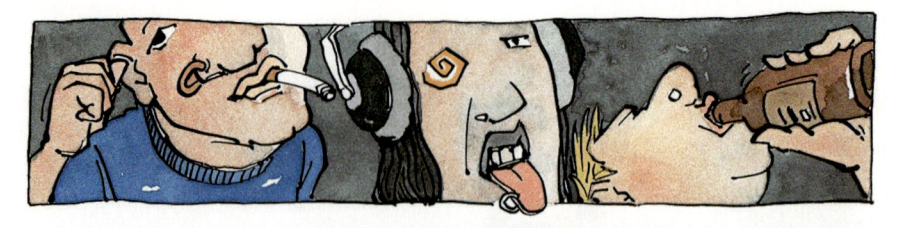

> Während sich in einer mündlichen Diskussion verschiedene Diskussionsteilnehmer/-innen um die Klärung eines problemhaften Sachverhaltes bemühen, ist man bei einer schriftlichen Erörterung mit sich allein.
> Beim **textunabhängigen** oder **freien Erörtern** setzt man sich mit einem als Thema formulierten Problem schriftlich auseinander, das als Aussage, Frage, Forderung oder Situationsbeschreibung in Erscheinung tritt.
> Das Ziel des Erörterns ist eine Problemlösung oder auch nur ein Problemlösungsansatz. Dazu verschafft man sich Klarheit über das Problem und dessen Lösungsmöglichkeiten und lässt die Leser/-innen an der Entwicklung seines Gedankenganges teilhaben. Das Argumentieren dient dazu, die Leserin/den Leser von der Richtigkeit der gefundenen Problemlösung zu überzeugen.

2 a Schau dir die Themenstellungen aus Aufgabe 1 (auch deine eigenen Vorschläge) genauer an. Welche Probleme verbergen sich hinter den Themenformulierungen? Beschreibe diese kurz mithilfe einer Tabelle.

Thema	Problem
Hat die Jugend Kultur?	Vorwurf, die Jugend sei kulturlos
…	…

b Welche Form hat die Themenstellung? Was ergibt sich daraus für die Bearbeitung des Themas? Erstelle eine Tabelle.

Thema	Anforderung
Hat die Jugend Kultur?	Alternative (ja oder nein) entscheiden – Standpunkt darlegen (These) – Standpunkt begründen/beweisen
In welcher Beziehung stehen die Kulturen der Generationen zueinander?	Vergleichen der unterschiedlichen Kulturen – Beschreiben von Gemeinsamkeiten und Unterschieden – Schlussfolgern
…	…

Textunabhängiges oder freies Erörtern

3 a Sarah hat sich folgendes Thema ausgewählt:
„Die Jugend braucht mehr Kultur! – Ist diese Forderung berechtigt?"
Welches Problem steckt hinter diesem Thema?

b „Jugend" und „Kultur" sind die so genannten Schlüsselbegriffe dieses Themas. Was bedeuten sie?

c Zum Begriff „Jugend" findet Sarah folgende Angaben im Lexikon:

> „… ein Lebensabschnitt, der etwa vom 14. bis zum 30. Lebensjahr reicht."

> „… die Gemeinschaft aller jungen Menschen einer Gesellschaft, die noch nicht voll in deren Lebensprozess eingefügt ist."

Wie beurteilst du diese Angaben?

d Zum Nachdenken über den Kulturbegriff verwendet Sarah eine Mindmap. Dort hält sie fest, welche verschiedenen Arten von „Kultur" es gibt. Übertrage die Mindmap und vervollständige diese.

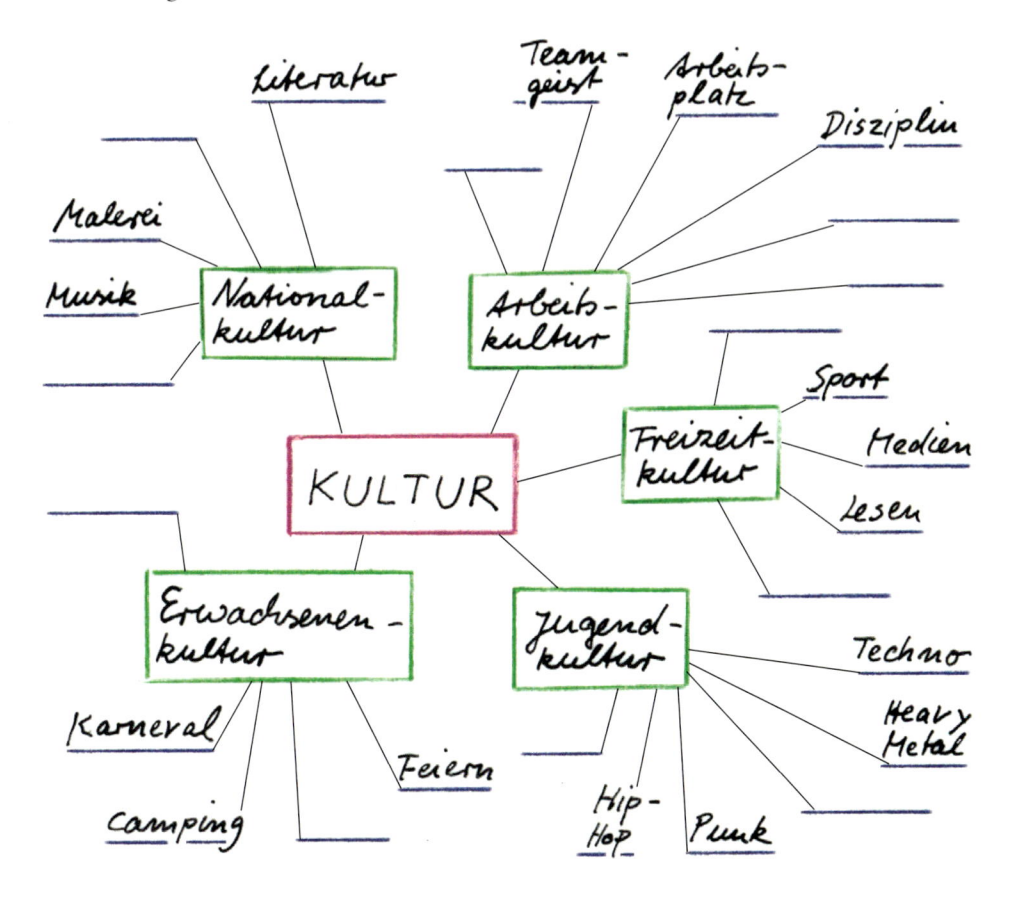

Mindmap KULTUR mit Ästen:
- *Nationalkultur:* Literatur, Malerei, Musik
- *Arbeitskultur:* Teamgeist, Arbeitsplatz, Disziplin
- *Freizeitkultur:* Sport, Medien, Lesen
- *Jugendkultur:* Techno, Heavy Metal, Hip-Hop, Punk
- *Erwachsenenkultur:* Karneval, Camping, Feiern

Schriftlich Stellung nehmen – Erörtern

4 Im Zusammenhang mit diesem Thema erhebt sich die Frage, was unter „Jugendkultur" zu verstehen ist.

Sarah wird im Internet fündig. Dort definiert man auf den Webseiten von „Jugend im Parlament" (http://www.jugendimparlament.de) den Begriff „Jugendkultur" als „alle Arten der Freizeitgestaltung, die Jugendlichen außerhalb der Schule zur Verfügung stehen".

Reicht eine solche Definition aus?

> Bei der **Erfassung des Themas** helfen dessen Schlüsselbegriffe. Sie verweisen auf die Gesichtspunkte, die im Einzelnen zu erörtern sind. Aus den Schlüsselbegriffen ergibt sich auch eine Grobgliederung für die Erörterung.

5 a Sarahs Standpunkt (These) zum Thema (Aufg. 3) lautet:

Diese Forderung ist – so formuliert – nicht berechtigt. Die Jugend hat schon mehrere Kulturen. Was sie braucht, das sind mehr Kultur- und Freizeitangebote.

Worauf stützt sich Sarahs These? Wie begründet sie ihre Ablehnung dieser Forderung?

b Wie stehst du zu dieser Problematik? Formuliere deinen Standpunkt ebenfalls in einer These.

6 a Sarahs Stoffsammlung enthält folgende Teilfragen sowie Teilantworten in Stichpunktform. Lies ihre Stoffsammlung.

Wer steckt hinter dieser Forderung?	Wozu gibt es diese Kulturen?
– Erwachsene, die unzufrieden mit der Jugend sind	– Abgrenzung von anderen
	– Vorzeigen eines eigenen Lebensstils
Was versteht man unter „Jugend"?	Was ist „Jugendkultur"?
– Lebensabschnitt („Jugendphase")	– Gesamtheit einzelner Richtungen
– Gemeinschaft	– alles, was das Leben junger Menschen beeinflusst
Was ist „Kultur"?	– nicht eine, sondern mehrere Kulturen
– Gesamtheit der Lebensformen einer Gemeinschaft	Schadet Jugendkultur der Gesellschaft?
– Gebräuche, Sitten	– früher als kriminelle Randerscheinung angesehen
Was wird bemängelt?	– heute als normal betrachtet
– Verhalten der Jugend	– Gesellschaft gewinnt an Vielfalt
– Benehmen, Anstand	Was braucht die Jugend für ihre kulturelle Entwicklung?
Welche Kulturen gibt es innerhalb der Jugend?	– mehr Verständnis
– Jugendszene	– mehr Freizeitangebote
– Modeströmungen	

Textunabhängiges oder freies Erörtern

b Prüfe, ob Sarahs Stoffsammlung die Anforderungen des Themas erfüllt. Wo siehst du den Zusammenhang zwischen der Stoffsammlung und deiner These (Aufg. 5)?

c Ergänze die Stoffsammlung durch weitere Gesichtspunkte. Wähle solche aus, die zu deiner Meinung (These) passen.

> In der **Stoffsammlung** notiert man sich zunächst noch ungeordnet alle Gedanken (Fragen, Teilprobleme, inhaltliche Stichpunkte), die für die Themenbearbeitung wichtig sein könnten.

7 a Sarah hat aus ihrer Stoffsammlung eine Gliederung entwickelt. Lies diese.

> A. Immer öfter hört man die Forderung, die Jugend brauche mehr Kultur. Ist diese Forderung berechtigt?
>
> B.
> 1. Die Forderung ist zum Teil berechtigt.
> 1.1. Unflätiges Benehmen von Jugendlichen nimmt zu.
> 1.1.1. Immer mehr Schulverweise wegen Verhalten
> 1.1.2. Eltern suchen Erziehungsberatung auf.
> 1.2. Traditionelles Kulturverständnis fehlt Jugendlichen oft.
> 1.2.1. Traditionelle Konzertveranstaltungen, Lesungen werden wenig von Jugendlichen besucht.
> 1.2.2. Weniger Jugendliche lernen klassische Instrumente.
>
> 2. Ablehnung dieser oberflächlichen und pauschalen Forderung
> 2.1. Die Jugend hat nicht nur eine Jugendkultur, sondern mehrere.
> 2.1.1. Jugendkultur als Ausdruck von Lebensgefühl in einem Lebensabschnitt
> 2.1.2. Jugendkultur als Gesamtheit verschiedener Teilkulturen
> 2.2. Die Forderung kommt von Erwachsenen, die der Jugend kein Verständnis entgegenbringen.
> 2.2.1. „Kultur" wird mit „Benehmen" gleichgesetzt.
> 2.2.2. Man versucht wie früher, Jugendkultur auszugrenzen.
> 2.3. Die Jugendkulturen bereichern unsere Gesellschaft.
> 2.3.1. Gewinn von Vielfalt und Anziehungskraft
> 2.3.2. Entwicklung von Toleranz und Kreativität
>
> C. Die Jugend hat „Kultur". Sie braucht Akzeptanz in der Gesellschaft und kulturelle Angebote durch die Gesellschaft. Jugendkultur sollte mehr gefördert werden.

b Sarah möchte eine lineare Erörterung schreiben. Hält sie das Ordnungsprinzip dieser Erörterungsart ein (Merkkasten, S. 22)? Wie beurteilst du die Überzeugungskraft der Argumentereihung? Ist die Schlussfolgerung logisch aus der Argumentation abgeleitet?

c Vergleiche Sarahs Stoffsammlung (Aufg. 6) mit deiner Gliederung. Welche Gedanken aus der Stoffsammlung findest du in der Gliederung wieder, welche nicht? Worauf hat Sarah eventuell aus welchen Gründen verzichtet?

d Entwirf eine Gliederung, die den Aufbau einer Erörterung zu deiner Problemsicht widerspiegelt. Nutze die lineare (steigernde) Form.

> Beim **linearen (steigernden) Erörtern** geht man von seiner Meinung zum Thema (These) aus und begründet diese durch eine Folge von Argumenten. Es empfiehlt sich, innerhalb der Argumentation zunächst die Argumente zu nennen, die gegen die eigene Meinung sprechen. Die Argumente für die eigene Haltung erscheinen dann am Schluss umso überzeugender. Die einzelnen Argumente sind steigernd anzuordnen, d.h., das wichtigste Argument erscheint am Ende. Das erhöht die Überzeugungskraft der gesamten Argumentation. Den Abschluss kann eine Zusammenfassung, eine Forderung, ein Aufruf usw. bilden.
>
> Gliederungsschema
> A. Einleitung (Erläuterung des Themas)
>
> B. Hauptteil:
> These (Meinung zum problemhaften Sachverhalt)
> ↓
> 1. Argument
> (Beweisgrund für die Richtigkeit der Gegenthese)
> ↓
> 1.1. Beispiel
> 1.2. Beispiel
> …
> ↓
> 2. Argument
> 2.1. …
> ↓
> 3. Argument
> …
>
> Überleitung
>
> 1. Argument
> (Beweisgrund für die Richtigkeit der eigenen These)
> ↓
> 1.1. Beispiel
> 1.2. Beispiel
> …
> ↓
> 2. Argument
> 2.1. …
> ↓
> 3. Argument
> …
>
> C. Schlussfolgerung (Urteil, Wertung, Lösungsvorschlag …)

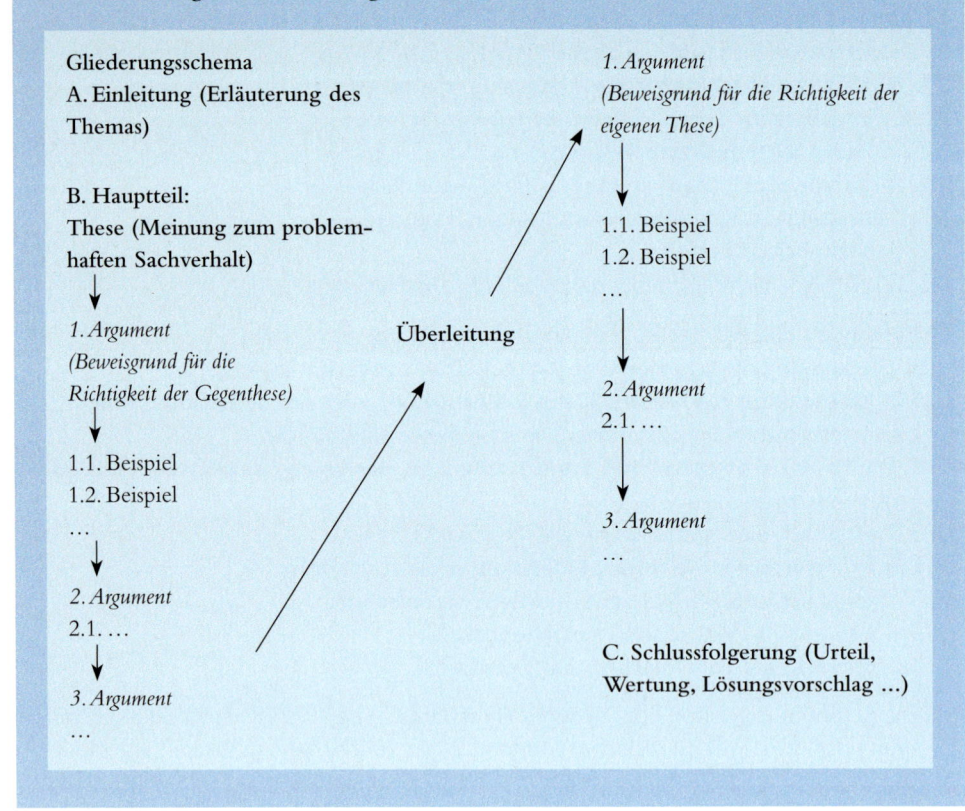

8 a Sarah probierte auch eine kontroverse Gliederung für ihre Erörterung aus. An der Einleitung und am Schluss brauchte sie nichts zu verändern (Aufg. 7). Lies, wie sie nun ihren Hauptteil gestaltet hat.

Textunabhängiges oder freies Erörtern

B. Die Ablehnung dieser Forderung durch die Betroffenen steht der beharrlichen Meinung einiger Erwachsenen gegenüber.

1. Jugend und Kultur
1.1. Die Jugend hat eine kulturelle Vielfalt.
1.1.1. Teilkulturen (Techno, Hip-Hop …)
1.1.2. Freizeitaktivitäten
1.2. Die Jugend hat eine Unkultur.
1.2.1. Anstößige Verhaltensweisen (Love-Parade …)
1.2.2. Kein Benehmen

2. Jugendkultur und Gesellschaft
2.1. Die Jugendkulturen bereichern die Gesellschaft.
2.1.1. Förderung von kultureller Vielfalt in der Gesellschaft
2.1.2. Gewinn an Kreativität für die Gesellschaft
2.2. Die Jugendkulturen stören die Gesellschaft.
2.2.1. Ausgrenzung und Kriminalität
2.2.2. Zerstörung von Traditionen

3. …
3.1. …
3.2. …

b Sarah blieb beim dritten Gliederungspunkt stecken. Was fällt dir noch ein? Vervollständige ihre Gliederung.

c Wie beurteilst du Sarahs Gliederungsaufbau? Ist er geeignet, eine überzeugende Erörterung zu formulieren?

d Probiere selbst diese Gliederungsform für eine Erörterung aus.

> Beim **kontroversen Erörtern** wägt man im Hauptteil der Erörterung verschiedene Argumente abwechselnd für (pro) und gegen (kontra) einen strittigen Sachverhalt ab. In der Darstellung von These und Gegenthese, von Für und Wider springt man hin und her. Dabei versucht man, den Leser von der Richtigkeit der eigenen These zu überzeugen sowie ihm die vermeintliche Falschheit der gegnerischen Auffassung (Gegenthese) nahezubringen.

Schriftlich Stellung nehmen – Erörtern

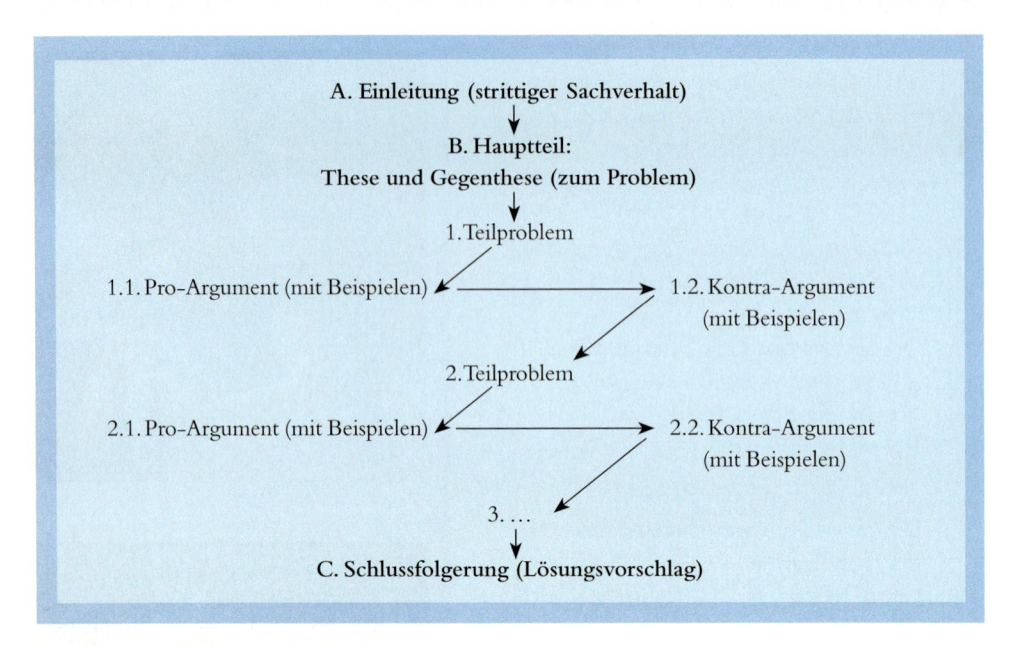

```
A. Einleitung (strittiger Sachverhalt)
              ↓
       B. Hauptteil:
These und Gegenthese (zum Problem)
              ↓
        1. Teilproblem
       ↙              ↘
1.1. Pro-Argument          1.2. Kontra-Argument
(mit Beispielen) ←——————→  (mit Beispielen)
              ↓
        2. Teilproblem
       ↙              ↘
2.1. Pro-Argument          2.2. Kontra-Argument
(mit Beispielen) ←——————→  (mit Beispielen)
              ↓
            3. …
              ↓
C. Schlussfolgerung (Lösungsvorschlag)
```

9 Lineare oder kontroverse Erörterung? Welche Form des Erörterns würdest du bei den Themenbeispielen aus Aufg. 1 jeweils anwenden? Wonach richtet sich deine Zuordnung?

10 Auf der Webseite der Bundeszentrale für politische Bildung äußert man sich zum Schwerpunkt „Jugendkultur" folgendermaßen:

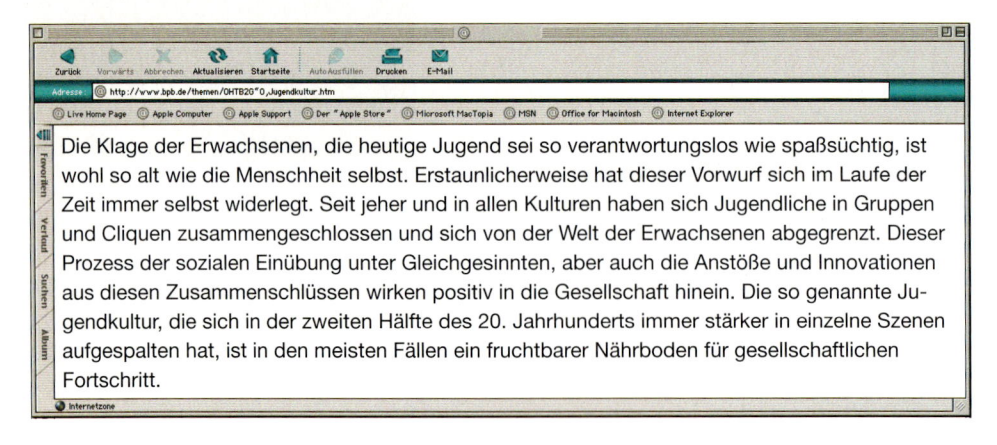

> Die Klage der Erwachsenen, die heutige Jugend sei so verantwortungslos wie spaßsüchtig, ist wohl so alt wie die Menschheit selbst. Erstaunlicherweise hat dieser Vorwurf sich im Laufe der Zeit immer selbst widerlegt. Seit jeher und in allen Kulturen haben sich Jugendliche in Gruppen und Cliquen zusammengeschlossen und sich von der Welt der Erwachsenen abgegrenzt. Dieser Prozess der sozialen Einübung unter Gleichgesinnten, aber auch die Anstöße und Innovationen aus diesen Zusammenschlüssen wirken positiv in die Gesellschaft hinein. Die so genannte Jugendkultur, die sich in der zweiten Hälfte des 20. Jahrhunderts immer stärker in einzelne Szenen aufgespalten hat, ist in den meisten Fällen ein fruchtbarer Nährboden für gesellschaftlichen Fortschritt.

a Inwiefern wäre dieser Text als Einleitung zur Erörterung unseres Themas aus Aufgabe 3 geeignet? Welche Möglichkeit der Einleitung bietet er?

b Wie würdest du die Überleitung zum Hauptteil formulieren? Schließe diese mit dem Nennen deiner These an die Einleitung an.

c Schreibe eine passende Einleitung für deine Erörterung. Stelle diese in der Gruppe oder in der Klasse zur Diskussion.

Textunabhängiges oder freies Erörtern 25

> Die **Einleitung einer Erörterung** hat auch die Aufgabe, das eigene Interesse an der Bearbeitung des Themas zu begründen.
> Ideen für die Einleitung:
> - *Erzählen eines persönlichen Erlebnisses*
> - *Beschreiben eines konkreten Anlasses*
> - *Berichten über ein aktuelles Geschehen*
> - *Zitieren einer Persönlichkeit oder Institution*
> - *Definieren eines Begriffs.*
>
> Der **Schluss einer Erörterung** sollte den Gedankengang (Problemlösungsprozess) abrunden.
> Ideen für den Schluss:
> - *Zusammenfassen der wichtigsten Ergebnisse Erkenntnisse)*
> - *Verweisen auf ähnliche problemhafte Sachverhalte*
> - *Anknüpfen an die Einleitung*
> - *Benennen von offenen Fragen oder Perspektiven*
> - *Ableiten von Schlussfolgerungen, Aufforderungen, Appellen, Vorschlägen u. Ä.*

1 a Sarah möchte zum Abschluss ihrer Erörterung zum Thema „Die Jugend braucht mehr Kultur. Ist diese Forderung berechtigt?" den Abschnitt C ihrer Gliederung (vgl. Aufg. 7) etwas ausbauen. Sie denkt dabei an Möglichkeiten zur Förderung der Jugendkultur. Lies zunächst, was sie notiert.

– mehr Magazine für Jugendliche, in denen sie über Freizeitangebote informiert werden
– eine aktuelle Homepage, auf der Events in Jugendzentren u. Ä. angekündigt werden
– die staatliche Unterstützung von Kulturveranstaltungen, um Eintrittsermäßigungen für Jugendliche zu erreichen
– die Ausrichtung von mehr Wettbewerben in Sportarten, wie z. B. Streetball, Beachvolleyball, Beachsoccer u. Ä.
– die attraktivere Gestaltung von traditionellen Kulturangeboten, z. B. durch die „Nacht der Museen", durch Jugendtheatertage oder interkulturelle Events

b Wie könnte Sarah diesen Abschluss formulieren? Schreibe eine Variante auf und vergleiche diese mit den Formulierungen deiner Mitschülerinnen und Mitschüler.

c Formuliere einen wirkungsvollen Abschluss für deine Erörterung. Verwende dazu die Gliederungsart, die dir am besten gefällt (linear oder kontrovers).

12 Schreibe eine Erörterung auf der Grundlage deiner Vorarbeiten nieder.

a Führe die einzelnen Schritte, die du in den Aufgaben 3–11 am Beispiel von Sarahs Erörterung kennen gelernt hast, nun selbstständig aus. Entscheide dich entweder für die steigernde oder für die kontroverse Form des Erörterns.

b Lies deine Erstfassung in der Klasse vor und lass dir Hinweise zur Überarbeitung geben.

c Nutze die Endfassung eventuell für einen kleinen Schreibwettbewerb innerhalb deiner Klasse oder Schule.

Textbezogenes oder textgebundenes Erörtern

1a Eine Leserdiskussion im Jugendmagazin FUN steht unter dem Thema „Gute Manieren – ein Bestandteil unserer modernen Kultur?". Sie wird durch Benjamins Beitrag eröffnet. Lies zunächst den Text.

Rumpöbeln, Suppe schlürfen, unpünktlich sein, auf der Straße ausspucken? Nicht mit mir!

Immer häufiger begegnet man Mitmenschen, die scheinbar nicht wissen, wie man sich zu benehmen hat. Leider sind das oft auch Jugendliche. Sie meinen, gutes Be-
5 nehmen gehöre nicht mehr in unsere Zeit, sondern sei ein alter Zopf von gestern. Das bekam ich vor kurzem zu spüren, als ein paar Leute auf meiner Party mehrere Einrichtungsgegenstände demolierten, weil
10 ihnen der Respekt vor fremdem Eigentum fehlte. Das fand ich unmöglich!
Deshalb meine ich: Gute Manieren sind ein wichtiger Teil der modernen Kultur, damit auch unserer Jugendkultur.
15 Denn: Gutes Benehmen befördert zwischenmenschliche Kontakte, schafft Vertrauen und Verständnis. Schlechtes Benehmen stößt ab und führt nicht selten zu Reibereien und Konflikten. Man muss
20 grundsätzlich immer wissen, in welcher Situation man sich wie zu benehmen hat.

Folgende Argumente sprechen für meinen Standpunkt:
Durch gute Manieren kann man nur positiv auffallen. Ob im Job, in der Schule oder 25 in der Freizeit: Der erste Eindruck eines Menschen ist oft entscheidend. Tritt man Menschen freundlich gegenüber, dann zeigen sie sich aufgeschlossen und erwidern in der Regel die Freundlichkeit. Sie 30 erteilen dir bereitwillig Auskunft, helfen dir in einer brenzligen Situation oder geben brauchbare Tipps. Oder denken wir an Bewerbungsgespräche. Ohne ordentliche Umgangsformen und gangbares Outfit 35 hat man hier keine Chance.
Mit schlechten Manieren wird man schnell zum Außenseiter. Wer andere in Fäkalsprache beschimpft, sie respektlos behandelt oder auch nur links liegen lässt, 40 der braucht sich nicht zu wundern, wenn er nur auf Mauern stößt. Auch für seine

berufliche Entwicklung hat er schlechte Karten. Solche Typen werden dann schnell aggressiv und kennen keine Grenzen mehr. Richtiges Benehmen ist aber auch abhängig von der Situation, in der ich mich befinde. Wenn ich zu Hause beim Essen die Beine auf den Tisch legen und lautstark rülpsen würde, läge ich bei meinen Eltern voll daneben. Auf einer Party dagegen kann das ganz lustig sein. Ich bin eben ein ganz normaler Jugendlicher, der seinen Burger mit den Fingern isst und sich beim Fernsehen auf das Sofa lümmelt. Bei einem offiziellen Anlass sieht das allerdings anders aus. Da halte ich z.B. das Besteck richtig. Wenn ich mich mit einem Mädchen verabrede, dann will ich sie nicht mit übertriebenem Gentlemangehabe beeindrucken. Klar, bin ich zuerst an der Tür, dann halte ich sie ihr auf. Aber ich mache deshalb keinen Hechtsprung, um als Erster die Klinke in der Hand zu halten. Sie dürfte mich allerdings auch nicht gleich beim ersten Date anrülpsen.

Kurzum: Höflichkeit und Manieren sind heute genauso wichtig wie zu Knigges Zeiten. Damit meine ich ein dem jeweiligen Anlass entsprechendes Verhalten. Und der Knigge ist ja inzwischen auch schon überarbeitet. Lasst uns gemeinsam mehr tun für besseres Benehmen und damit für mehr Kultur im Umgang miteinander!

Benjamin, 16, Erfurt

b Welchen Eindruck hast du beim ersten Lesen des Textes gewonnen?

c Um welches Problem geht es? Wie lautet die zentrale Aussage des Textes zu diesem Problem? Welche These vertritt der Autor?

d Welche Art der Beweisführung bestimmt Benjamins Argumentation? Wie werden die Argumente aufeinander bezogen?

➔ *S. 6: Miteinander diskutieren – einen Standpunkt vertreten.*

e Beurteile Benjamins Schlussfolgerung. Stimmt sie mit seiner These überein und leitet sie sich folgerichtig aus der Argumentation ab?

f Im Text gibt es einige sprachliche Bilder, mit denen der Autor seine Gedanken veranschaulicht. Welche entdeckst du?

2a Äußere nach wiederholtem Lesen deine Meinung zu Benjamins Beitrag. Stimmst du ihm zu oder nicht?

b Vertritt Benjamin auch deine Meinung? Begründe und formuliere ggf. eine eigene These.

Schriftlich Stellung nehmen – Erörtern

c Ist sein argumentativer Gedankengang überzeugend? Welche zusätzlichen Argumente und Beispiele fallen dir noch ein? Welche Gegenargumente könntest du anführen? Welche Art der Beweisführung wäre auch denkbar? Probiere diese selbst aus.

d Überzeugt dich Benjamins Schlussfolgerung? Was wäre „gemeinsam zu tun", damit „mehr Kultur im Umgang miteinander" entstünde? Welche Lösungsmöglichkeiten siehst du?

e Beurteile die sprachliche Form des Textes. Was würdest du anders ausdrücken?

f Welche Fragen bleiben in Benjamins Beitrag noch offen? Was wäre noch zu klären?

> Das **textbezogene oder -gebundene Erörtern** verlangt eine kritische Auseinandersetzung mit einem Text, mit Textteilen oder mit Einzelaussagen eines Textes. Es besteht in der Regel aus zwei Teilen:
>
> **Im ersten Teil** wird das Wesentliche zum Text überblicksartig dargestellt (Inhaltsangabe und Beschreibung des Textes). Dabei werden Fragen wie die folgenden beantwortet:
> *Was wird durch den Text ausgesagt? Worauf zielt der Text? Welchen Standpunkt vertritt die Autorin/der Autor? Wie ist die Argumentation aufgebaut? Welche sprachlichen Mittel fallen besonders auf? Welche Schlussfolgerungen werden gezogen?*
>
> ➥ S. 93: Mit Sach- und Fachtexten umgehen. S. 140: Satzbau und Textgestaltung.
>
> **Im zweiten Teil** der Erörterung erfolgt die Stellungnahme der/des Erörternden zum Text. Sie/Er formuliert eine argumentative Zustimmung oder Ablehnung zu dem im Text Dargelegten. Hier stehen u.a. folgende Fragen im Mittelpunkt:
> *Stimmen die Behauptungen der Autorin/des Autors? Ist die Gedankenführung überzeugend? Sind die Problemlösungen akzeptabel? Stimme ich den Wertungen und Urteilen zu? Wie ist die sprachliche Form des Textes zu beurteilen?*
>
> **Weiterführend** kann man sich mit folgenden Fragen beschäftigen:
> *In welchem größeren Zusammenhang ist das Problem zu sehen? Welche Lösungsmöglichkeiten gibt es noch? Welche zusätzlichen Argumente und Beispiele sind denkbar? Welche Forderungen oder Perspektiven lassen sich ableiten?*
>
> Beim Erörtern kann man sich durch Zitate, durch das Aufgreifen von Schlüsselbegriffen oder durch knappe Zusammenfassungen von Aussagen auf die Textvorlage beziehen.

3 a Äußere deine Meinung zu Benjamins Beitrag (Aufg. 1) in einem Leserbrief. Nimm Stellung zu seiner Auffassung über „gute Manieren" und deren gesellschaftliche Notwendigkeit. Formuliere zunächst eine knappe Zusammenfassung dessen, was du bei der Lösung von Aufgabe 1 erkannt hast.

b Nutze für deine Stellungnahme die Arbeitsergebnisse der Aufgabe 2. Mach dir Notizen, die du als Stoffsammlung verwenden kannst.

c Beachte beim Verfassen des Leserbriefs das Aufbauprinzip (vgl. Merkkasten). Besonderen Wert musst du auf die Stichhaltigkeit deiner Argumentation dann legen, wenn du der Textvorlage widersprichst. Textteile, auf die du dich beziehst, solltest du zitieren.
Fertige vor der Niederschrift eine Gliederung an.

d Stellt eure Leserbriefe in der Klasse vor und vergleicht eure Ansichten zum Thema. Beurteile die Briefe hinsichtlich ihrer argumentativen Überzeugungskraft und der sprachlichen Gestaltung.

> **Leserbriefe** bieten Gelegenheit, sich erörternd und argumentierend zu Artikeln und Themen in Zeitungen und Zeitschriften zu äußern. Oft knüpft man mit ihnen auch an Briefe anderer Leser an.
> Leserbriefe sind in der Regel so aufgebaut:
>
> - Einleitung (mit Bezugnahme auf den entsprechenden Text)
> - Meinung der Leserin/des Lesers (zum Thema oder/und der These der Autorin/des Autors)
> - Begründung der Meinung (durch eigene Argumente und Beispiele)
> - Zusammenfassung (mit Schlussfolgerungen, Empfehlungen oder Vorschlägen)
> - Angabe von Namen und eventuell Adresse (oft nur Wohnort)

4 Erörtere eine der folgenden Gegenthesen zum Problemkreis „Verhaltensnormen für gutes Aussehen und Benehmen":

- Schlampiges Aussehen ist Ausdruck von Individualität.
- Gutes Benehmen heißt Unterwerfung.

Schildern und Erzählen

Schildern

1 a Welche Gedanken und Gefühle hast du beim Betrachten dieses Bildes? Schildere deine Empfindungen in einigen Sätzen. Verwende ausdrucksstarke Verben und Adjektive sowie Redewendungen und bildhafte Vergleiche.

b Suche in Zeitungen und Büchern nach Fotos oder Abbildungen von Gemälden, die deine Mitschülerinnen und Mitschüler dazu anregen können, ihre Gedanken und Gefühle zu äußern.

c Wähle selbst eines der Bilder aus und schreibe auf, welche Gedanken, Gefühle oder Erinnerungen es bei dir ausgelöst hat. Notiere zuerst Stichpunkte und formuliere daraus deinen Gesamteindruck.

Beachte: Der Text soll keine Beschreibung des Bildes werden, sondern eine Schilderung deiner ganz persönlichen Eindrücke. Menschen, Tiere, Gegenstände, Landschaften oder Situationen werden aus subjektiver Sicht geschildert.

d Gestalte eine Wandzeitung, in der du Bilder und Ausschnitte deiner Texte zusammenstellst.

2 Beim Schildern kannst du sowohl angenehme als auch unangenehme Gefühle, Eindrücke, Stimmungen darstellen. In manch einer Situation hast du sicher auch schon einmal „gemischte Gefühle" erlebt. Wähle eine der folgenden Situationen aus und schildere deine Eindrücke **genau**.

Du bist von jemandem zu Unrecht beschuldigt worden.

Du stellst plötzlich fest, dass du etwas Wichtiges vergessen oder verloren hast.

Ein Freund/Eine Freundin hat dich schwer enttäuscht.

Straßenbahn/Zug/Bus fährt dir vor der Nase weg. Du verpasst dadurch einen wichtigen Termin/ eine lang ersehnte Verabredung.

Du hast auf eine Bewerbung eine Absage bekommen.

Du kannst ein Versprechen, das du jemandem gegeben hast, nicht halten.

Beim **Schildern** werden eigene Eindrücke, Gedanken, Gefühle, Empfindungen, Stimmungen in einer anschaulichen Ausdrucksweise dargestellt.
Meist haben Schilderungen das Ziel, andere Menschen an den eigenen Eindrücken, Gedanken, Gefühlen teilhaben zu lassen. Die Leserin/Der Leser soll miterleben können, was die Schreiberin/der Schreiber sprachlich dargestellt hat.
Schilderungen kommen vor

- in persönlichen Briefen und Tagebüchern,
- in Reisebeschreibungen,
- als Teile von Erzählungen und Romanen.

Im Film erzählen

1a Diese Erzählung könnte die Grundlage für einen Film sein.
Lies die Geschichte von dem doppelten Autogramm.

Klaus Britting:
Das Autogramm

Tina ist eine moderne Frau. Aufgeschlossen und hilfsbereit steht sie der Welt gegenüber. Als an einem Mittwochnachmittag ein gut aussehender dunkelhaariger Mann in mittleren Jahren bei ihr läutet, ist sie deshalb sofort bereit, ihn anzuhören. „Frau Glaubrecht?", sagt der elegante Mann sofort zu ihr, „einen schönen guten Tag." Offenbar kennt der Mann ihren Namen. „Guten Tag", sagt Tina freundlich in Erwartung einer angenehmen Nachricht. „Haben Sie mitbekommen, dass kürzlich der zehnte Todestag von Roy Black war?" „Natürlich", sagt Tina, „auf allen Fernsehstationen gab es ja Sondersendungen!"
„Ich sehe, Sie sind eine moderne Frau und auf der Höhe der Zeit", sagt der freundliche Mann und lächelt dabei anerkennend. Natürlich ist Tina auf der Höhe der Zeit, schließlich hat sie drei Frauenzeitschriften abonniert und weiß genau, was in der Welt passiert. Der Mann beugt sich nun zu ihr und flüstert: „Wissen Sie auch, dass Roy Black gar nicht gestorben ist?" „Was?", sagt Tina mit geweiteten Augen, „gar nicht gestorben?" „Ja, er lebt und niemand weiß es. Sie sind die Einzige, die jetzt davon erfährt!" Tina erschrickt zutiefst. Wie ist das nur möglich? Und sie wird die Einzige sein, die davon erfährt! Der Mann beugt sich noch näher zu ihr und flüstert ihr direkt ins Ohr: „Roy Black lebt – er steht vor Ihnen!"
Tina wird leichenblass. Ihr geliebter Roy Black ist gar nicht tot, sondern steht vor ihr. Sie betrachtet ihn näher. Natürlich hat er sich in den zehn Jahren verändert. Aber die schwarzen Haare sind wie früher, sie hätte ihn eigentlich erkennen müssen! „Ich musste mich in den letzten zehn Jahren verstecken. Die Frauenzeitschriften hatten mich so stark verfolgt, dass ich nicht mehr konnte. Ich habe deshalb meinen Tod simuliert, die Ärzte sind natürlich darauf reingefallen. Mehr darf ich Ihnen nicht sagen. Sie verste-

Im Film erzählen 33

hen!" Natürlich versteht Tina das. Sie ist so glücklich, Roy endlich einmal persönlich gegenüberstehen zu dürfen, jetzt sogar als Einzige! „Ich will Ihnen auch ein kleines Geschenk machen. Sie bekommen ein Autogramm
30 von mir!", sagt der Mann mit Samt in der Stimme. „Ein Autogramm", schluchzt Tina ganz gerührt, während der gut aussehende Mann den Namen „Roy Black" schwungvoll auf ein Blatt schreibt.

„Bekomme ich auch von Ihnen ein Autogramm?" „Von mir?", ruft Tina überrascht. „Aber ich bin doch niemand, völlig uninteressant!" „Nein,
35 nein", sagt der Mann, „für mich sind Sie eine sehr interessante Frau und ich möchte mich später, wenn ich an unser heutiges Gespräch denke, immer an Ihren Namen erinnern." Mit zitternder Hand schreibt Tina ihren Namen auf die Fläche, auf die der Mann gedeutet hat. Der Mann verabschiedet sich sehr freundlich und lässt Tina erregt und mit weichen Knien zurück. Sie
40 winkt ihm nach, als er in den Wagen steigt und abfährt.

Tina wird an diese Begegnung noch lange denken. Seit diesem Tag hat sie jede Woche nicht nur drei, sondern sieben Zeitschriften im Briefkasten.

b Wie hat dir diese Geschichte gefallen? Begründe deine Meinung. Welche Eigenschaften mancher Mitmenschen nimmt der Autor hier aufs Korn?

c Im Film sollte der Herr einen ebenso passenden Namen haben, wie ihn der Autor für Tina (Frau Glaubrecht) gefunden hat. Tauscht euch in der Klasse darüber aus, wie man die beiden Personen noch nennen könnte, um ihre Verhaltensweisen zu charakterisieren.

2 a Um die Figuren im Film richtig darstellen zu können, müsst ihr erst herausfinden, wie der Autor der Erzählung die Figuren zeigt, also was er von ihnen hält. Lest die Geschichte noch einmal.

Schildern und Erzählen

b Welche Erzählperspektive liegt dem Text zugrunde?

c Wie äußert sich der Erzähler über Tina Glaubrecht? Sucht die entsprechenden Textstellen heraus.
Wie wird der falsche Roy Black vom Erzähler beschrieben? Notiert auch zu dieser Figur die entsprechenden Textstellen.

d Wie charakterisiert der Erzähler die beiden Hauptfiguren? Wähle eine der beiden aus und schreibe einen zusammenhängenden Text. Zitiere auch entsprechende Textstellen.

> Du weißt, dass man aus verschiedenen Perspektiven erzählen kann. Häufig wird aus der Sicht eines „allwissenden" Erzählers geschrieben. Diese Darstellungsweise nennt man **auktoriales Erzählen**. Es gibt aber auch das **personale Erzählen**, wenn eine Geschichte aus der Perspektive einer Person erzählt wird. Man kann in der Ich-Form oder in der Sie-/Er-Form erzählen.

3 Stelle dir vor, du solltest aus der Erzählung „Das Autogramm" eine Filmszene machen. Was würdest du zeigen? Sprecht in der Klasse darüber.

4 Schreibt in der Gruppe den folgenden Drehbuchausschnitt zur Erzählung „Das Autogramm" weiter. Sprecht zuvor darüber, welche Einzelheiten aus der Erzählung nicht in den Regieanweisungen erscheinen müssen. Überlegt, welche Hinweise ihr eventuell neu aufnehmen müsst, die in der Geschichte nicht enthalten sind, die aber für die filmische Darstellung von Bedeutung sein können, z.B. das Äußere von Tina, der genaue Ort der Handlung (Wohnungs- oder Haustür).

TREPPENHAUS IN DRESDNER MEHRFAMILIENHAUS
INNEN/TAG

(Ein Mann um die Fünfzig steht vor einer Wohnungstür und macht seine Frisur zurecht.
DETAIL HAARE. *Er klingelt.*

KAMERA AUF WOHNUNGSTÜR. *Wohnungstür öffnet sich, eine junge Frau mit langen braunen Haaren schaut den Mann fragend an.* AMERIKANISCH.)

    FRAU GLAUBRECHT
    Ja, bitte?

    DER FALSCHE ROY BLACK
    Frau Glaubrecht? Einen schönen guten Tag.

(GROSSAUFNAHME. *Er grinst sie schmierig an.*)
(GROSSAUFNAHME. *Frau Glaubrecht lächelt verlegen.*)

    FRAU GLAUBRECHT
    Guten Tag. Was möchten Sie?

(AMERIKANISCH. *Sie ist freundlich, in Erwartung einer guten Nachricht.*)

    DER FALSCHE ROY BLACK
    Haben Sie mitbekommen, dass kürzlich der zehnte Todestag von Roy Black war?

(AMERIKANISCH)

    FRAU GLAUBRECHT
    Natürlich, auf allen Fernsehstationen gab es ja Sondersendungen!

(NAH. *Sie nickt stolz.*)

    DER FALSCHE ROY BLACK
    Ich sehe, Sie sind eine moderne Frau und auf der Höhe der Zeit.

(GROSS. *Er lächelt anerkennend.*)
(NAH. *Frau Glaubrecht wirft selbstbewusst ihre Haare in den Nacken.*)
(GROSS. *Er beugt sich zu ihr vor, als ob er ihr etwas sehr Vertrauliches sagen will.*)

    Wissen Sie auch, dass Roy Black gar nicht wirklich gestorben ist?

(DETAIL. *Er blickt sie verschwörerisch an.*)
…

Schildern und Erzählen

> **Wie du ein Drehbuch schreiben kannst**
>
> 1. Angaben zu Ort, Zeit, Geräuschen oder Musik sowie die Namen der Personen werden meist in Großbuchstaben geschrieben.
>
> 2. Beschreibungen von Leuten, Orten, Aktionen in Normalbuchstaben. Die Beschreibungen sollen möglichst kurz und präzise sein.
>
> 3. Regieanweisungen für die Schauspieler kommen in Klammern unter den Namen der Figur, die spricht. Sie geben auch an, was die Figuren in der Szene tun, beschreiben stumme und sonstige Reaktionen.
>
> 4. Was die Figur sagt, wird meist in die Mitte der Seite gesetzt.
>
> 5. Um das Ende einer Szene anzuzeigen, schreibt man entweder SCHNITT oder BLENDE. (Dabei bedeutet „Blende" zwei ineinander übergehende Bilder, eines verschwindet, das andere erscheint.)

5 a Spielt die Szene und nehmt diese – wenn möglich – mit der Videokamera auf. Wiederholt das Spiel/die Aufnahme, bis es/sie euren Vorstellungen entspricht.

b Vergleicht die Ergebnisse der Gruppen und sprecht darüber,
- ob euer Drehbuch ausreichend war und seinen Zweck erfüllt hat,
- ob euer Film die Aussage der Geschichte gut zum Ausdruck bringt.

> In einem **Drehbuch** findet sich nur das, was im Film zu sehen und zu hören sein soll. Hintergründe und Vorgeschichte sowie Motive und Charakterisierungen der Figuren sind nur indirekt über das sprachliche und nichtsprachliche Handeln der Figuren zu erschließen.
> Das Drehbuch bezieht sich immer auf das Jetzt der Kameraaufnahme, die Zeitform ist deshalb immer das Präsens.
> Durch die Kameraeinstellung kann man den Schwerpunkt auf die Figuren oder die Umgebung richten. Wenn man Figuren aufnimmt, kann man je nach Entfernung den Blick der Figuren, ihren Gesichtsausdruck (Mimik) oder ihre Handbewegungen (Gestik) ins Bild nehmen. Die Perspektive der Kamera und der gefilmte Ausschnitt bestimmen die Wahrnehmung des Zuschauers.
>
> Kameraeinstellungen:
>
> **Wenn es eher um die Blicke der Personen geht:**
> Detailaufnahme: ein Teil des Gesichts
> Großaufnahme: wie ein Ausweisfoto

Im Film erzählen 37

Wenn es eher um die Mimik geht:
Großaufnahme
Nahaufnahme: Brustbild

Wenn es eher um die Gestik geht:
Amerikanisch: Person bis zum Gürtel
Halbnah: Person bildfüllend

Wenn das ganze Szenario entscheidend ist, nicht so sehr die Person:
Halbtotale: Person in geringer Raumtiefe
Totale: Person mit Großteil des Handlungsraums
Weit/Panorama: Landschaft

6 a Überlegt, wie ein Perspektivwechsel in der/den Filmszene(n) über den falschen Roy Black möglich wäre.
Macht zunächst folgende Vorarbeit:
Erzählt die Geschichte über den falschen Roy Black mündlich aus einer anderen Perspektive. Wählt eine der folgenden Möglichkeiten:

A
Wie könnte z.B. Frau Glaubrecht ihrer besten Freundin dieses Erlebnis erzählen, bevor sie verstanden hat, dass sie betrogen wurde?

B
Wie würde sie ihrem Mann die Geschichte erzählen, nachdem ihr der Betrug bewusst geworden ist?

C
Lasst den falschen Roy Black die Geschichte aus seiner Perspektive erzählen. Er brüstet sich mit seiner guten „Werbeidee", schildert seine Eindrücke von der gutgläubigen Dame, macht sich über sie lustig und gibt mit seinen Erfolgen an.

b Wählt eine der Perspektiven für eine Filmszene aus. Schreibt ein Drehbuch zur Szene.

c Plant und spielt die Szene.

7 a Im Internet gab es unter dem Motto „Lust am Lesen – Lust am Schreiben" einen Wettbewerb für Kurzgeschichten (http://www.online-roman.de). Eine Teilnehmerin, Mia Camara ist ihr Name, hat sich mit einer Geschichte beteiligt. Lies den Anfang ihrer Erzählung.

Der Aktenkoffer

Der Airbus ging in den Landeanflug auf den Flughafen München und Jessy rutschte unruhig auf ihrem Sitz hin und her. Bilder tauchten vor ihrem geistigen Auge auf: 20 Jahre war es her gewesen, da war sie schwanger geworden. Sie wusste nicht einmal, von wem. Damals stand sie am Beginn einer Erfolg versprechenden Karriere. Ein Kind wäre das Letzte gewesen, das sie hätte gebrauchen können. Für eine Abtreibung war es zu spät und so entschloss sie sich zu einer Freigabe zur Adoption. Es war ein beklemmendes Gefühl gewesen, das kleine Bündel, das sie geboren hatte, in der Obhut der Krankenschwestern zurückzulassen. Mit vollem Elan wollte sie sich in ihre Karriereplanung stürzen, doch es verging kein Tag, an dem sie nicht an ihr kleines Mädchen dachte. (…)

So viele Jahre waren nun vergangen und Jessy blickte zurück auf ein einsames Leben. Ihre vermeintliche Karriere war blockiert durch ihre heftigen Depressionsschübe. Vor vier Wochen erhielt sie ein erschreckendes Untersuchungsergebnis von ihrem Arzt: Sie war an Darmkrebs erkrankt. Die Krankheit war bereits so weit fortgeschritten, dass man ihr nicht mehr helfen konnte. Ein einziger Wunsch baute sich in ihr auf: Sie wollte ihre Tochter ausfindig machen und noch ein einziges Mal sehen und ihr bei dieser Gelegenheit die Briefe übergeben. „Danach kann ich sterben – es ist mir egal."

Im Film erzählen

> Nachdem sie zusammen mit den anderen Passagieren von Bord gegangen war, wendete sie sich zu einem Kiosk, um einen Stadtplan von München zu kaufen. Während sie sich gedankenverloren nach dem Aktenkoffer bückte und dann rasch weiterging, bemerkte sie nicht, dass sie einen fast identischen Koffer mitnahm, dessen Besitzer sich neben ihr am Zigarettenständer zu schaffen machte.
> Jessy klingelte an der Tür des betreffenden Hauses und wartete zitternd, bis diese sich öffnete und eine junge Frau im Türrahmen erschien.
> „Ich bin deine Mutter und ich möchte …",

b Die Autorin lässt ihre Leser ganz intensiv an den Empfindungen und Gedanken von Jessy teilnehmen. Dies gelingt ihr durch die Wahl der Erzählperspektive. Welche Perspektive hat sie gewählt?

c Wo erscheint dir eine Änderung der Einleitung sinnvoll?

d Sprecht darüber, wie die Geschichte weitergehen könnte.

8 a In der Erzählung „Der Aktenkoffer" wird auch in die Vergangenheit der Hauptfigur zurückgeblickt. Suche die Stellen im Text, die sich auf Vergangenes beziehen.

b Überlege, wie man den Rückblick in die Vergangenheit im Film umsetzen könnte. Wie muss man den Film gestalten, damit die Zuschauerin/der Zuschauer merkt, dass es um Vergangenes geht?

9 a Wählt einen Abschnitt der Erzählung aus und überlegt, wie man diesen im Film umsetzen könnte. Schreibt dazu das Drehbuch. Denkt daran, dass die Kamera die Perspektive Jessys zeigt.

b Spielt die Szene(n) mithilfe eures Drehbuchs. Filmt die Szene – wenn möglich – mit der Videokamera.

c Wertet das Spiel bzw. den Film aus. Überlegt, was gelungen war und was weniger gut war. Macht Verbesserungsvorschläge.

Schildern und Erzählen

10 Erfindet selbst eine Story für einen kleinen Film. Wenn ihr schon eine Idee für eine Geschichte habt, könnt ihr daraus die Figuren entwickeln. Ihr könnt aber auch zuerst Figuren erfinden und dann eine Story dazu schreiben. Stellt euch für die Hauptfigur folgende Fragen:

- Mann/Frau?
- Woher kommt er/sie?
- Wie alt ist er/sie?
- Was macht er/sie?
- Wie soll er/sie heißen?
- Vorgeschichte, Kindheit, Elternhaus, Geschwister, Schule, Ausbildung?
- Verwandte, Kolleginnen und Kollegen, Freunde, Nachbarn?
- persönliche Vorlieben, Hobbys, Charakter, Beziehungen?
- Beruf, finanzielle Situation?

Welche Gegenspieler/Gegenspielerinnen sind denkbar?
Wo gibt es mögliche Konflikte? Welche Geschichte kann sich daraus entwickeln?

> Die klassische **Erzählweise des Films** ist auktorial. Die Kamera nimmt dabei eine „allwissende" Erzählhaltung ein. Sie fungiert als neutraler Beobachter und ist weder zeitlich noch räumlich gebunden. Normalerweise wird jedoch chronologisch erzählt, d.h. zeitlich hintereinander. Abweichungen davon, wie z.B. Rückblenden, Erinnerungen, Träume, werden genau festgelegt und sind durch stilistische Merkmale klar zu erkennen, z.B. durch Farbwechsel, Toneffekte oder so genannte Wischblenden, bei denen ein Bild durch das andere „weggeschoben" wird.
> Die Kamera bestimmt die **Perspektive(n)** im Film. Sie kann viel müheloser als in der erzählenden Literatur die Perspektiven wechseln. Sie kann in Sekundenschnelle einen Standpunkt verlassen und von einer neutralen Sicht in eine andere Perspektive, z.B. die einer Figur der Geschichte, übergehen. Die Perspektive kann auch durch die Stimme eines „Erzählers" der Geschichte bestimmt werden, der mit einer so genannten „Voice over" einen Kommentar zum Film spricht.

Beschreiben

Personen charakterisieren

1a Lies den folgenden Ausschnitt aus einem Interview:

Irina N.: Dass ich lesbisch bin, das ist es nicht.
[…]
Aufgewachsen bin ich bei Großmutter im Prenzlauer Berg. Das hing damit zusammen, dass Großmutter allein war. Ihr Mann ist im Krieg geblieben. Da war sie erst 45. Sie braucht aber einen, um den sie sich kümmern kann. Als ich Lungenentzündung kriegte, da war ich noch sehr klein. Da hat sie mich zu sich genommen. Sie verstand sich nicht
5 besonders mit Vera, meiner Mutter. Die war froh, dass ich gut versorgt war. Sie war ja auch noch sehr jung. Großmutter hielt mich wie ihr eigenes Kind. Ich war gern bei ihr; das war eine schöne Zeit.
So 'ne richtige Beziehung zu Vera hatte ich nie. Nicht, dass sie schlecht war; aber die Liebe, die hatte sie nicht. Vielleicht war sie auch zu sehr mit ihren eigenen Problemen
10 beschäftigt. Als sie dann geheiratet hat, hat sie mich zu sich geholt. Ich muss so neun Jahre alt gewesen sein. Von Großmutter weg, das war schlimm. Ich hab' auf meine Art reagiert. Ich wurde unausstehlich. In der Schule fiel es auf, dass irgendwas mit mir nicht in Ordnung ist. Eine Musterschülerin war ich nie; miese Leistungen und dazu noch einen Dickschädel. Ich habe nie eingesehen, wozu ich lernen sollte. Fußball spielen war
15 mir viel lieber. So 'n richtiger Lümmel. Aber seit ich bei Vera war, hatte ich mich verändert – irgendwie stiller, teilnahmsloser. Jedenfalls kam die Lehrerin zu Großmutter – nicht etwa zu Vera. Sie sagte: „Das Kind vereinsamt." Da ließ sich Vera gerade scheiden. (An den Mann kann ich mich überhaupt nicht erinnern.) Also war sie wieder allein. Und da kam es ihr ganz gut zupasse, als Großmutter darauf bestand, dass ich wieder zu
20 ihr komme. …]
Mit vierzehn etwa hab ich gemerkt, dass ich anders bin als die Mädchen in meinem Alter. Die hatten nur die Jungs im Sinn und ich machte mir gar nichts daraus. Einen Freund – auf diese Idee kam ich überhaupt nicht. Ich spielte immer noch Fußball, bastelte an meinem Fahrrad herum. Großmutter sagte immer: „Du bist wie dein Groß-

vater." Vielleicht hing sie auch deshalb so an mir. Später habe ich dann ab und zu eine Freundin mit nach Hause gebracht, auch über Nacht. Großmutter fand uns dann manchmal in einem Bett und bemerkte auch andere Dinge, die nicht zu einer ordentlichen Mädchenfreundschaft passten. Da wurde sie hellhörig.

An ihren argwöhnischen Fragen, ihrem ganzen misstrauischen Verhalten merkte ich, dass sie es nicht verstehen würde. Das hatte ich eigentlich nicht erwartet. Großmutter mit ihrer großzügigen Denkungsart … Ich habe dann mal nachgespürt, weil mich diese Haltung als psychologisches Phänomen interessierte. Ich meine das Problem der Toleranz. Und tatsächlich: Meiner fortschrittlichen Großmutter, die mich über alles liebte, wäre es nicht recht gewesen, wenn ich plötzlich mit einem Afrikaner angekommen wäre. Prinzipiell hat sie nichts dagegen, sagte sie. Aber warum gerade ich … So ist das also mit der Intoleranz. […]

Vera hat nie akzeptiert, dass ich lesbisch bin. Als ich mit ihr darüber sprach, fiel sie total aus der Rolle. „Lesbisch, das gibt's ja gar nicht", schrie sie herum, „du willst dich bloß wichtigmachen, willst anders sein als die anderen, das ist alles."

Meine Mutter merkt es nicht, wenn sie einem wehtut. Sie will es nicht, aber sie tut es immer wieder. Sie kann gar nicht anders. Das hängt damit zusammen, dass sie sich selbst wichtiger nimmt als die anderen. […]

b Welche Informationen gibt Irina im Interview? Erarbeite eine inhaltliche Gliederung des Textes.

c Suche sprachliche Besonderheiten des Textes.
Folgende Fragen helfen dir:

Was fällt dir am Satzbau auf?
Gibt es Sätze, die typisch für gesprochene Sprache sind?
Sind Beispiele für jugendsprachliche Ausdrücke zu finden?

d Charakterisiere Irina aufgrund ihrer Aussagen in einem zusammenhängenden Text.

2 Wenn du deine Lernpartnerin/deinen Lernpartner auf einer eigenen Homepage oder in der Abschlusszeitung vorstellen solltest – wie würdest du sie/ihn charakterisieren? Stelle ihr/ihm zuvor folgende Fragen:

– Was denkst du über dein jetziges Leben?
– Wer/Was ist dir wichtig?
– Wie kommst du mit anderen Menschen klar?
– Wo liegen deine Stärken und deine Schwächen?
– Wie stellst du dir deine Zukunft vor?

Achte auf Abwechslung bei Wortwahl und Satzbau.

3 a Lies die Präsentation der „Prinzen". Wie gefällt dir die Beschreibung der Band? Begründe deine Meinung.

Personen charakterisieren 43

Traumhafter Chorgesang, witzige zweideutig-eindeutige Texte und ein freches Image: Das macht die Prinzen aus!
Die Ursprünge der Vokalartisten liegen im
5 Thomanerchor in Leipzig. Alle fünf waren dort Chorknaben und genossen die herausragende musikalische Ausbildung des Chors. Tobias Künzel, der Älteste der Prinzen, sang schon zwei Jahre in diesem Chor,
10 als Sebastian Krumbiegel und Wolfgang Lenk und ein Jahr später auch Henri Schmidt in den Chor aufgenommen wurden. Der Fünfte im Bunde, Jens Sembdner, war dagegen Mitglied im ebenfalls berühm-
15 ten Kreuzchor in Dresden. Alle vier mussten damals im Alter von neun Jahren eine Aufnahmeprüfung ablegen, um in diesen Chören überhaupt eine Chance zu bekommen.
20 Klar, dass ihre Eltern unheimlich stolz auf die Jungs waren. Die Mitglieder des Chors genossen in der damaligen DDR jede Menge Privilegien, unter anderem durften sie reisen und überall in der Welt mit ihrem Chor auftreten. Der Nachteil: Die Erzie- 25
hung im Thomaner-Internat war sehr streng und weltfremd, die Jungs mussten, bis sie 18 Jahre alt waren, in Mehrbettzimmern schlafen, frühmorgens aufstehen, mindestens drei Stunden am Tag singen und proben und 30 sämtliche Freizeitaktivitäten vorher mit den Lehrern abklären.
Mit der Popgruppe „Herzbuben" feierten die Jungs dann erste Rockerfolge und ihr Name wurde in der ehemaligen DDR be- 35 kannt. 1990 hörte Neue-Deutsche-Welle-Star Annette Humpe (Ideal, „Deine blauen Augen") die Jungs, war von den traumhaften Stimmen total hingerissen und gab ihnen Starthilfe: 40
Der Name „Die Prinzen" wurde geboren und die fünf gingen mit Altstar Udo Lindenberg auf Tour. Mit „Das Leben ist grausam" erschien ihr erstes Album, das auch sofort den Sprung in die Charts schaffte 45 und mit liebenswerten Songs, wie „Gabi und Klaus", „Millionär" und „Fahrrad", auf sich aufmerksam machte.
Doch erst die Scheibe „Küssen verboten" bescherte ihnen den großen Durchbruch. 50 Hier hatten sie ihren Sound perfektioniert: Mehrstimmiger Gesang der Extraklasse und freche, witzige Texte, die mit unglaublicher Treffsicherheit auf den Punkt kommen, waren ihr Markenzeichen. Es regnete jede 55 Menge Charterfolge und Preise: Echo, RSH-Gold, Goldene Stimmgabel, Musikpreis vom deutschen Verlegerverband u.v.m.
…

b Arbeite heraus, welche Informationen gegeben werden. Notiere diese stichwortartig.

c Die Sprache der Prinzen-Präsentation ist auf eine jugendliche Leserschaft ausgerichtet. Suche Beispiele dafür und nenne Gründe.

44 Beschreiben

4 a Viele Fans wollen so viel wie möglich über Stars und Idole erfahren. Welche Möglichkeiten gibt es, sich Informationen zu beschaffen?

b Sammle Informationen über eine Person oder eine Band, die dir gefällt.

c Verfasse mithilfe der gesammelten Informationen eine Charakterisierung der ausgewählten Person oder Band für die Schülerzeitung.
Denke daran, dass deine Mitschülerinnen und Mitschüler die „Adressaten" deiner Beschreibung sind.

d Schreibe deinen Text um, sodass er in einer Tageszeitung erscheinen könnte. Stelle dir als Leserschaft Eltern vor, die sich über die Idole ihrer Kinder informieren wollen.

Komplexe Sachverhalte beschreiben

1 Überlegt gemeinsam in der Klasse, wie ihr an die Beschreibung eines komplexen Sachverhalts herangehen könnt. Euer Thema: „Die Auswanderung von Europa nach Amerika im 19. und 20. Jahrhundert"

2 a Klärt den Begriff „Auswanderung", der zentral für die Aufgabenstellung (Aufg. 1) ist.

b Entwerft einen Cluster, in dem ihr euer Vorwissen zum Thema festhaltet, z.B. mögliche Gründe für die Auswanderung nach Amerika.

c Formuliert Fragen, die sich stellen, z.B.:

Welche wirtschaftlichen Veränderungen prägten das Leben in Amerika im 19. Jh.?
Warum war Amerika bereit, Menschen aufzunehmen?
Warum verließen viele Menschen Europa?
Wie funktionierte das Zusammenleben der Menschen aus verschiedenen Herkunftsländern? Welche Fakten belegen es?
Welche gesetzlichen Grundlagen galten?

Komplexe Sachverhalte beschreiben 45

3 a Schau dir die folgenden beiden Diagramme genau an.

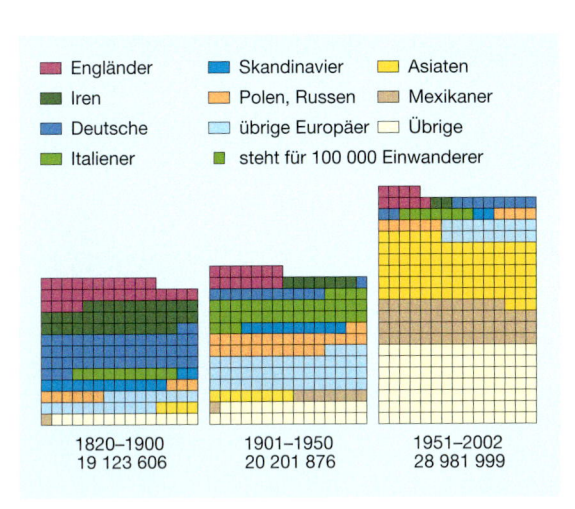

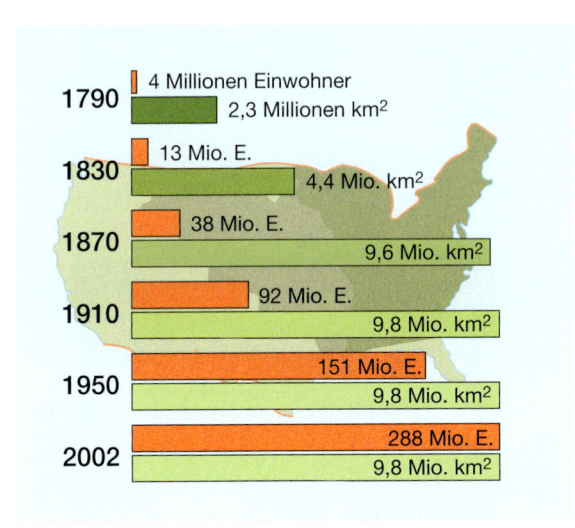

- Engländer
- Iren
- Deutsche
- Italiener
- Skandinavier
- Polen, Russen
- übrige Europäer
- Asiaten
- Mexikaner
- Übrige
- steht für 100 000 Einwanderer

1820–1900
19 123 606

1901–1950
20 201 876

1951–2002
28 981 999

1790: 4 Millionen Einwohner / 2,3 Millionen km²
1830: 13 Mio. E. / 4,4 Mio. km²
1870: 38 Mio. E. / 9,6 Mio. km²
1910: 92 Mio. E. / 9,8 Mio. km²
1950: 151 Mio. E. / 9,8 Mio. km²
2002: 288 Mio. E. / 9,8 Mio. km²

b Wähle ein Diagramm aus und gib den Inhalt in ganzen Sätzen wieder. Beziehe in deinen Text die Jahres- und Prozentzahlen mit ein.

c Überlege, welcher Zusammenhang zwischen den beiden Diagrammen besteht.

4 a Untersuche die Gründe für die Auswanderung von Europa nach Amerika. Recherchiere im Internet, in der Bibliothek und/oder frage deine/deinen Geschichtslehrer/-in.

b Stelle die Gründe in einem zusammenhängenden Text dar. Beziehe auch die Informationen aus Aufgabe 3 mit ein.

c Überarbeite deinen Text. Achte besonders auf eine treffende Wortwahl, abwechslungsreiche Satzanfänge und Satzverknüpfungen sowie auf deine Rechtschreibung.

> Bei der **Beschreibung komplexer Sachverhalte** kommt es vor allem darauf an,
>
> - die einzelnen Teilsachverhalte genau zu beschreiben,
> - den Zusammenhang zwischen einzelnen Teilsachverhalten verständlich und richtig darzustellen (die Teilsachverhalte können in einem temporalen, lokalen oder kausalen Zusammenhang stehen; diese müssen durch sinnvolle Übergänge zum Ausdruck gebracht werden),
> - anschaulich durch abwechslungsreiche Formulierungen zu beschreiben, z.B.:
>
> *Die Gründe für … sind vielfältig: Zum einen …, zum anderen …, außerdem …, des Weiteren …, nicht zuletzt …*
>
> *Über die Ursachen lässt sich Folgendes sagen: …*
>
> *Da zu dieser Zeit in Deutschland und anderen europäischen Ländern …*
>
> *Die Ursachen für die starke Auswanderungsbewegung von Europa nach Amerika im 19. Jahrhundert waren hauptsächlich wirtschaftlicher Natur.*
>
> *Die Auswanderung so vieler Menschen aus ihrer Heimat stand in engem Zusammenhang mit ihren schlechten Lebensbedingungen. Interessant ist auch die Tatsache, dass …*

5 a Suche nach Büchern und Filmen, welche die Auswanderung nach Amerika zum Thema haben.

b Gestalte mit dem Computer eine Übersicht, in der du die Buch- und Filmtitel auflistest und eine Bewertung abgibst. Leih dir – wenn möglich – Bücher/Filme zur Begutachtung aus.

c Veröffentliche die Buch-/Filmtipps in der Schülerzeitung oder auf der Schulwebseite.

Berichten und Kommentieren

1 a Egon Erwin Kisch (1885–1948), der auch „der rasende Reporter" genannt wird, beschreibt im folgenden Text, wie er seinen ersten Bericht für eine Zeitung schreiben sollte.
Lies den Text und überlege, ob ihm der Bericht gelungen ist. Begründe deine Meinung.

Schittkauer Mühle in Flammen

Einmal um halb zehn Uhr nachts, als ich in der Redaktion saß, kam die telefonische Nachricht, dass der Mühlenkomplex der Stadt in Flammen stehe. Da niemand von der Lokalredaktion anwesend war, wurde ich zur Brandstätte geschickt; ich fuhr hin mit dem Gefühl, etwas zu tun, was tief unter der Schriftstellerwürde sei. Diese Beschämung wurde an Ort und Stelle von einer anderen abgelöst: Ich sah einen alten Kollegen vom Konkurrenzblatt auf einer Feuerspritze sitzen, Feuerwehrhauptmänner und Polizeibeamte stürzten von Zeit zu Zeit auf ihn zu und flüsterten ihm Neuigkeiten ins Ohr, die er eilig auf einen Zettel schrieb. Ich aber stand da, mit leerem Notizblock, und wusste nichts, als dass es brenne. Blamiert, traurig, von meiner Unfähigkeit tief überzeugt, musste ich in die Redaktion zurückkehren. „Schreiben Sie recht viel", sagte mir der Chefredakteur. „Sie haben bis 1 Uhr nachts Zeit für die Lokalauflage." So schrieb ich denn: vom flammenden Himmel, von lodernden Flammen, von bewegter Nacht, vom geröteten Fluss, von todesmutiger Feuerwehr, blitzenden Löschgeräten, Phrase auf Phrase häufend. Ich konnte damit drei Spalten füllen. Ungeduldig wartete ich auf das Erscheinen des Konkurrenzblattes. Es enthielt eine kurze Notiz, in der angegeben war, wie der Brand entstand, wie er entdeckt wurde, wie man die Löscharbeiten organisierte und wie hoch der Schaden war, nackte Tatsachen, von denen ich keine Ahnung hatte. In meiner Redaktion wurde ich gelobt, der Kollege von der Konkurrenzzeitung, der den Bericht verfasst hatte, wurde gekündigt, mit der Begründung, es sei ein Skandal, sich von einem jungen Burschen überflügeln zu lassen. Erschüttert darüber, meine Leistung, deren Kläglichkeit ich kannte, als Erfolg gewertet zu sehen, musste ich mir die Frage stellen, ob Arbeit wirklich ein Minus, Phrasengeklingel und Lügengewäsch ein Plus seien. Diese Frage beschäftigte mich …
Der erste Artikel nach diesem Brandbericht war mein erster Artikel. Das heißt, ein Artikel, der sich um Sachlichkeit und Wahrheit bemühte.

Egon Erwin Kisch

b Suche die Stelle(n) im Text, in der/denen Kisch den Brand beschreibt. Welche sprachlichen Mittel verwendet er?

c Wie könnte der Text, den Kisch für die Zeitung schrieb, lauten? Denke daran, dass der Chefredakteur einen langen Text verlangt hat. Schreibe diesen auf.

d Der erfahrene Reporter vor Ort notierte alle wichtigen Informationen über den Brand und schrieb eine Nachricht für seine Zeitung.
Wie könnte diese lauten? Schreibe diese Nachricht auf und vergleiche sie mit dem Text aus Aufgabe c.

2 a Lies folgende Berichte und vergleiche diese miteinander. Welche inhaltlichen Gemeinsamkeiten haben sie und wodurch unterscheiden sie sich?
Notiere dazu stichpunktartig die wichtigsten Informationen des jeweiligen Textes.

Falsche Fuffziger
aus der Frühstückspension

Von M. Meckelein

Sonneberg – „Wer Geldscheine nachmacht oder verfälscht ..."
Christian B. (20) hätte das mal lieber öfter lesen sollen ...

Der Arbeitslose hatte sich mit Drucker und Scanner in der Pension „Wolkenrasen" in Sonneberg eingemietet. Im Zimmer war er nicht untätig: Auf Kopierpapier druckte er fleißig 50-Euro-Blüten. Mit dem ersten Ergebnis seiner Arbeit marschierte er am 25. März in ein Café – und bezahlte die Zeche mit dem falschen Fuffziger.
Da hatte er die Rechnung ohne den Wirt gemacht. Der erstattete am nächsten Tag Anzeige bei der Polizei. Die Fahnder vernahmen die Gäste. „Einer der Zeugen erinnerte sich, dass sein Bekannter mit einem 50er bezahlt hatte", sagte Inspektor Barnikol (36).
Die Beamten stürmten in der Pension das Zimmer 4. Dort schlummerte der Geldfälscher noch selig in den Daunen. 211 einseitig bedruckte falsche Fuffziger, ein kombinierter Drucker und Scanner, Papier und Schneidmaschine stellten die Beamten sicher. Und Christian B.? Der brauchte nicht in den Knast. Für's erste jedenfalls ...

Primitive Fälscherwerkstatt entdeckt
Aufmerksamer Wirt enttarnte Geldfälscher

Sonneberg (nj)
Gestern nahm die Polizei in Sonneberg einen 20-jährigen Geldfälscher fest. Er hatte sich in einer Pension eingemietet und mit Computer, Scanner und Drucker Blüten von 50-Euro-Scheinen hergestellt. Nachdem er mit einem solchen gefälschten Geldschein in einem Café bezahlt hatte, erkannte der Wirt den Schwindel und zeigte ihn am nächsten Tag bei der Polizei an. Diese fand durch die Befragung der Gäste eine heiße Spur zu dem Fälscher. Die Beamten überraschten den Geldfälscher in der Pension und stellten die benutzten Werkzeuge zum Fälschen als Beweismittel sicher. Der 20-Jährige wurde auf der Polizeistation vernommen. Der Täter ist arbeitslos und gab finanzielle Schwierigkeiten für sein Tun an. Er wurde bis zur Verhandlung auf freien Fuß gesetzt.

Euros vom Kopierer

Sonneberger fälschte Geldscheine mit guter Technik, aber auf schlechtem Papier

Euro-Scheine werden auch in Thüringen immer häufiger nachgemacht. Dabei ist der 50-Euro-Schein bei Fälschern am beliebtesten. Im jüngsten Fall tauchte in
5 Sonneberg ein falscher Fünfziger auf. Doch mehrere hundert Blüten lagen schon bereit. Dem Mann droht nun Gefängnis, nicht unter einem Jahr.

Von Frank Buhlemann

In einem Café in Sonneberg-Hönbach fiel
10 der Schwindel erst im zweiten Anlauf auf.
In der Nacht hatte Christian B. mit zwei 50-Euro-Scheinen seine Rechnung von knapp 80 Euro bezahlt. Doch nur einer der beiden Scheine war echt, der andere gefälscht.
15 Dennoch merkte die Kellnerin den Betrug nicht sofort. Gewiefte Fälscher drängen beim Bezahlen, täuschen Zeitnot vor und suchen sich dunkle Ecken, meint Sonnebergs Polizeichef Andreas Barnikol. So auch in diesem Fall.
20 Ein gutes Trinkgeld hatte außerdem für weniger Misstrauen beim Personal gesorgt. Erst am nächsten Morgen, als das Geld des Vorabends gezählt und zur Bank gebracht werden sollte, fiel der falsche Schein auf.
25 Die beiden 50-Euro-Scheine des Tricksers hatten zudem die gleiche Seriennummer. Nach Befragung der Stammkunden in der Billardhalle kam die Polizei schnell über einen Tipp auf den jungen Mann aus Neu-
30 haus-Schirnitz, der sich in Sonneberg in einer Pension im Plattenbaugebiet einquartiert hatte. Offenbar war der Fälscher so von sich beeindruckt, dass er sein Wissen um die Blüten nicht für sich behalten konnte. In
35 der Pension fanden die Beamten dann nicht nur den Zwanzigjährigen, sondern auch die umfangreiche Technik zum Geldfälschen (TA berichtete). Neben einem Kopierer stellten sie Scanner, Papierschneidegerät und Farbspray sicher. 211 halb fertige 50-Euro-Bank- 40 noten fanden sie außerdem.
Er hatte einen wirklich guten Farbkopierer, allerdings war das verwendete Papier ziemlich schlecht und so die Fälschungen eigentlich leicht zu fühlen, meint Polizei- 45 chef Barnikol. Mit Farbsprays und den selbst gefertigten Schablonen hatte Christian B. versucht, das silbrig glänzende Hologramm auf den Geldscheinen nachzuahmen, was jedoch mehr schlecht als recht gelang. 50
Jetzt prüfen die Sonneberger Beamten, ob der Mann auch andere Euro-Banknoten nachgemacht und in Umlauf gebracht hat. Denn Anfang des Jahres tauchten im Raum Sonneberg mehrere falsche Zehner und 55 Zwanziger auf.
Laut Staatsanwaltschaft droht Christian B. für das Geldfälschen eine Freiheitsstrafe von nicht unter einem Jahr. Erschwerend kommt hinzu, dass er das Falschgeld unter 60 die Leute gebracht hat. Angeblich hätte er aus Geldnot gehandelt, weil er seit einiger Zeit arbeitslos ist, sagte er der Polizei bei der Vernehmung.

b Die Art und Weise der Textgestaltung lässt Rückschlüsse darauf zu, in welchen Zeitungen die Berichte veröffentlicht wurden. Äußere deine Meinung und begründe diese an Beispielen aus den Texten.

c Was erwarten die Leserinnen/Leser der jeweiligen Zeitung von ihrer Zeitungslektüre?

d Vergleiche die Überschriften/Schlagzeilen und die Untertitel miteinander. Welche Informationen kannst du bereits hier entnehmen?

e Vergleiche die sprachlichen Formulierungen, die in den drei Texten für den Täter und die gefälschten Geldscheine benutzt werden. Was kannst du daraus ableiten?

f Bewerte die Texte in Bezug auf Informationsgehalt und Seriosität. Begründe deine Meinung.

> Es gibt so genannte **Abonnement-Zeitungen**, das sind seriöse Zeitungen, in denen sachlich vorwiegend über Ereignisse in der Welt oder in der Region berichtet wird. Voraussetzung dafür ist eine eigene gründliche Recherche der Zeitungsredakteurin/des Zeitungsredakteurs oder das Nutzen von Nachrichtenagenturen (z.B. dpa, Reuters, AP) mit Angabe der Quelle(n). Es wird hauptsächlich Hochsprache verwendet.
>
> Andererseits gibt es **Boulevard-Zeitungen**, die vor allem über Sensationelles berichten und bei denen so genannte „People"-Geschichten, also Berichte über Prominente und Privatpersonen mit einem außergewöhnlichen Schicksal, einer außergewöhnlichen Fähigkeit u.Ä., im Mittelpunkt stehen. Die Darstellung ist oft übertrieben, es werden zum Teil unbewiesene Vermutungen und Gerüchte verbreitet. Auf die Angabe von Quellen wird häufig verzichtet. Der Stil ist eher umgangssprachlich und wertend.
>
> ➡ *S. 103: Zeitungen lesen und verstehen.*

3 a Ordne die folgenden Meldungen verschiedenen Zeitungsarten zu und begründe deine Meinung. Du kannst den Merkkasten oben zur Hilfe nehmen.

> Ein voll beladener LKW kam auf der A 4 ins Rutschen, durchbrach die Leitplanke und kollidierte mit einem entgegenkommenden PKW. Die Insassen mussten mit schweren Verletzungen per Hubschrauber ins Krankenhaus geflogen werden.

> Der Sohn von Michael Douglas legte nachts um halb eins wilde Musik mit nacktem Oberkörper auf. Er will seine berühmten Vorfahren nicht verleugnen, aber sein eigenes Ding machen.

Berichten und Kommentieren 51

US-Wissenschaftler warnen vor Killerameisen in Pflegeheimen. In den vergangenen Jahren wurden dort mindestens sechs Angriffe registriert. Vier Patienten waren zu schwach, um Hilfe zu holen. Sie starben jämmerlich an den Bissen.

Nach Information des Sprechers der Kinderhilfsorganisation Unicef findet am kommenden Samstag die Trauerfeier zu Ehren Sir Peter Ustinovs in der Kathedrale von Genf statt. Die Beisetzung erfolgt im engsten Familienkreis.

Vier Jahre nach dem Brand in einer Düsseldorfer Disko ist der mutmaßliche Brandstifter gefasst worden. Er war der langjährige Freund des Besitzers und hatte über Jahre ein Verhältnis mit dessen Ehefrau. Er ist nachweislich auch der Vater ihres Sohnes.

Der bildungspolitische Sprecher der Thüringer SPD-Fraktion will in einem Schulgesetz das gemeinsame Lernen von Haupt- und Realschülern regeln.

b Nenne Tageszeitungen und ordne diese der jeweiligen Zeitungsgruppe zu. Informiere dich am Zeitungskiosk.

> In einer Tageszeitung können wir informierende und meinungsbildende Textsorten unterscheiden. Zu den **informierenden Textsorten** zählen:
> - die **Meldung** – die Darstellung eines Ereignisses in knapper, sachlicher Form,
> - der **Bericht** – der ausführlicher und umfangreicher ist als die Meldung,
> - die **Reportage** – die neben den Fakten zum Ereignis auch persönliche Eindrücke und Hintergrundinformationen enthält,
> - das **Interview** – das das im Gespräch Gesagte wörtlich oder in gekürzter Form wiedergibt.

4 a Welche Funktion haben die folgenden Überschriften von Meldungen?

Es blitzte bei schönem Wetter

BETRUNKEN RANDALIERT

Tote Schweinswale an die Küste gespült

Berichten und Kommentieren

Hüftwurf im Finale **Atomtransporte genehmigt**

b Welche Informationen erwartest du in den Meldungen? Formuliere Fragen.

c Ordne die folgenden Texte den Überschriften zu. Vergleichen deine Erwartungen mit den Meldungen. Suche in den Meldungen die Antworten auf deine Fragen.

Neun tote Schweinswale sind innerhalb weniger Tage an der Ostseeküste Mecklenburg-Vorpommerns angeschwemmt worden. Die Ursache für den Tod der Meeressäuger sei unklar. Die Tiere trieben vermutlich schon länger tot in der Ostsee und wurden durch den starken Sturm der vergangenen Tage an Land gespült.

Das Bundesamt für Strahlenschutz hat die umstrittenen Transporte abgebrannter Brennelemente aus Rossendorf in Sachsen in das nordrhein-westfälische Zwischenlager Ahaus genehmigt. Auf der Grundlage der bis Jahresende geltenden Erlaubnis sollen insgesamt 951 Brennelemente aus dem einstigen Forschungsreaktor Rossendorf in Castor-Behältern in das Zwischenlager gebracht werden. Von dem Transport ist auch Thüringen betroffen. Eine Absicherung durch die Polizei ist dringend notwendig.

Bei zahlreichen Tempokontrollen ermittelte die Polizei am Wochenende viele Raser. Das schöne Wetter lockt vor allem junge Motorradfahrer auf die Straßen. Mit dem Videowagen werden sie geblitzt und überführt.

In der Nähe einer Disko randalierten am Sonnabend gegen 1.30 Uhr zwei Jugendliche an einem Bauzaun in der Eugen-Richter-Straße. Sie schleppten Teile auf die Straße, welche ein Audi-Fahrer zu spät bemerkte und der deshalb nicht mehr ausweichen konnte. Zum Glück wurde der Fahrer nur leicht verletzt, am Auto entstand Totalschaden. Die Randalierer wurden in der Diskothek gefasst.

Berichten und Kommentieren   53

Bei den Ladies Open in Belgien gelang Anja Wagner vom TuS Jena ihr bisher größter Turniererfolg im Frauen-Judo. Die Junioren-Europameisterin setzte sich in Arlon in der 57-kg-Klasse gegen die 26-köpfige Konkurrenz aus Europa und Amerika durch und konnte ihren ersten B-Turnier-Sieg bejubeln. Insgesamt waren dafür sechs Kampfsiege notwendig. Diesmal entschied Anja Wagner den Kampf in der Verlängerung per Hüftwurf.

d Aus welchen Ressorts (bestimmte Teilbereiche der Zeitung, die im Kopf der jeweiligen Zeitungsseite angegeben werden) könnten die Meldungen stammen?

> In einer **Meldung** werden die Ereignisse möglichst knapp, sachlich und objektiv vermittelt. Eine Schlagzeile soll den Leser neugierig machen und zum Lesen animieren.
> Im Text sollten folgende *W*-Fragen beantwortet werden:
> - Wer steht im Mittelpunkt der Meldung?
> - Was ist passiert/geschehen?
> - Wann hat es sich zugetragen?
> - Wo hat das Ereignis stattgefunden?
> - Wie ist es passiert?
> - Warum ist es dazu gekommen?

5 a Überprüft die Texte aus Aufgabe 3 daraufhin, ob es sich um Meldungen handelt. Werden alle Fragen beantwortet (Merkkasten)?

b Schreibt selbst eine Meldung und verwendet folgende Wörter. Denkt daran, dass die *W*-Fragen beantwortet werden müssen:

| • Fraktionssitzung | • Handy | • Arbeitslosengeld | • Zwischenrufe |

oder

| • Greenpeace | • Öltanker | • Flutwelle | • Nachrichtenstopp |

oder

| • Marathonlauf | • Unterzuckerung | • New York | • Sieg |

54 Berichten und Kommentieren

6 a Überprüfe, ob es sich bei folgendem Text um einen Bericht handelt. Begründe deine Auffassung.

Die Retter konnten nicht mehr helfen
Mit hoher Geschwindigkeit gegen einen Baum geprallt: Junger Mann starb auf der B 7

Gamstädt (jh)

Den Einsatzkräften des Rettungsdienstes und der Polizei bot sich ein Bild der Zerstörung, wie sie es schon lange nicht mehr gesehen hatten. Sie waren am späten Sonntagabend auf die B 7 zwischen Frienstedt und Gamstädt zu einem schweren Unfall gerufen worden. Ein Auto hatte sich regelrecht um einen Baum herumgewickelt, auf dem Feld lag regungslos der Fahrer. Ihn hatte der Aufprall aus dem Fahrzeug herausgeschleudert. Für den jungen Mann kam jede Hilfe zu spät, er erlag noch an der Unglücksstelle seinen Verletzungen.

Wie die ersten Untersuchungen vor Ort ergaben, war der 22-Jährige aus Gottstedt mit dem Auto seiner Mutter unterwegs, als es kurz vor Gamstädt zu der Tragödie kam. Ausgangs der Rechtskurve verlor der Fahrer die Kontrolle über den Wagen, driftete nach links auf den Grünstreifen und prallte ungebremst und mit hoher Geschwindigkeit gegen einen Baum. Die Wucht war so groß, dass der Motor samt Vorderachse und Räder einige Meter weggeschleudert wurde. Der Auspuff lag rund 50 Meter weiter auf dem Acker.

Wenngleich die Ermittlungen, in die auch ein Gutachter der Dekra mit einbezogen wurde, noch nicht abgeschlossen sind, war am Unfallort schon abzusehen, dass die Geschwindigkeit deutlich über den erlaubten 80 km/h gelegen haben dürfte. Das Auto war so stark zertrümmert worden, dass es kaum zu erkennen war. Die Bundesstraße war wegen der Unfallaufnahme und Bergung drei Stunden dicht.

b Notiere die *W*-Fragen und beantworte diese.

c Schreibe eine Meldung über diesen Unfall. Beschränke dich auf die wichtigsten Informationen.

d Stelle dir vor, du wärst Reporterin/Reporter einer Boulevardzeitung und solltest über diesen schweren Unfall berichten. Wie würdest du den Text verändern?

Berichten und Kommentieren 55

> Wenn in der Zeitungsredaktion ein Thema als sehr wichtig und interessant für die Leser angesehen wird, thematisiert es die Redaktion in unterschiedlichen Textsorten und in verschiedenen Ressorts der Zeitung. Dies kann in **informierenden** Textsorten (siehe S. 53), aber auch in **meinungsäußernden** Textsorten geschehen. Zu letzteren zählt man den **Kommentar**, in dem der Verfasser seine persönliche Auffassung zu einem Ereignis darstellt.
> Auch die **Rezension** dient der Bewertung, nämlich neu erschienener Bücher, Filme, CDs, Theateraufführungen oder Kunstausstellungen. Sie stellt einen Leserservice dar, durch den die Leserin/der Leser Zeit und Geld sparen kann.

7a Untersucht in eurer Gruppe einen der folgenden Texte. Notiert zuerst, worum es in „eurem" Text geht (Hauptinformation). Überlegt, welche Absicht die Schreiberin/der Schreiber verfolgt.

Text 1

Dreijährige von Hund fast getötet

Gegen den Besitzer der beiden Hunde, die ein Mädchen in Gräfentonna lebensgefährlich verletzt haben, liegt beim Amtsgericht Gotha eine Anklage vor

Erfurt/Gotha (TA)
Der Vorwurf lautet auf gefährliche und fahrlässige Körperverletzung, sagte eine Sprecherin der Staatsanwaltschaft Erfurt gestern dieser Zeitung.
5 Die Vorfälle, die zur Anklage führten, sollen sich im Mai und Juli vergangenen Jahres mit Hunden ereignet haben. Trotzdem hatten die Behörden keine Möglichkeit gesehen, diesem Mann die Hunde zu verbieten. 10
Am Sonntag hatten sein Rottweiler und ein Staffordshire-Rottweiler-Mischling ein dreijähriges Mädchen lebensgefährlich verletzt. 15 Die Hunde waren frei auf dem Grundstück der Eltern des Mädchens herumgelaufen. Beide Tiere wurden nach dem Vorfall 20 eingeschläfert, die Staatsanwaltschaft hat ein Ermittlungsverfahren eingeleitet.

Text 2

Es geht um Menschenleben
Trotz deutlicher Hinweise sahen die Thüringer Behörden keine Möglichkeit, die Hunde zu verbieten

Die dreijährige Marie-Luise aus Gräfentonna ist beim Spielen auf dem Hof am Sonntag von zwei Hunden gebissen und schwer verletzt worden. Der Rottweiler-Rüde und ein Staffordshire-Rottweiler-Mischlingsrüde gehörten ihren Eltern. Sie waren wegen der Hundehaltung schon mehrfach angezeigt worden.

Von Vera Dähnert und Kai Mudra
Die Anklage liegt seit einigen Wochen beim Amtsgericht Gotha. Sie lautet auf schwere Körperverletzung und in zwei Fällen auf fahrlässige Körperverletzung. Immer in Verbindung mit Hunden, im Mai und Juli 2003, erklärte gestern eine Sprecherin der Staatsanwaltschaft Erfurt gegenüber dieser Zeitung. Der Beschuldigte ist ausgerechnet der Hundehalter, dessen Tiere vorgestern in Gräfentonna im Kreis Gotha Marie-Luise angefallen hatten. Weitere Anzeigen wegen der Hundehaltung ihrer Eltern waren in den vergangenen Jahren eingestellt worden. Jetzt ermittelt der Staatsanwalt erneut gegen den Hundehalter.
Das Drama zeigt, wie hilflos die Behörden trotz Gesetzesänderung immer noch agieren, geht es darum, Gefahren durch Hundehalter und deren Tiere abzuwenden. Denn von der Anklage war den Veterinärbehörden, die für einen Teil der Umsetzung der Thüringer Gefahrenhundeverordnung zuständig sind, offenbar nichts bekannt. Sollte es wirklich so sein, dass ein Hund der Eltern bereits jemanden verletzt hat, wäre es möglich gewesen, das Tier einzuziehen, hieß es gestern. Die Gefahrenhundeverordnung ermöglicht es auch, gegen den Halter ein Verbot auszusprechen, wenn er unzuverlässig ist.
So aber erfolgte nichts. Die Veterinär- und Ordnungsbehörden hatten sich seit gut einem halben Jahr immer wieder intensiv mit den beiden Hundehaltern beschäftigen müssen.
Da gab es am 9. September des Vorjahres eine Anzeige wegen illegaler Nachzucht verbotener Hunderassen. Als die Behörden am 10. September kontrollierten, war die American-Staffordshire-Hündin nicht mehr auf dem Grundstück. Nur noch einen Rottweiler-Rüden und fünf Welpen fanden die Beamten vor. Offenbar kein Grund mehr, um handeln zu können.
Bereits im April des vergangenen Jahres waren besorgte Eltern dagegen vorgegangen, dass die Hündin immer wieder allein im Ort und auch auf dem Gelände des angrenzenden Spielplatzes herumlief. Sie übergaben dem Chef der Verwaltungsgemeinschaft Fahner Höhe eine Unterschriftenliste mit der Aufforderung, etwas zum Schutz der Kinder zu unternehmen.

Dieser kassierte nach einem Ortstermin auf dem Grundstück der Hundehalter eine Anzeige wegen Hausfriedensbruchs und die Hundebesitzer mussten den Zaun von 1,20 m auf 1,80 m erhöhen.
Bereits im Mai vorigen Jahres hatte die Mutter des Mädchens eine Erlaubnis zum Halten der Hündin beantragt. Das Verfahren war jedoch nach einer Entscheidung des Oberlandesgerichts in Weimar vom November 2003 hinfällig geworden. Da die Thüringer Gefahrenhundeverordnung keine gefährlichen Rassen kennt, gibt es sie – zumindest juristisch – nicht.
Der Kunstgriff der Behörden lässt nicht zu, die vier in der Bundestierschutzverordnung genannten Hunderassen als gefährlich zu behandeln. Jedes Tier muss einzeln geprüft werden. Da die Hündin aber niemals auffällig war, gab es in diesem Fall keine Möglichkeit zu handeln.
Vorgestern dann schreckten die Schreie des Mädchens seine Mutter auf. Als sie auf den Hof lief, sah sie ihre Tochter zerbissen auf dem Boden liegen.

Text 3

Hundeelend
Von Angelika Reiser-Fischer

Diesmal also in Thüringen. Die kleine Marie-Luise aus Gräfentonna, drei Jahre alt, liegt im Krankenhaus. Schwer verletzt. Durch Hundebisse. Von einem Staffordshire-Mischling und einem Rottweiler.
Außer Rand und Band geratene Hunde. Leider kennt man das nur zu gut. Seit vor vier Jahren in Hamburg Kampfhunde den kleinen Volkan totbissen, überschlug sich die Politik in Gesetzesaktivitäten. Gerichte wurden angerufen, Ordnungsdienste durch Parks geschickt. Alles zu wenig? Nicht streng genug?
Thüringen benannte in seiner Hundeverordnung als einziges Bundesland keine gefährlichen Rassen. Man will sich, heißt es, an die halten, denen die Hunde gehören, bei denen sie leben, die sie erziehen. Und auf das wachsame Auge von Behörden und Nachbarn setzen.

> Allerdings, mehrere Behörden wussten seit langem Bescheid über die Gräfentonnaer Hunde. Anzeigen von Nachbarn bei der Polizei gab es auch. Der Kindergarten von nebenan beschwerte sich. Aber alle Verfahren sind eingestellt. Die Staatsanwaltschaft ermittelt wegen Körperverletzung.
> Also: Viele wussten Bescheid, niemand hat gehandelt. Vielleicht wollte man sich nicht streiten, hatte keine Zeit, nahm alles nicht so ernst. Die Gesetze hätten erlaubt durchzugreifen, ein kleines Mädchen zu schützen. Laut Thüringer Paragrafen wird bei Hunderassen kein Unterschied gemacht. Eine Liste allein richtet's nicht, das müssen Menschen tun.

b Findet mithilfe der Merkkästen auf den Seiten 51 und 55 heraus, um welche Textsorte es sich handelt. Begründet eure Auffassung.

c Stellt die Ergebnisse eurer Gruppenarbeit vor. Geht auf die Eigenart der von euch bearbeiteten Textsorte ein.

d Diskutiert über das Thema, das in den Texten behandelt wird. Wie steht ihr selbst zum angesprochenen Problem? Welche Argumente der Autorinnen/Autoren könnt ihr nachvollziehen, welche leuchten euch nicht ein?

➡ S. 6: Miteinander diskutieren – einen Standpunkt vertreten.
S. 93: Mit Sach- und Fachtexten umgehen.

In **Leserbriefen** kann auch die Zeitungsleserin/der Zeitungsleser in die Öffentlichkeit gehen und ihre/seine Meinung äußern und vertreten. Dies geschieht, indem man entweder eine **Stellungnahme** zu einem Zeitungsartikel verfasst oder einen allgemeinen Missstand aufgreift und Verbesserungsvorschläge macht (**appellativer Leserbrief**).

Stellungnahme:
- Bezugnahme auf Zeitungsartikel (Datum, Titel, Verfasser)
- die Aussage aufgreifen, zu der du dich äußern willst
- eine Stellungnahme formulieren (mit Argumenten, Beweisen, Beispielen)

appellativer Leserbrief:
- Darstellen der Situation, die kritisiert wird (Ist-Zustand)
- gewünschte Reaktionen (Soll-Zustand)
- Vorschläge zur Veränderung
- Appell an die Leser

---

8 a In den folgenden Leserbriefen geht es um den Fall des vom Kampfhund der Eltern gebissenen Mädchens (Aufg. 6). Bestimme die Art des jeweiligen Leserbriefs gemäß dem vorhergehenden Merkkasten. Belege deine Aussage anhand des Aufbaus.

Berichten und Kommentieren 59

Muss immer erst was passieren?
Der Bericht in der Zeitung vom 30.4. über das kleine Mädchen, das von den Hunden der eigenen Eltern fast totgebissen wurde, macht einmal mehr deutlich: Kampfhunde sind keine Schmusetiere und gehören nicht in unsere Häuser. Hoffentlich haben das jetzt auch die Eltern der kleinen Marie-Luise begriffen! Aber wie der Vorfall mit den Kampfhunden beweist, muss das Kind erst in den Brunnen fallen, bevor sich in unserer Gesellschaft wirklich was bewegt.
Martina Wächter, Bad Langensalza

Kampfhunde laufen frei rum
Seit Wochen beobachte ich eine Staffordshire-Hündin, die in unserem Ort frei herumläuft und sich sogar am Kinderspielplatz aufhielt. Muss denn erst etwas passieren, bevor diesem Treiben ein Ende gemacht wird! Da Gespräche der Dorfbewohner mit den Hundehaltern nichts bringen, muss das Ordnungsamt eingreifen. Ich hoffe, man wartet nicht wieder, bis es zu spät ist.
Karl-Heinz Klein, Döllstedt

b Wodurch unterscheiden sich die beiden Leserbriefe voneinander? Auf welche Weise wird nach deiner Meinung Wirkung beim Leser erzielt?

c Schreibe selbst einen Leserbrief zum Thema „Kampfhunde" oder wähle dir einen aktuellen Artikel zu einem anderen Thema aus der Tageszeitung aus und schreibe deine Meinung dazu.
Achte darauf, dass du deine Argumente mit Beispielen und Belegen stützt.

d Den Leserbrief musst du unterschreiben, sonst wird er nicht veröffentlicht. Suche Gründe, warum dies gefordert wird.

➥ *S. 17: Schriftlich Stellung nehmen – Erörtern.*

Wir führen eine Expertenkonferenz durch

1. Projektidee

Immer wieder stehen die Menschen vor komplizierten Fragen und Problemen, deren Antworten und Lösungen nicht leicht zu finden sind. Dabei ist es wichtig, Wissen und Meinungen auszutauschen, um neue Einsichten zu gewinnen und Lösungen zu finden. Um sich gemeinsam kniffligen Fragen zu nähern, eignet sich z.B. eine „Expertenkonferenz", bei deren Vorbereitung du dich gründlich mit ganz speziellen Fragen und Problemen beschäftigst, um dann dein erworbenes Expertenwissen den anderen mitzuteilen und ggf. zur Diskussion zu stellen.

2. Planung und Durchführung

1. Einigt euch zunächst auf ein allgemeines **Thema**, wie z.B. Klimaveränderung. Danach solltet ihr das Thema genauer formulieren und eurer Konferenz einen konkreten **Titel** geben. Schon dabei werdet ihr feststellen, dass innerhalb der Klasse unterschiedliche Kenntnisse und Meinungen aufeinandertreffen.
Beauftragt deshalb eine **Vorbereitungsgruppe** damit, Vorschläge für einen Titel zu sammeln, diese in der Klasse diskutieren zu lassen und den genauen Titel der Konferenz dann festzulegen, wie z.B.:
Sind wir Menschen an der Klimaveränderung schuld?
Werden wir den Strand bald vor unserer Haustür haben?
Wann kommt eine neue Eiszeit?
Überlegt, ob zu den Diskussionen und Besprechungen **Verlaufs-** oder **Ergebnisprotokolle** angefertigt werden sollten. Legt Protokollanten fest.

2. Um die einzelnen Vorträge und den Ablauf zu planen und geeignete Redner finden zu können, ist eine genauere **Auseinandersetzung mit dem Thema** nötig. Das kann in der Klasse oder in kleineren Gruppen geschehen und ebenfalls von der Vorbereitungsgruppe koordiniert werden. Besprechen solltet ihr z.B.:

- Welche Annahmen oder Behauptungen stecken im Thema und welche Fragen und Probleme lassen sich daraus ableiten?, z.B.:
Stimmt es, dass sich das Klima verändert? Kann man von einer allgemeinen Erderwärmung sprechen? Ist eine neue Eiszeit möglich? Kann der Mensch das Klima beeinflussen?

- Welches Sachwissen ist notwendig?, z.B.:
Was ist Klima und wodurch wird es beeinflusst? Welche Klimazonen gibt es? Wann spricht man von Klimaveränderung?

Projektidee: Wir führen eine Expertenkonferenz durch

Ablaufplan der Konferenz am .... in .... zum Thema „Klimaveränderung"

- Tanja S. + Lorenz B.: *Klimaveränderung – na und? Warum schon wieder dieses langweilige Thema?*
  (Anliegen der Veranstaltung, Begründung des Themas, Vorstellen und Begründen des Ablaufs)
- Tom K. + Piero C.: *Wissen, wovon man spricht: Was ist eigentlich Klima?*
  (Beschreibung: Klima, Klimazonen, Einflüsse auf das Klima)
  Svenja M. + Jenny S.: *Wissen, wovon man spricht: Was heißt eigentlich Klimaveränderung?*
  (Beschreibung: Klimaveränderung, Beispiele aus der Vergangenheit)
- Marek F. + Fritz T.: *Sind wir Zeitzeugen einer globalen Klimaveränderung?*
  (Erörterung: Beobachtungen, Daten, Meinungen)
- Julia D. + Maximilian A.: Diskussionsleitung
- Luise W. + Katharina N.: *Sind wir Menschen an der Klimaveränderung schuld?*
  (Erörterung: Ursachen der Klimaveränderung, Daten, Meinungen)
- Karl H. + Selina F.: Diskussionsleitung

3. Eine **Organisationsgruppe** sollte sich um Aufgaben kümmern, wie z.B. Termin- und Raumabstimmung, technische Ausstattung, Einladung von Gästen, Bekanntmachungen (Aushänge, Schulhomepage) u.Ä.

4. Die **eigentliche Projektarbeit** hängt von der jeweiligen Aufgabe ab, die ihr übernommen habt, und beginnt bereits mit den ersten Überlegungen zum Thema der Veranstaltung.
   Nicht nur für die Redner, sondern auch für alle Diskussionsteilnehmer besteht die wichtigste Aufgabe in der Beschäftigung mit dem speziellen Thema und dem Verfassen ihrer Beiträge. Dazu gehört:
   • umfangreiches Recherchieren in verschiedenen Medien
   • Aneignen oder Wiederholen von Fachwissen
   • Entwerfen, Überarbeiten, evtl. Diskutieren von Textteilen
   • Verfassen der endgültigen Beiträge

3. Projektpräsentation

Wenn die Beiträge anschließend einem breiteren Publikum zur Verfügung gestellt werden sollen (Schulzeitung, Internet, eigenes „Expertenblatt"), empfiehlt es sich, eine **Redaktionsgruppe** zu bilden, welche die Texte entsprechend bearbeitet. Außerdem könnte diese Gruppe zusätzliche zusammenfassende Berichte und Kommentare zur Konferenz verfassen.

Gebrauchstexte schreiben

Einen Antrag stellen

1a Lies den folgenden Antrag und beurteile, ob er dem Anliegen und dem Adressaten gerecht wird.

Marla Möbius
Mustergasse 7
12345 Musterdorf

Jugendforschungsverein
der Sparkasse Musterstadt
Musterstraße 1
54321 Musterstadt

18.09.20…

Antrag auf Förderung eines Forschungsprojekts

Sehr geehrte Damen und Herren,

seit Beginn dieses Schuljahres beschäftigt sich eine Gruppe von fünf Schülerinnen/Schülern unserer Klasse mit dem Projekt *Lernräume*.
Ziel des Projekts ist es, die Klang- und Klimaverhältnisse in den Räumen unserer Schule zu untersuchen und ggf. durch gezielte Maßnahmen zu verbessern.
Dazu haben wir uns bereits gründlich informiert und das Vorhaben geplant.
Die Anschaffung von Messgeräten bzw. deren Nutzungsgebühren und die zur Raumausstattung benötigten Materialien (z.B. Zimmerpflanzen und schalldämmende Stoffe) verursachen allerdings einige Kosten. Obwohl viele Eltern ihre Unterstützung zugesagt haben, benötigen wir noch weitere finanzielle Mittel.
Wir beantragen deshalb die Förderung unseres Projekts durch den Jugendforschungsverein der Sparkasse. Einzelheiten der Projektplanung und eine genaue Kostenaufstellung haben wir beigefügt. Gern sind wir auch bereit, weitere Auskünfte zu geben und später über die Ergebnisse des Projekts zu berichten.

Über eine Zusage würden wir uns sehr freuen.

Mit freundlichen Grüßen
Marla Möbius
Marla Möbius

Anlagen:
Projektplanung, Kostenaufstellung

Einen Antrag stellen

b Wiederhole, welche Form offizielle Schreiben haben müssen, und prüfe, ob diese beim vorliegenden Brief eingehalten wurde.

Recherchiere, welche Empfehlungen für die Form offizieller Briefe in verschiedenen Nachschlagewerken und Handbüchern gegeben werden. Vergleiche die Vorschläge und diskutiere, an welche Vorgaben und Hinweise man sich halten sollte.

2 Schreibe selbst einen Antrag in Form eines offiziellen Briefes.
Beantrage z.B.

- die Nutzung des Klubraums der Wohnungsbaugesellschaft für die Schulabschlussfeier,
- die Einrichtung eines zusätzlichen Spanischkurses für Schulabgänger im Jugendfreizeitzentrum,
- die finanzielle Unterstützung der Schulzeitung durch den Förderverein der Schule.

> Für manche **Anträge** gibt es spezielle Antragsverfahren und -formulare, die man oft telefonisch oder im Internet erfahren bzw. anfordern kann. Einige Anträge kann man sogar direkt im Internet ausfüllen und versenden.
> Viele Anträge werden heute als E-Mails verschickt. Da die Antragsunterlagen meist ausgedruckt werden, empfiehlt es sich, die E-Mail in Form eines offiziellen Briefes zu verfassen und die dazugehörigen Anlagen als E-Mail-Anhangsdateien beizufügen. Eine andere Möglichkeit ist es, sowohl das offizielle Antragsschreiben als auch die Anlagen als E-Mail-Anhang zu versenden, z.B.:
>
> ```
> WASAG-Bildung@online.de
> Thema: Freistellung vom Unterricht
> Sehr geehrte Damen und Herren,
> in der Anlage schicke ich Ihnen einen Antrag auf Freistellung vom Unterricht.
>
> Mit freundlichen Grüßen
> Leon Berger
> ```

3 Tauscht eure Kenntnisse und Erfahrungen über das Verschicken eines E-Mail-Anhangs aus (Arbeitsschritte, Formate, mögliche Probleme). Informiert euch ggf. im Hilfeangebot eures E-Mail-Programms.

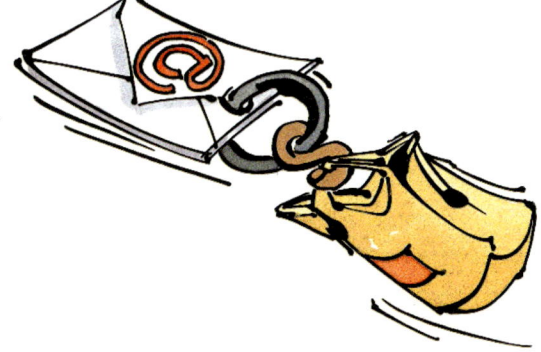

Gebrauchstexte schreiben

4 Es gibt zahlreiche Förderprogramme der Bundesregierung und verschiedener Vereine zur Unterstützung Jugendlicher. Unter bestimmten Voraussetzungen kann man z.B. Ausbildungsförderungen, Reisekostenzuschüsse oder Umzugskosten beantragen.
Auch Maßnahmen, die zur Vorbereitung der Ausbildung dienen, werden oft finanziell unterstützt. Informiere dich im Internet oder im Berufsberatungszentrum über

- solche Fördermöglichkeiten,
- die Förderbedingungen und
- das Antragsverfahren.

Tauscht euch anschließend in der Klasse darüber aus.

Eine Bitte formulieren, einen Appell verfassen

1a Was ist das Anliegen der folgenden Briefe? Wer könnte sie geschrieben haben und an wen könnten sie gerichtet sein?

Sehr geehrte Damen und Herren,

seit einigen Tagen behindert ein Werbeschild Ihrer Firma die Sicht für Rad- und Autofahrer vor der Pestalozzi-Oberschule in Winterberg. Da der Radweg an der Kreuzung Gartenstraße / Schulstraße von zahlreichen Schülerinnen und Schülern genutzt wird, sind diese dadurch besonders gefährdet.
Im Interesse der Verkehrssicherheit auf dem Schulweg bitten wir Sie, das Schild so schnell wie möglich zu entfernen.

Liebe Anwohnerinnen und Anwohner,

bitte achten Sie auf Ihre Hunde!
Es ist wirklich nicht besonders erfreulich, den Schulhof beinahe täglich von Hundedreck befreien zu müssen. Eigentlich wollen wir den Hof nämlich nutzen, um uns in den Pausen zu erholen.
Und auch der Schulweg stinkt uns. Ist es denn wirklich nicht möglich, ein wenig Rücksicht auf andere zu nehmen?
Bitte versuchen Sie es doch!

Mit freundlichen Grüßen

Eine Bitte formulieren, einen Appell verfassen

b Welche formalen Anforderungen sind in den beiden Briefen nicht berücksichtigt? Tauscht eure Meinungen darüber aus.

c Kennst du ähnliche Probleme? Hast du ein ähnliches Anliegen? Schreibe eine Bitte oder einen Appell in Form eines offiziellen Briefes.

→ *S. 6: Miteinander diskutieren – einen Standpunkt vertreten.*

Zur Klärung von Sachverhalten des beruflichen oder privaten Lebens ist es oft erforderlich, sich schriftlich an jemanden zu wenden. Nach den verschiedenen Anliegen solcher offiziellen Schreiben unterscheidet man z.B. folgende **Gebrauchstexte**: Anfrage, Antrag, Bitte, Appell, Entschuldigung, Mahnung, Beschwerde, Reklamation, Kündigung, Widerspruch.
Adressaten von Gebrauchstexten können verschiedene Ämter, Firmen, Vereine und andere Institutionen sein, aber auch Einzelpersonen, wie z.B. Zeitungsredakteure, Nachbarn oder Kollegen.

Sich bewerben

Ein Bewerbungsschreiben verfassen

1a Mit dem Bewerbungsschreiben bewirbst du dich entweder unaufgefordert (Blindbewerbung) oder um eine ausgeschriebene Stelle.
Lies das folgende Bewerbungsschreiben. Stelle fest, worüber die Bewerberin in den einzelnen Absätzen informiert.

Susanne Möller
Kronenstraße 12
99096 Erfurt

Erfurt, 12.04.20…

Sparkasse Mittelthüringen
Personalabteilung
Postfach 101328
99013 Erfurt

Ihr Ausbildungsangebot in der „Thüringer Allgemeinen" vom 10.04.20…

Sehr geehrte Damen und Herren,

ich interessiere mich für einen Ausbildungsplatz als Bankkauffrau und möchte mich um eine Ausbildungsstelle bei Ihnen bewerben.
Da meine Mutter auch als Bankkauffrau tätig ist, habe ich mich schon seit Längerem für diese Ausbildung interessiert. Ich habe sie häufig in ihrer Bank besucht und die Arbeit auf diese Weise kennen gelernt. Außerdem ist neben Deutsch Mathematik mein Lieblingsfach in der Schule. Auch in den anderen Fächern habe ich gute bis sehr gute Noten. Ich möchte gern mehr über Bank- und Börsengeschäfte erfahren. Deshalb verfolge ich auch Meldungen über diese Branche mit großem Interesse.
Mein Betriebspraktikum habe ich ebenfalls in einer Bank absolviert. Die Arbeit dort hat mir viel Spaß gemacht.
Zurzeit besuche ich die Regelschule 12 in Erfurt und werde sie im Juli dieses Jahres verlassen. Ich würde mich gern bei Ihnen persönlich vorstellen.

Mit freundlichen Grüßen

Susanne Möller
Susanne Möller

Anlagen

Lebenslauf
Zeugniskopie
Zertifikate „Textverarbeitung am Computer", „Excel"

Ein Bewerbungsschreiben verfassen | 67

b Gelingt es der Schreiberin mit diesem Bewerbungsschreiben, den Arbeitgeber von ihrer Eignung für die Stelle zu überzeugen? Begründe deine Auffassung.

c Welche Stelle(n) ist/sind Susanne besonders gut gelungen? Wo würdest du etwas ändern? Begründe deine Meinung.

2 Stelle dir vor, du hast den Hinweis auf einen Ausbildungsplatz

- von deinen Nachbarn / Verwandten,
- vom Arbeitsamt,
- durch die Arbeit im Betriebspraktikum

erhalten. Formuliere jeweils den ersten Satz des Bewerbungsschreibens, in dem du auf die jeweilige Situation Bezug nimmst.
Schreibe z.B.:

> Sehr geehrte Frau Dr. Schulze,
>
> von unserem Nachbarn Herrn Meier, der in Ihrer Firma tätig ist, habe ich erfahren, dass Sie …
>
> …

Tragt zusammen, wo ihr euch sonst noch über Stellen und Ausbildungsplätze informieren könnt.
Notiert Anschriften und Webadressen.

68 Sich bewerben

3 a Lies aufmerksam folgende Anzeige.

> **Ausbildung 2004 – jetzt bewerben**
>
> Sömmerda
> Erfurt Weimar
>
> Auf der Suche nach dem richtigen Berufsstart?
>
> Dann machen Sie sich schlau
>
> … über die Unterschiede in Theorie und Praxis, über Teamarbeit, über Erfolg und Misserfolg, über Karriere und den Weg dahin,
>
> … über das Bankgeschäft, über die Börse, über den Geld-, Kapital- und Immobilienmarkt,
>
> … über uns, denn wir werden Sie als zukünftige/n
>
> **Bankkauffrau/-mann**
>
> während der nächsten drei Jahre fordern und fördern, begleiten und unterstützen, auf einen Nenner gebracht: Ihre fachliche und persönliche Entwicklung voranbringen und zwar gemeinsam mit Ihnen!
>
> Das entspricht Ihren Zielen? Sie haben außerdem noch einen wirklich guten Schulabschluss (Mittlere Reife, Abitur) im Visier, sind verkäuferisch orientiert, kommunikativ und haben gute Umgangsformen? Dann bieten wir Ihnen einen maßgeschneiderten Berufseinstieg. Nach 2,5/3 Jahren haben Sie dank unserer Top-Ausbildung den Grundstein für Ihre Karriere gelegt.
>
> Also dann – wir sind gespannt auf Ihre Bewerbungsunterlagen!
>
> **§ Sparkasse Mittelthüringen**
>
> Personalabteilung
> Postfach 10 13 28
> 99013 Erfurt
> Telefon: 0361 5451044
>
> Bewerbungsschluss ist der 30.9.2003!

b Beim Lesen der Anzeige der Sparkasse Mittelthüringen hast du sicher bemerkt, dass sie sich von den meisten anderen Anzeigen unterscheidet. Was ist dir aufgefallen?

c In einem Satz formuliert die Sparkasse, dass sie gespannt ist auf die Bewerbungsunterlagen der zukünftigen Azubis. Worauf würdest du beim Formulieren des Bewerbungsschreibens für die ausgeschriebene Stelle besonders achten?

d In der Anzeige werden drei Anforderungen an die Bewerber direkt genannt. Nenne diese und erkläre, welche Eigenschaften mit diesen Anforderungen verbunden werden. Beschreibe Situationen, in denen diese Eigenschaften offenkundig werden können.

e Formuliere ein eigenes Bewerbungsschreiben auf die Anzeige hin.

Ein Bewerbungsschreiben verfassen 69

Wie du das Bewerbungsschreiben passend auf eine Anzeige hin formulieren kannst

Im Bewerbungsschreiben solltest du dich konkret auf die in der Anzeige der Zeitung formulierten Anforderungen beziehen. Dadurch kannst du deine Eignung für die angezeigte Stelle besonders betonen, z.B.:

1. Wir erwarten vom Bewerber für die Stelle als Informationselektriker überdurchschnittliche Computerkenntnisse.

Hier wäre folgende Formulierung im Bewerbungsschreiben möglich:

Ich habe in den vergangenen Jahren verschiedene Computerkurse belegt und Zertifikate erworben, die ich als Anlage hinzufüge.

2. Bei so genannten Schlüsselwörtern ist es sogar sinnvoll, die konkreten Formulierungen der Anzeige aufzugreifen, z.B.:

Sie sollten unabhängig und flexibel einsetzbar sein.

Ich bin unabhängig und flexibel einsetzbar.

4 Reagiere auf folgende Passagen in Stellenanzeigen. Formuliere einen entsprechenden Satz für das Bewerbungsschreiben.

- … *Sie arbeiten gern frei und selbstständig und wollen als Verkaufsprofi überzeugen* …
- … *Sie haben Erfahrung in der Arbeit mit kranken und älteren Menschen* …
- … *Sie arbeiten gern im Team und sind sehr kommunikativ* …
- … *Sie sind fit in Fremdsprachen* …

5 Schau dir das Bewerbungsschreiben auf Seite 66 nochmals an.
Auf welche Weise formuliert Susanne ihre Bitte um eine Einladung zum Vorstellungsgespräch?
Suche nach anderen sprachlichen Möglichkeiten.

Selbst eine Anzeige formulieren

6 a Du kannst dich auch in einer eigenen Anzeige um einen Ausbildungsplatz/eine Stelle bewerben. Darin werden kurz und prägnant die eigenen Wünsche und Leistungen formuliert. Allgemein übliche Abkürzungen können verwendet werden.
Bewerte die folgenden Anzeigen hinsichtlich ihrer Aussagekraft.

Suche Ausbildungstelle als Maler oder Lackierer. ZS unter T 61-Z- 8734 an die GS dieser Zeitung

Achtung Krankenhäuser und Arztpraxen! Ich möchte unbedingt Krankenschwester oder Arzthelferin werden, habe aber noch keinen Ausbildungsplatz. Ich werde die Regelschule voraussichtlich mit sehr guten Noten abschließen. Bitte melden Sie sich!
Tel. (0172) 53 78 59 oder per E-Mail an e.scheurig@ t-online.de

Su. sof. Ausb.-stelle als KFZ-Mech. Unter Gs d. Z. Chiffre AN-242338-00

Wer hat noch einen Ausbildungsplatz zum Klempner oder Installateur frei?
Schließe 06/07 die Realschule ab. Nehme auch weitere Wege in Kauf. Raum Meiningen, Suhl, Schmalkalden bevorzugt.
ZS unter T 31-73652-S

Mutter sucht für ihren 16-jährigen Sohn Ausbildungsplatz oder Arbeitsstelle. Alles kommt in Frage, alles wird angenommen.
Tel. (0171) 98 34 61 oder an GS d. Z.

Realschülerin mit gutem Abschluss sucht Ausbildungsstelle zur Bürokauffrau oder Kauffrau für Bürokommunikation. Raum Erfurt, Weimar, Jena.
Tel. (0172) 34 85 99

---

b Schreibe selbst eine Anzeige, in der du eine Ausbildungsstelle suchst. Probiere dazu mehrere Varianten aus.

Was du bei der Zusammenstellung deiner Bewerbungsunterlagen beachten musst

Deine Bewerbungsunterlagen vermitteln deinem zukünftigen Arbeitgeber ein erstes, entscheidendes Bild von dir. Deshalb solltest du diese Unterlagen mit besonderer Sorgfalt schreiben und auf die notwendigen Formalitäten achten.
Zu den Bewerbungsunterlagen gehören

- das Bewerbungsschreiben,
- der Lebenslauf in tabellarischer Form oder – falls gewünscht – ausführlich,
- eine Zeugniskopie und ggf. andere Zertifikate,
- ein Passfoto oder ein spezielles Bewerbungsfoto auf dem Lebenslauf.

Über Folgendes freut sich ein Chef/eine Chefin bestimmt nicht:
unvollständige Unterlagen, falsche Anschriften oder Telefonnummern, unsauberes Papier, Textvorlagen aus dem Computer, Antwort auf die Anzeige erst nach mehreren Wochen, nicht genügendes Porto, geknickte Unterlagen im zu kleinen Umschlag

Den Lebenslauf schreiben

7 a Zur Bewerbung gehört ein aktueller Lebenslauf in tabellarischer oder ausführlicher Form. Er enthält die persönlichen Daten und gibt Auskunft über die bisherige Entwicklung des Bewerbers/der Bewerberin.
Schreibe zu folgendem tabellarischen Lebenslauf einen ausführlichen.

Lebenslauf

Vor- und Nachname:	Susanne Möller
Adresse:	Kronenburgstr. 12, 99100 Erfurt
Tel.:	(0172) 53 99 65
Geburtstag:	23.06.1990
Geburtsort:	Erfurt
Vater:	Peter Möller, Elektriker
Mutter:	Elvira Möller, geb. Schreiner, Bankkauffrau
Geschwister:	Mareike (13 Jahre)
Schulbildung:	1997–2001 Grundschule in Gebesee
	seit 2001 Regelschule 12 in Erfurt
	voraussichtlicher Abschluss: Juni 2007

Besondere Fähigkeiten und Kenntnisse:
Computerkurse und Informatiklehrgänge mit Zertifikaten (siehe Anlage)
Englisch (ab 5. Klasse); Französisch (ab 7. Klasse)
Aktives Mitglied im Sportverein (Handball)

Erfurt, 23.07.2006

Susanne Möller
Susanne Möller

---

b Schreibe deinen persönlichen Lebenslauf (möglichst mit dem Computer) entweder tabellarisch oder ausführlich.

Ein Vorstellungsgespräch führen

8 a Sehr häufig beginnt ein Vorstellungsgespräch mit der Aufforderung „Erzählen Sie einmal etwas von sich". Die Personalchefin/Der Personalchef möchte auf diese Weise etwas über die Persönlichkeit der Bewerberin/des Bewerbers erfahren und gleichzeitig testen, wie sie/er sich ausdrücken kann. Dabei kommt es darauf an, nicht noch einmal den Lebenslauf zu wiederholen, sondern sich positiv darzustellen und die eigenen Fähigkeiten und Stärken im Hinblick auf die Ausbildungsstelle zu betonen.

Sich bewerben

Zwei Schülerinnen, die sich um die gleiche Stelle beworben haben, antworten Folgendes:

MICHAELA: Ich wohne mit meinen Eltern und meinem kleinen Bruder, der drei Jahre ist, in Weimar. Da meine Eltern beide arbeiten und auch nicht immer pünktlich nach Hause kommen können, musste ich mich schon früh um Max kümmern. Ich habe ihn meist aus der Kita abgeholt und habe mit ihm gespielt. Das macht mir sehr viel Spaß. Auf dem Spielplatz haben wir dann häufig noch andere Kinder getroffen. Dabei habe ich gemerkt, dass ich sehr gut mit Kindern umgehen kann. Und irgendwann habe ich zu meiner Mutter gesagt: „Ich will unbedingt Kindergärtnerin werden."

MARIA: Ich wohne in Weimar und besuche dort die Regelschule. Das Lernen macht mir viel Spaß. Deshalb habe ich auch gute bis sehr gute Noten. Deutsch und Musik sind meine Lieblingsfächer, das kann ich bestimmt gut gebrauchen, wenn ich Kindergärtnerin werden will.

b Was erfährt der Personalchef über die beiden Mädchen?

c Welche Schülerin hat sich nach deiner Meinung besonders für die Stelle empfohlen? Begründe deine Auffassung.

d Wie würdest du auf die Frage der Personalchefin/des Personalchefs (Aufg. a) reagieren? Notiere dir Stichworte und übe anhand der Notizen einen freien Vortrag. Wenn du mehrere Berufe favorisierst, notiere für die jeweilige Ausbildungsstelle eine Antwort.

9 Meist wird es positiv bewertet, wenn du genau weißt, was du von deiner Zukunft erwartest. Überlege und schreibe stichpunktartig einige Gedanken auf. Trage diese deiner Banknachbarin/deinem Banknachbarn vor und bitte sie/ihn um eine Wertung.

10 Folgende Themen können im Bewerbungsgespräch zur Sprache kommen:

- Motive der Bewerbung, Interessen und Erwartungen
- Schulbildung und Vorkenntnisse
- Persönlichkeit und Selbsteinschätzung
- persönliche und familiäre Situation und Freizeitverhalten

Notiere zu den genannten Themenbereichen mögliche Fragen, die dir gestellt werden könnten, und beantworte diese, z.B.:

Warum möchten Sie gerade bei uns lernen?
Mein Freund Maik Sander lernt auch in Ihrer Firma. Er hat mir viel von der Ausbildung erzählt und ist sehr zufrieden.

Warum haben Sie sich für diesen Beruf entschieden?
Als ich zwölf Jahre alt war, haben meine Eltern ein Haus gebaut. Ich habe viel mitgeholfen und gemerkt, dass mir diese Arbeit Spaß macht. Jetzt will ich das Mauern richtig lernen.

Ein Vorstellungsgespräch führen

11 a Neben dem Inhalt kommt es im Vorstellungsgespräch auch auf deine Körpersprache an. Diese liefert wichtige zusätzliche Informationen über deine Persönlichkeit und deine innere Verfassung. Meist reagieren wir unbewusst, können aber durchaus ungünstige Verhaltensweisen abstellen. Lies die Übersicht und überlege, wo du möglicherweise Defizite hast.

	+	–
Mimik und Blickkontakt	Gesprächspartner ansehen, lächeln …	abgewandter Blick, Blick zu Boden oder an die Wand
Gestik	angemessene Bewegungen, die das Gesagte unterstreichen …	unkontrollierte Handbewegungen, schlaffer oder übertriebener Händedruck, verschränkte Arme …
Körperhaltung	entspannte, aufrechte Sitzhaltung …	verkrampft auf der Stuhlkante sitzen, Füße um die Stuhlbeine wickeln …
Sprechweise	klare, deutliche Aussprache, gezielt eingesetzte Sprechpausen	leise, schwache, monotone Stimme, undeutliches Sprechen, umgangssprachliche Floskeln, Jugendjargon

b Versetzt euch abwechselnd in die Rolle der Chefin/des Chefs und der Bewerberin/des Bewerbers und trainiert so euer Verhalten im Vorstellungsgespräch. Beobachtet euch gegenseitig und gebt euch Ratschläge. Berücksichtigt dabei die obenstehende Übersicht. Ergänzt Plus- und Minuspunkte.

Wie du dich auf ein Vorstellungsgespräch vorbereiten solltest

Wenn du eine Einladung zum Vorstellungsgespräch erhalten hast, bist du deinem Ziel, eine Ausbildungsstelle zu erhalten, schon sehr nahe. Jetzt kommt es darauf an, dass du die durch deine Bewerbung geweckten Erwartungen tatsächlich erfüllen kannst. Dies solltest du tun:

- Sammle umfassende Informationen über das Unternehmen und den angestrebten Beruf.
- Bereite dich intensiv auf mögliche Fragen vor.
- Probiere mimische, gestische und körpersprachliche Varianten aus.
- Stelle eine Liste mit eigenen Fragen zusammen.
- Bereite dich organisatorisch gut vor (Anreise, Kleidung, Haarschnitt …).

Abschlusstraining

Einen argumentativen Brief schreiben

In Zeitungen und Zeitschriften wird des Öfteren über die Bedeutung des Religionsunterrichts diskutiert. In Kommentaren, Leserbriefen und Internetdiskussionen äußern sich auch viele Leser zu diesem Thema.

Aufgabe: Setze dich kritisch mit den Aussagen des folgenden Textes auseinander. Schreibe anschließend einen Leserbrief, in dem du deinen Standpunkt dazu begründet darstellst. Orientiere dich dabei an dem vorgeschlagenen Vorgehen.

Religionsunterricht gehört in die Schule

Drei Viertel aller Bundesbürger (74 Prozent) befürworten Religionsunterricht als Regelfach an Schulen. 11 Prozent der West- und 3 Prozent der Ostdeutschen würden ihn sogar als Hauptfach wie Deutsch oder Mathe einstufen wollen, ergab eine repräsentative Emnid-Umfrage im Auftrag des Magazins „Chrismon". Besonders in Bayern wünschen sich viele den Religionsunterricht als reguläres Nebenfach (29 Prozent). Die geringste Zustimmung für diesen Vorschlag kam mit 9 Prozent aus Berlin.

Der Vorschlag, den Schülern die Teilnahme daran freizustellen, erhielt die größte Zustimmung in der Umfrage. Dieser Meinung sind 41 Prozent aller Befragten, wobei es keinen nennenswerten Unterschied zwischen West und Ost gibt.

Dagegen wollen nur 6 Prozent (4 Prozent im Westen und 15 Prozent im Osten), dass Religionsunterricht nur auf ausdrücklichen Wunsch erteilt werden solle.

7 Prozent der Befragten würden den Religionsunterricht am liebsten ganz von den Schulen verbannen – 11 Prozent in Berlin, 4 Prozent in Bayern.

(Aus: Stern vom 08. August 2003)

Abschlusstraining: Einen argumentativen Brief schreiben

Arbeitsschritte:

1. Verstehen der Aufgabe (ca. 5 min)
Welche Anforderungen enthält die Aufgabe?
Was gibt die Aufgabenstellung vor und was muss ich selbst entscheiden?

> **Lösungsbeispiel:**
> Teilaufgabe 1:
> - Aussagen des Textes ermitteln und kritisch betrachten (Alle Aussagen? Nur einige? Nur die Hauptaussage?)
>
> Teilaufgabe 2:
> - Leserbrief schreiben (An wen? Welche Form?)
> - Standpunkt bilden und begründen (Zu allen Aussagen? Nur zu einigen? Nur zur Hauptaussage?)

2. Planen der Aufgabenlösung (ca. 10 min)
Überlege, wie du bei der Lösung der Teilaufgaben vorgehen willst. Beachte, wie viel Zeit du zur Verfügung hast. Nimm auch eine Zeiteinteilung vor.

> **Lösungsbeispiel:**
> 2.1. Text lesen und verstehen (ca. 15 min)
> - die wichtigsten Aussagen notieren und zusammenfassen
> - die Hauptaussage/n finden und formulieren
> - kritische Fragen zu den Aussagen stellen und Antworten bedenken
>
> 2.2. Leserbrief verfassen
> a) einen Entwurf schreiben (ca. 45 min)
> - Briefkopf gestalten, Anrede angemessen formulieren
> - Brieftext gliedern und schreiben
> - Schluss und Briefgruß formulieren
>
> b) den Entwurf überarbeiten (ca. 30 min)
> - die einzelnen Aussagen und die Gliederung überdenken
> - die Wortwahl und den Satzbau überprüfen
> - Rechtschreibung, Grammatik und Zeichensetzung kontrollieren
> - formale Gestaltung des Leserbriefs prüfen
>
> c) die Endfassung in angemessener Briefform schreiben (ca. 30 min)

3. Aufgabenlösung
Konzentriere dich auf die einzelnen Teilaufgaben und arbeite zügig. Achte auf deine Zeiteinteilung. Lege vor dem Überarbeiten des Entwurfs eine Pause von zwei bis drei Minuten ein.

➡ *Weitere Lösungshilfen und einen Beispielbrief findest du auf Seite 187.*

Mit Texten und Medien umgehen

Einen literarischen Text lesen und verstehen

Ein Gedicht interpretieren

1 a Lies das folgende Gedicht laut vor.

Ich grolle nicht, und wenn das Herz auch bricht,
Ewig verlor'nes Lieb! Ich grolle nicht.
Wie du auch strahlst in Diamantenpracht,
Es fällt kein Strahl in deines Herzens Nacht.

5 Das weiß ich längst. Ich sah dich ja im Traum,
Und sah die Nacht in deines Herzens Raum,
Und sah die Schlang', die dir am Herzen frisst,
Ich sah, mein Lieb, wie sehr du elend bist.

Heinrich Heine

b Äußere spontan deine Gedanken zum Gedicht. Formuliere Fragen zu den Aussagen.

2 a Beginne mit der Textanalyse.
Charakterisiere die vom lyrischen Sprecher angesprochene Person. Erstelle dazu eine Liste der bildlichen (metaphorischen) Begriffe, mit der die Person beschrieben wird.

b Versuche, die Bilder im Gedicht zu deuten, indem du die Frau mit deinen eigenen Worten beschreibst.

Suche in einem Symbollexikon nach der Bedeutung der Schlange. Nimm dir auch die biblische Geschichte von Adam und Eva zu Hilfe.

Lyrischer Sprecher: Der Sprecher eines Gedichts kann ein „Ich" (das „lyrische Ich" ist nicht der Autor!) bzw. ein „Wir" sein, das seine Gefühle und Gedanken äußert.

Metaphorik: Um den Gefühlszustand und die Gedanken des lyrischen Ichs deuten zu können, muss man seine Bilder verstehen. Große Bedeutung haben dabei Metaphern und Symbole.

Bei der Metapher wird das eigentlich Gemeinte durch ein sprachliches Bild aus einem anderen Vorstellungsbereich ersetzt, z.B.: *Herzens Nacht* ist die bildliche Umschreibung von Gefühlskälte.

Ein Gedicht interpretieren 77

> **S**ymbole sind in einem Kulturkreis gängige bildhafte Zeichen, die abstrakte Begriffe oder Ideen versinnbildlichen, z.B. das Tiersymbol „Schlange" für Hinterlist oder Eitelkeit; das Pflanzensymbol „Lorbeer" für Ruhm.

3 a Bei der Deutung eines Gedichts ist es besonders wichtig zu überprüfen, welche Atmosphäre es ausstrahlt oder in welcher Stimmung ein „Ich" spricht.
Im vorliegenden Gedicht (Aufg. 1) handelt es sich um ein „Ich", das von sich behauptet: „Ich grolle nicht." Diskutiert, ob diese Behauptung berechtigt ist.

b Deute den Schlusssatz. Inwiefern könnte der Sprecher das „Du" für „elend" halten (Vers 8)?

4 a Untersuche die äußere Form des Gedichts. Bestimme dazu Reimschema und Metrum. Nimm, falls notwendig, den folgenden Merkkasten zu Hilfe.

b Welche Wirkung wird durch das Reimschema und das Metrum des Gedichts erzielt?

c Setze die Aussagen des Gedichts und seine Form zueinander in Verbindung.

> Untersuche Gedichte auf das **Reimschema** hin. Wenn die Verse durch Endreime verbunden sind, können folgende Schemata vorliegen:
>
> | Paarreim | Kreuzreim | Umarmender Reim oder Klammerreim |
> |---|---|---|
> | a | a | a |
> | a | b | b |
> | b | a | b |
> | b | b | a |
>
> Du kannst Verse auch auf ihren Sprachrhythmus hin untersuchen. Wenn dieser einem bestimmten Schema folgt, spricht man vom **Metrum (Versmaß)**.
> Die wichtigen Versmaße sind:
>
> - Jambus: Unbetonte und betonte Silbe wechseln sich ab (x x́), z.B.:
>   *Es schlug mein Herz geschwind zu Pferde*
>   (Johann Wolfgang Goethe)
>
> - Trochäus: Betonte und unbetonte Silbe wechseln sich ab (x́ x), z.B.:
>   *Feuerwoge jeder Hügel / Grünes Feuer jeder Strauch*
>   (Georg Britting)
>
> - Daktylus: Eine betonte und zwei unbetonte Silben wechseln sich ab (x́ x x),
>   z.B.: *Pfingsten, das liebliche Fest war gekommen*
>   (Johann Wolfgang Goethe)

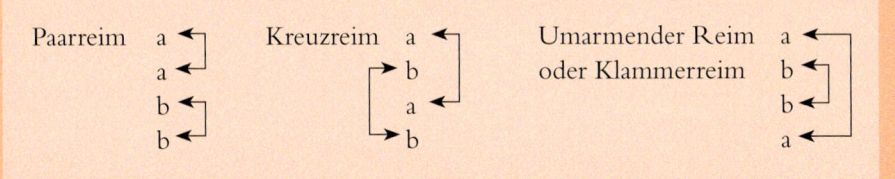

Einen literarischen Text lesen und verstehen

5 a Zu der Interpretation eines Textes können auch die Umstände seiner Entstehung herangezogen werden.
Informiere dich über das Leben und Werk Heinrich Heines. Stelle dir dabei die Frage, welches Verhältnis der Dichter zu den so genannten romantischen Dichtern seiner Zeit und deren Vorstellungen von Liebe hatte.

b Inwiefern können die gesammelten Informationen zum Verständnis des Gedichts beitragen?

➡ S. 112–115: Das Internet nutzen.

Wie du dichterische Sprache leichter verstehen kannst (1)

In Gedichten begegnest du oft einer bildlichen Sprache. Auch in der Alltagssprache finden sich einfache metaphorische Ausdrücke. In verdichteter Sprache treten sie gehäuft auf und werden dort eingesetzt, wo ein einfaches Wort nicht so viel ausdrücken kann wie das bedeutungsreichere Bild.

Wichtig für deine schriftliche Interpretation ist es, dass du nicht versuchst, jedes einzelne Bild isoliert zu betrachten, sondern dass du die Bilder wie Mosaiksteine eines großen Bildes zu verstehen versuchst.

Überlege:
- Welche **Gedanken, Gefühle** habe ich bei dem sprachlichen Bild?
- Welche **Atmosphäre** geht von ihm aus?
- Was sagt es über die **Stimmung** des lyrischen Sprechers?
- Welche Elemente gehören noch in dieses sprachliche Bild?

Zum Gedicht „Ich grolle nicht" (Aufg. 1) kannst du schreiben:

Mit der Metapher „Herzens Nacht" (Z. 4) wird die besondere Gefühlskälte der Adressatin versinnbildlicht. Der Sprecher behauptet, dass „kein Strahl" in ihr Herz falle, die Wirkung anderer scheint sie also nicht zu berühren, sie interessiert sich nicht für andere Menschen, sie lebt nur egozentrisch, auf sich bezogen. Zur Vorstellung des Lichtstrahls gehört auch der Begriff „Diamantenpracht" (Z. 3). Er verstärkt den Eindruck, dass [...]

---

6 a Betrachte das Bild „Die Stadt" von Jakob Steinhardt aus dem Jahr 1913 auf Seite 79. Decke das Gedicht daneben ab. Beschreibe, wie es auf dich wirkt.

b Sieh das Bild nun genauer an und notiere Auffälligkeiten. Gesichtspunkte können z.B. die Farbgebung, die Darstellung von Figuren und Gegenständen sowie der Bildaufbau sein.

c Versuche, ein eigenes Gedicht zum Bild zu verfassen. Es steht dir frei, ob sich die Verse reimen oder nicht.

Ein Gedicht interpretieren

7 a Lies nun das folgende Gedicht laut vor. Achte beim Vorlesen nicht auf das Ende der Zeile, sondern auf Sinnabschnitte.

Städter (1914)

Nah wie Löcher eines Siebes stehn
Fenster beieinander, drängend fassen
Häuser sich so dicht an, dass die Straßen
Grau geschwollen wie Gewürgte sehn.

5 Ineinander dicht hineingehakt
Sitzen in den Trams die zwei Fassaden
Leute, wo die Blicke eng ausladen
Und Begierde ineinander ragt.

Unsere Wände sind so dünn wie Haut,
10 Dass ein jeder teilnimmt, wenn ich weine,
Flüstern dringt hinüber wie Gegröle.

Und wie stumm in abgeschlossner Höhle
Unberührt und ungeschaut
Steht doch jeder fern und fühlt: alleine.

Alfred Wolfenstein

b Tauscht euch darüber aus, welche Wirkung das Gedicht beim Vorlesen auf euch gemacht hat.

c Vergleiche das Gedicht mit der Abbildung. Wo siehst du ähnliche Bildelemente? Welche Atmosphäre geht jeweils von beiden aus?

d Vergleiche das Gedicht mit dem Gedicht deiner Lernpartnerin/deines Lernpartners (Aufg. 6 c). Welche Gemeinsamkeiten und Unterschiede erkennst du?

Auf welche Formmerkmale du bei der Analyse von Gedichten achten musst

I. Bildliche Mittel

Zu den bildlichen Mitteln zählen die Personifizierung und der Vergleich, mit dem zwei Begriffe direkt in Beziehung gesetzt werden, z.B.:
Nah wie Löcher eines Siebes
Hier wird die Nähe der Sieblöcher mit der Nähe der Fenster in mehrstöckigen Häusern verglichen.
Überlege:
- Was sind die Vergleichspunkte?
- Wofür stehen die Bilder?

Einen literarischen Text lesen und verstehen

2. Weitere Stilmittel
In lyrischer Sprache werden Aussagen sehr konzentriert dargestellt. Um die Sprache so zu „verdichten", können neben den Bildern noch viele andere Stilmittel angewendet werden, z.B. Alliteration, Antithese, Ellipse, Enjambement, Lautmalerei, Widersprüchlichkeit (Oxymoron).

S. 137: Die Wirkung von Sprache untersuchen und selbst nutzen.

- Verweist das stilistische Mittel auf eine inhaltliche Aussage?

3. Satzbau und Wortwahl
- Gibt es Abweichungen von der regulären Grammatik?
- Wird eine bestimmte Wortart besonders häufig verwendet, z.B. Adjektive?
- Beherrschen bestimmte Wortfelder den Text?

4. Aufbau
- Gibt es Auffälligkeiten beim Aufbau?
- Werden die Inhalte gesteigert oder als Gegensätze dargestellt?
- In welchem Verhältnis stehen Anfang und Ende?

5. Reim und Metrum
In moderner Dichtung wird auf Endreime genau wie auf gleichmäßige Versmaße häufig verzichtet.
- Wie klingt das Gedicht?
- Welche besondere Atmosphäre vermitteln Reim und Metrum?

8a Markiere auf einer Kopie des Gedichts inhaltliche und formale Auffälligkeiten des Gedichts.

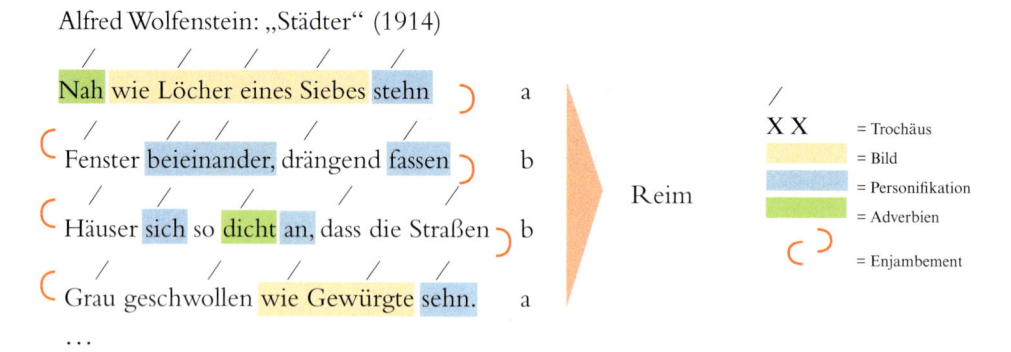

Alfred Wolfenstein: „Städter" (1914)

Nah wie Löcher eines Siebes stehn — a
Fenster beieinander, drängend fassen — b
Häuser sich so dicht an, dass die Straßen — b
Grau geschwollen wie Gewürgte sehn. — a
…

Reim

X X = Trochäus
░ = Bild
░ = Personifikation
░ = Adverbien
⌒ = Enjambement

Ein Gedicht interpretieren   81

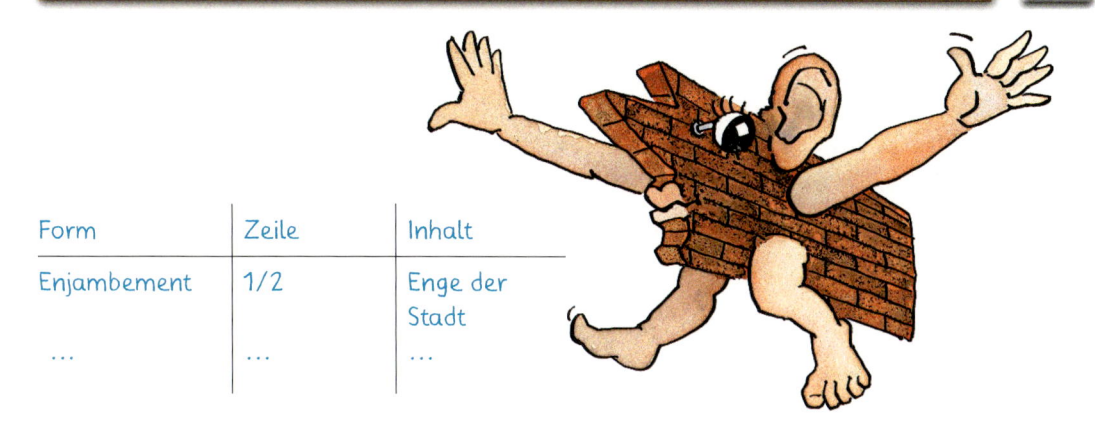

Form	Zeile	Inhalt
Enjambement	1/2	Enge der Stadt
...	...	...

b Untersuche nun, welche Rückschlüsse deine Ergebnisse auf mögliche Aussagen des Gedichts über die Stadt und die Menschen darin zulassen.

Orientiere dich dabei an Aussagen über die menschliche Existenz. Du kannst z.B. auf folgende Fragen eingehen:

– Welche Erfahrungen des Menschen werden geschildert?
– Welchen Sorgen und Nöten sieht sich der Mensch ausgesetzt?
– Welches Verhalten gegenüber anderen Menschen, in der Berufswelt oder gegenüber der Gesellschaft wird aufgezeigt?

Begründe, warum das Gedicht „Städter" und nicht „Stadt" heißt.
Achte besonders auf das erste Wort und das letzte Wort des Gedichts.
Wage Deutungsversuche und notiere diese als Stichworte.

9 Stelle in einem zusammenhängenden Text dar, welche Aussagen über Menschen in einer Großstadt im Gedicht enthalten sind. Belege deine Aussagen auch mit Beispielen sprachlicher Mittel. Lies dazu den folgenden Merkkasten.

> Eine besondere Form des Gedichts stellt das **Sonett** dar. Es besteht aus zwei Quartetten (vierzeiligen Strophen) und zwei Terzetten (dreizeiligen Strophen). Das Reimschema ist in der Regel *abba abba cdc dcd*.
> Meist findet sich ein inhaltlicher Einschnitt nach den Quartetten. Erster und letzter Satz beinhalten oft wichtige Aussagen.

0 a Noch ein Gedicht zum Üben: Manche Gedichte erscheinen zunächst sehr rätselhaft. Beim folgenden Gedicht, das sich kritisch mit der Lebenswirklichkeit der Menschen auseinandersetzt, kannst du dir jedoch mit deinem erlernten Handwerkszeug ein Verständnis erarbeiten.
Lies das Gedicht zunächst still für dich.

Einen literarischen Text lesen und verstehen

blindenschrift

lochstreifen[1] flattern vom Himmel
es schneit elektronen-braille[2]
aus allen wolken
fallen digitale propheten

5 mit verbundenen augen
tastet belsazer
die flimmernde wand ab
mit händen zu greifen

immer dasselbe programm:
10 meneh tekel
meneh meneh tekel
meneh tekel

gezeichnet:
unleserlich

15 nimm die binde ab
könig mensch und lies
unter der blinden schrift
deinen eigenen namen
     Hans Magnus Enzensberger

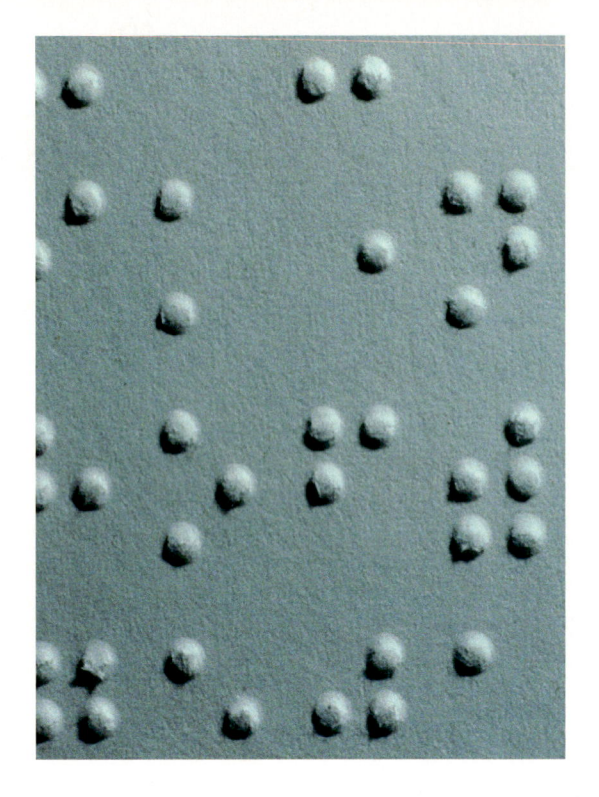

Worterklärungen:
[1] Lochstreifen: maschinell lesbare Datenträger aus Papier mit gestanztem Löchercode zur Datenverarbeitung; Vorgängermodelle moderner Datenträger wie Disketten und CDs.
[2] Louis Braille (1809–1852): Erfinder der Blindenschrift 1825. Während für das Lesen der Buchstaben Kombinationen aus erhabenen Punkten zu ertasten sind, dient als Schreibmittel für Blinde eine Tafel, die aus Löchern besteht.

Wie du dichterische Sprache leichter verstehen kannst (2)

Oft versteht man lyrische Texte nicht gleich beim ersten Lesen. Eine Methode, die Übersicht zu gewinnen, ist, Fragen an den Text zu formulieren.
Das können Sachfragen oder Verständnisfragen sein, z.B. beim Gedicht „blindenschrift" die folgenden:

Sachfrage:
- *Was sind Lochstreifen?*

Verständnisfragen:
- *Was könnte mit einer elektronischen Blindenschrift („elektronen-braille") gemeint sein?*
- *Was haben die Begriffe aus der Computerwelt (digital, Elektronen, Lochstreifen) mit der biblischen Figur Belsazer und dann mit dem Menschen zu tun?*
- *Welche Bedeutung könnte die Metapher eines Unwetters von Computerelementen haben?*

Ein Gedicht interpretieren

b Notiere Sach- und Verständnisfragen und suche nach Antworten in (digitalen) Lexika. Kläre alle unverständlichen Begriffe.

c Lies das Gedicht laut vor und versuche, mithilfe deiner neuen Informationen den Inhalt des Gedichts zu strukturieren, indem du abschnittsweise Überschriften aus wenigen Wörtern verfasst (Z. 1–4, 5–12, 15–18).

1 a Im Gedicht spielt die Blindheit des Menschen eine zentrale Rolle. Suche wichtige Begriffe – so genannte Schlüsselwörter –, die das Thema Blindheit aufgreifen. Übertrage den Cluster in dein Heft und ergänze ihn.

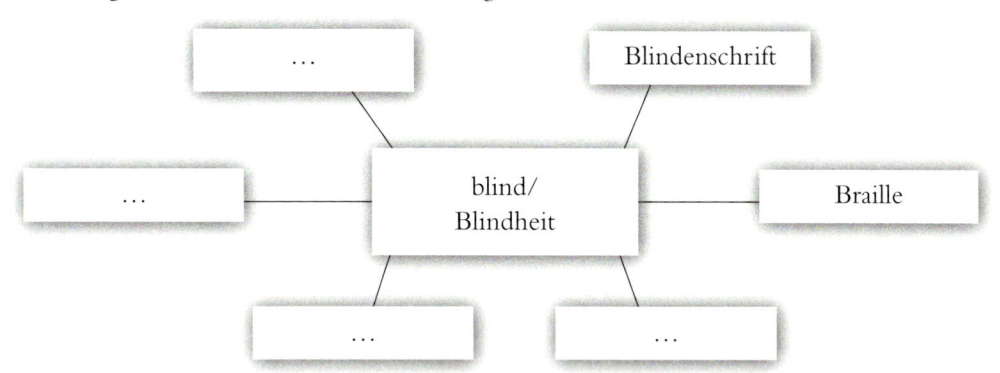

```
         [ ... ]              [ Blindenschrift ]
              \              /
               \            /
   [ ... ] ——— [ blind/ ] ——— [ Braille ]
               [ Blindheit ]
               /            \
              /              \
         [ ... ]              [ ... ]
```

b Vergleiche die Verwendung des Begriffs/des Motivs in den verschiedenen Textstellen.

c Versuche, die Verwendung des Begriffs/des Motivs der Blindheit im Gedicht zu deuten. Formuliere dazu Aussagen über den Menschen.

2 a Diskutiert in der Gruppe über mögliche Aussagen des Gedichts „blindenschrift". Notiert in Stichworten eure Ergebnisse.
Belegt eure Deutung durch inhaltliche und formale Merkmale.

b Sprecht über die Stärken und Schwächen des folgenden Deutungsansatzes:
„Im Gedicht ‚blindenschrift' von H. M. Enzensberger geht es um den Menschen im digitalen Zeitalter, der vor den Gefahren von Selbstüberschätzung gewarnt wird."
Notiert eure Ergebnisse.

c Einigt euch auf einen Deutungsansatz des Gedichts und formuliert diesen in der Gruppe aus. Stellt ihn anschließend der Klasse vor.

3 Verfasse eine schriftliche Interpretation des Gedichts „blindenschrift". Orientiere dich dabei am Merkkasten auf Seite 84.

Einen literarischen Text lesen und verstehen

Wie du bei einer schriftlichen Gedichtinterpretation vorgehen musst

Nachdem du die Vorarbeiten (genaues Lesen und Stichpunkte notieren) erledigt hast, kannst du dich nun an die schriftliche Ausarbeitung wagen.
1. Verfasse einen Einleitungssatz mit den wichtigsten Informationen zum Text (Textart, Titel, Autor, Thema).
2. Entwickele einen Deutungsansatz aus wenigen Sätzen, der zentrale Gedanken des Gedichts umfasst und dir als Leitfaden für den folgenden schriftlichen Hauptteil dient.
3. Fertige aus deiner Stoffsammlung einen Text an. Strukturiere ihn nach Abschnitten, Themen oder Schlüsselbegriffen. In diesem Hauptteil versuche, mittels formaler und inhaltlicher Textbelege deinen Deutungsansatz zu untermauern. Achte also immer darauf, dass deine Äußerungen im Zusammenhang mit diesem stehen.
4. Fasse am Schluss deine Aussagen möglichst zu einem Urteil zusammen und erweitere damit den Deutungsansatz.
(Achte wiederum auf die Leitfragen auf Seite 81 (Aufg. 8b), die die menschliche Existenz betreffen.)

Einen kurzen Erzähltext verstehen

1 a Erläutere das Ergebnis der folgenden Untersuchung.

Glück und Freude als Lebensziel
Umfrage: Besonders jungen Leuten ist Spaß am wichtigsten

Allensbach (epd)
Die Mehrheit der jungen Generation der Bundesrepublik will nach einer Umfrage in erster Linie Spaß haben und das Leben genießen. Für 84 Prozent der Bundesbürger unter 30 Jahren bestehe der Sinn ihres Lebens darin, glücklich zu sein und möglichst viel Freude zu haben, ergibt sich aus einer Befragung des Allensbacher Instituts für Demoskopie. […]

b Überlege, worin für dich der „Sinn des Lebens" besteht. Gelten die Ergebnisse der Untersuchung auch für dich?

Einen kurzen Erzähltext verstehen 85

2a Auch in dem folgenden satirischen Erzähltext geht es indirekt um das Thema „Glück" und um den Sinn des Lebens. Lies den Text zunächst still.

Kurt Kusenberg: Schnell gelebt

Schon als Kind erregte er Verwunderung. Er wuchs wie aus der Pistole geschossen und gab das Wachsen ebenso plötzlich wieder auf. Beim Sprechen verhaspelte er sich, weil die Gedan-
5 ken den Worten entliefen; er war blitzschnell in seinen Bewegungen und wurde oft gleichzeitig an verschiedenen Orten gesehen. Alljährlich übersprang er eine Schulklasse; am liebsten hätte er sämtliche Klassen über-
10 sprungen.
Aus der Schule entlassen, nahm er eine Stellung als Laufbursche an. Er war der einzige Laufbursche, der je gelaufen ist. Von seinen Botengängen kehrte er so rasch wieder zurück,
15 dass man nicht annehmen konnte, er habe sie wirklich ausgeführt, und ihn deshalb entließ.
Er warf sich auf die Kurzschrift und schrieb bald fünfhundert Silben in der Minute. Trotzdem mochte kein Büro ihn behalten, denn er datierte die Post um Wochen vor und gähnte gelangweilt, wenn seine Vorgesetzten zu
20 langsam diktierten.

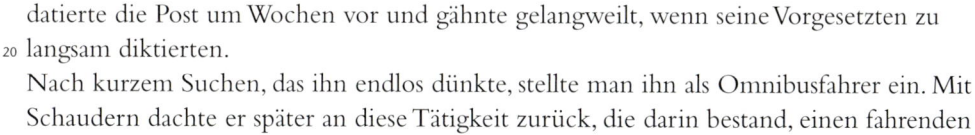

„Studie zum Straßenbild I" von Otto Dix, 1926

Nach kurzem Suchen, das ihn endlos dünkte, stellte man ihn als Omnibusfahrer ein. Mit Schaudern dachte er später an diese Tätigkeit zurück, die darin bestand, einen fahrenden Wagen fortwährend anzuhalten. Vor ihm winkten Straßenfluchten, die zu durcheilen genussvoll gewesen wäre. An den Haltestellen aber winkten Leute, die einsteigen wollten,
25 und ihnen musste er folgen.
Eines Tages aber achtete er der Winkenden nicht, sondern entführte den Omnibus in rasender Gangart weit über das Weichbild der Stadt; so fand auch diese Betätigung ein Ende. Der Fall kam in die Zeitungen und erregte die Aufmerksamkeit sportlicher Kreise.
Seine Laufbahn vom Sechstagefahrer bis zum Rennfahrer war ein einziger Triumphzug.
30 Große Firmen rissen sich um seine Gunst; die geldkräftigste obsiegte, sie machte ihn zum Teilhaber. In leitender Stellung bewährte er sich und war ein gefürchteter Verhandlungsführer, der seine Gegner verwirrte und überrannte.
Wenige Stunden nach dem Entschluss, einen Hausstand zu gründen, hielt er um die Olympiasiegerin im Hundertmeterlauf an, jagte mit ihr vom Stadion in das Standesamt
35 und erzwang eine Notheirat. Gleiche Neigungen verbanden sich zu einzigartigen Leistungen. Die junge Frau setzte alles daran, hinter ihm nicht zurückzustehen. Sie erledigte ihre häuslichen Pflichten mit dem Zeitraffer, trug im Winter schon Sommerkleidung und gebar vor der Zeit, nämlich mit fünf Monaten, ein Fünfmonatskind, das schon in

der Wiege fließend sprach und das Laufen noch vor dem Gehen erlernte. Sie erfand
neue Schnellgerichte, die man im Flug einnahm und sogleich verdaute. Die Dienstboten wechselten täglich, später stündlich, endlich geriet sie an einen Speisewagenkoch und zwei Flugzeugkellner, die das Zeitmaß begriffen und blieben. Sie war ihrem Gatten in jeder Hinsicht eine Stütze.
Der fuhr fort, sein Leben zu beschleunigen. [...]
Die Folgen eines so hastigen Daseins blieben nicht aus. Er alterte bedeutend rascher als seine Umwelt, war mit fünfundzwanzig Jahren silbergrau und mit dreißig ein gebrechlicher Greis. Ehe die Wissenschaft sich des seltsamen Falles annehmen konnte, starb er und zerfiel, da er die Verbrennung nicht abwarten wollte, im gleichen Augenblick zu Asche. Es blieb ihm erspart, die Enttäuschung zu erleben, dass die Nachrufe einen Tag zu spät in den Zeitungen erschienen. Seitdem er gestorben ist, kriecht die Minute wieder auf sechzig Sekunden dahin.

b Besprecht, welche Wirkung der Text auf euch hatte.

c In dem Text „Schnell gelebt" von Kurt Kusenberg wird auf humorvolle Weise Kritik geübt. Lies den Text noch einmal und achte darauf, welche menschlichen Verhaltensweisen Kusenberg wohl kritisieren will. Überlege dabei, worin die Bedeutung des letzten Satzes liegen könnte.

d Im Zentrum der Kritik steht ein „Er". Charakterisiere diese Figur, indem du ihr Verhalten in den verschiedenen Lebensbereichen und Altersstufen beschreibst. Belege deine Aussagen durch Textstellen.

> In einer **Satire** wird auf humorvolle Weise Kritik an menschlichem Verhalten oder gesellschaftlichen Missständen geübt.
> Häufig gebrauchte sprachliche Mittel der Satire sind die Über- oder Untertreibung, Ironie, Mehrdeutigkeit, Komik, Metaphern. Diese bewirken, dass die Leserin/der Leser Distanz zu den Figuren und ihrem Handeln entwickelt und so über sie nachdenken kann.
> Satirische Elemente kommen auch in Gedichten und Dramen vor.

3 Analysiere den Text „Schnell gelebt" in dieser und den folgenden zwei Aufgaben (4 und 5). Dies soll dich auf das Schreiben einer Interpretation vorbereiten.
Arbeite zunächst die sprachlichen Mittel der Satire heraus. Wähle aus:

- Notiere Übertreibungen durch besondere Wortwahl.
- Suche nach Beispielen für ironische Ausdrucksweise. Gehe von folgender Definition von Ironie aus: „Ironie ist eine unwahre Behauptung, die erkennen lässt, dass das Gegenteil gemeint ist."
- Übe selbst den Umgang mit dem sprachlichen Mittel der Satire und ihrer Wirkung, indem du den Text an der Leerstelle in Zeile 43 satirisch weiterschreibst.

Einen kurzen Erzähltext verstehen

4 a Wie du weißt, ist auch die Darstellung der Zeit ein möglicher Untersuchungsgegenstand der Textanalyse. Untersuche im vorliegenden Text die folgende Frage:
Wie ist das Verhältnis von Erzählzeit und erzählter Zeit?
Schlage, wenn nötig, auch die Begriffe „Zeitraffung" und „Zeitdehnung" nach.

b Die Überschrift bezieht sich ebenfalls auf die Zeit. Warum lautet sie nicht z.B. „Schnelles Leben"?

5 a Untersuche die Erzählperspektive. Beurteile, ob diese auktorial, personal oder neutral ist und kläre die folgenden Fragen:
- Welche Wirkung hat die Erzählperspektive auf den Leser: Bleibt er distanziert oder identifiziert er sich mit den Hauptfiguren?
- Es berichtet nur der Erzähler, die Figuren selbst lässt er nicht zu Wort kommen. Welche Wirkung hat dies?

b Ändere die Erzählperspektive, indem du in erlebter Rede aus der Sicht von Mann oder Frau erzählst. Wähle dazu eine bestimmte Lebenssituation aus der Geschichte aus.

➔ *S. 34: Schildern und Erzählen.*

6 Schreibe eine Interpretation des Textes „Schnell gelebt".
Verwende dazu alle Ergebnisse, die du in den vorhergehenden Aufgaben erarbeitet hast.

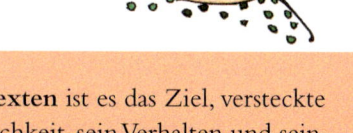

Auch bei der **Interpretation von erzählenden Texten** ist es das Ziel, versteckte Aussagen über den Menschen, seine Lebenswirklichkeit, sein Verhalten und sein Verhältnis zu anderen herauszuarbeiten.

Dafür kannst du von folgenden Leitfragen ausgehen:
1. Wie sind die **Figuren** und ihre **Handlungen** dargestellt?
2. Welche Perspektive nimmt der **Erzähler** ein, berichtet er aus der Innen- oder Außensicht? Welcher Figur steht er am nächsten? Welche Wirkung hat dies? (Beachte dazu das Mittel der Figurenrede.)

Weitere Merkmale können je nach Text für die Interpretation wichtig sein:
3. Welcher **sprachliche Stil** herrscht vor? Gibt es wichtige Wortfelder, die Einblicke in das Leben der Figuren gewähren?
4. Wie ist das Verhältnis von **erzählter Zeit** zur **Erzählzeit**? (Beachte dazu die Mittel der Zeitdehnung und Zeitraffung.)
5. Welche (symbolische) Bedeutung haben die **Räume** für das Leben der Figuren?

Wichtig: Für deine Interpretation sind nicht immer alle Formmerkmale wichtig, sondern nur die, die dir helfen, inhaltliche Aussagen des Textes zu erarbeiten.

7 a Lies den folgenden Text, der sich mit dem Berufsleben auseinandersetzt.

Kurt Marti: Neapel sehen

Er hatte eine Bretterwand gebaut. Die Bretterwand entfernte die Fabrik aus seinem häuslichen Blickkreis. Er hasste die Fabrik. Er hasste die Maschine, an der er arbeitete. Er hasste das Tempo der Maschine, das er selber beschleunigte. Er hasste die Hetze nach Akkordprämien, durch welche er es zu einigem Wohlstand, zu Haus und Gärtchen gebracht hatte. Er hasste seine Frau, sooft sie ihm sagte, heute Nacht hast du wieder gezuckt. Er hasste sie, bis sie es nicht mehr erwähnte. Aber die Hände zuckten weiter im Schlaf, zuckten im schnellen Stakkato der Arbeit. Er hasste den Arzt, der ihm sagte, Sie müssen sich schonen, Akkord ist nichts mehr für sie. Er hasste den Meister, der ihm sagte, ich gebe dir eine andere Arbeit, Akkord ist nichts mehr für dich. Er hasste so viele verlogene Rücksicht, er wollte kein Greis sein, er wollte keinen kleineren Zahltag, denn immer war das die Hinterseite von so viel Rücksicht, ein kleinerer Zahltag. Dann wurde er krank, nach vierzig Jahren Arbeit und Hass zum ersten Mal krank. Er lag im Bett und blickte zum Fenster hinaus. Er sah sein Gärtchen. Er sah den Abschluss des Gärtchens, die Bretterwand. Weiter sah er nicht. Die Fabrik sah er nicht, nur den Frühling im Gärtchen und eine Wand aus gebeizten Brettern. Bald kannst du wieder hinaus, sagte die Frau, es steht jetzt alles in Blust[1]. Er glaubte ihr nicht. Geduld, nur Geduld, sagte der Arzt, das kommt schon wieder. Er glaubte ihm nicht. Es ist ein Elend, sagte er nach drei Wochen zu seiner Frau, ich sehe immer nur das Gärtchen, sonst nichts, das ist mir zu langweilig, immer dasselbe Gärtchen, nehmt einmal zwei Bretter aus dieser verdammten Wand, damit ich was anderes sehe. Die Frau erschrak. Sie lief zum Nachbarn. Der Nachbar kam und löste zwei Bretter aus der Wand. Der Kranke sah durch die Lücke hindurch, sah einen Teil der Fabrik. Nach einer Woche beklagte er sich, ich sehe immer das gleiche Stück Fabrik, das lenkt mich zu wenig ab. Der Nachbar kam und legte die Bretterwand zur Hälfte nieder. Zärtlich ruhte der Blick des Kranken auf seiner Fabrik, verfolgte das Spiel des Rauches über dem Schlot, das Ein und Aus der Autos im Hof, das Ein des Menschenstromes am Morgen, das Aus am Abend. Nach vierzehn Tagen befahl er, die stehen gebliebene Hälfte der Wand zu entfernen. Ich sehe unsere Büros nie und auch die Kantine nicht, beklagte er sich. Der Nachbar kam und tat, wie er wünschte. Als er die Büros sah, die Kantine und so das gesamte Fabrikareal, entspannte ein Lächeln die Züge des Kranken. Er starb nach einigen Tagen.

Worterklärungen: [1]Blust: Blütezeit, Blühen

Eine Dramenszene interpretieren 89

b Fasse kurz den Inhalt des Textes zusammen

c Untersuche die Hauptfigur der Geschichte. Wähle zunächst einen der folgenden Sätze aus, dem du zustimmen kannst. Suche Belege für „deinen" Satz im Text.
Diskutiert in der Klasse eure Meinungen.

Die Hauptfigur
- ist ein armer Mensch ohne Lebensinhalt,
- ist ein bedauernswerter Fall eines „Workaholic", der sich zu Tode arbeitet,
- ist eigentlich ein lieber, aber zu schwacher Mensch,
- ist ein Tyrann für seine ganze Umwelt,
- hat die falschen Ziele im Leben verfolgt,
- hat sein Leben total verpasst,
- zeigt die typisch menschliche Schwäche, nie mit seiner Lage zufrieden sein zu können.

d Welche Einstellung hat die Hauptfigur zur Arbeitswelt? Suche dazu alle Wörter zum Wortfeld „Arbeit" („Fabrik": Z.2, 4, 21 usw., „Maschine": Z.4, 6 usw. ...).
Vergleiche sein Verhältnis zur Arbeit mit seiner Haltung zum familiär-häuslichen Umfeld.

e Setzt euch in Gruppen zusammen und überlegt, welche der im Merkkasten auf Seite 87 angegebenen Merkmale für die Textanalyse bei dieser Geschichte wichtig sein könnten. Besprecht eure Ergebnisse in der Klasse und verteilt die Merkmale auf die einzelnen Gruppen. In jeder Gruppe wird ein Merkmal erarbeitet und untersucht, inwieweit es für die Interpretation der Geschichte wichtig ist.

f Verfasse abschließend eine zusammenhängende Interpretation, in die du zuletzt auch kritisch deine eigene Meinung zum Leben der Hauptfigur und deine eigenen Vorstellungen vom Arbeitsleben einbringen kannst.

Eine Dramenszene interpretieren

1 a Im Mittelpunkt des folgenden Auszugs aus dem Drama „Kabale und Liebe", das Friedrich Schiller 1784 fertiggestellt hat, steht der Konflikt zwischen den Lebensvorstellungen von Vater und Sohn. Präsident von Walter, hochrangige Figur „am Hof eines deutschen Fürsten", will seinen Sohn Ferdinand an eine englische Adlige verheiraten, um ihm so die besten Aufstiegschancen am Hof zu sichern. Ferdinand jedoch liebt das bürgerliche Mädchen Luise, die Tochter eines Musikers, und will mit ihr sein Leben teilen.

In der folgenden Szene erfahrt ihr die Hintergründe der Auseinandersetzung zwischen Vater und Sohn.
Lest die Szene laut mit verteilten Rollen.

Erster Akt, siebte Szene [Auszug]

FERDINAND Sie haben befohlen, gnädiger Herr Vater –

PRÄSIDENT Leider muss ich das, wenn ich meines Sohns einmal froh werden will – Ferdinand, ich beobachte dich schon eine Zeit lang und finde die offene rasche Jugend nicht mehr, die mich sonst so entzückt hat. Ein seltsamer Gram[1] brütet auf deinem Gesicht – Du fliehst mich – Du fliehst deine Zirkel[2] – Pfui! – *Deinen* Jahren verzeiht man zehn Ausschweifungen vor einer einzigen Grille[3]. Überlass diese mir, lieber Sohn. Mich lass an deinem Glück arbeiten, und denke auf nichts, als in meine Entwürfe zu spielen[4]. – Komm! Umarme mich, Ferdinand.

FERDINAND Sie sind heute sehr gnädig, mein Vater.

(…)

PRÄSIDENT Höre, junger Mensch, bringe mich nicht auf. – Wenn es nach deinem Kopfe ginge, du kröchest dein Leben lang im Staube.

FERDINAND O, immer noch besser, Vater, als ich kröch um den Thron herum.

PRÄSIDENT *(verbeißt seinen Zorn)* Hum! – Zwingen muss man dich, dein Glück zu erkennen. Wo zehn andre mit aller Anstrengung nicht hinaufklimmen, wirst du spielend, im Schlafe gehoben. Du bist im zwölften Jahre Fähndrich[5]. Im zwanzigsten Major[6]. Ich hab es durchgesetzt beim Fürsten. Du wirst die Uniform ausziehen und in das Ministerium eintreten. Der Fürst sprach vom Geheimen Rat[7] – Gesandtschaften – außerordentlichen Gnaden. Eine herrliche Aussicht dehnt sich vor dir. Die ebene Straße zunächst nach dem Throne – zum Throne selbst, wenn anders die Gewalt so viel wert ist als ihre Zeichen – das begeistert dich nicht?

FERDINAND Weil meine Begriffe von Größe und Glück nicht ganz die Ihrigen sind – *Ihre* Glückseligkeit macht sich nur selten anders als durch Verderben bekannt. Neid, Furcht, Verwünschung sind die traurigen Spiegel, worin sich die Hoheit eines Herrschers belächelt. – Tränen, Flüche, Verzweiflung die entsetzliche Mahlzeit, woran diese gepriesenen Glücklichen schwelgen, von der sie betrunken aufstehen, und so in die Ewigkeit vor den Thron Gottes taumeln. – Mein Ideal von Glück zieht sich genügsamer in mich selbst zurück. In meinem *Herzen* liegen alle meine Wünsche begraben. –

PRÄSIDENT Meisterhaft! Unverbesserlich! Herrlich! […]

Worterklärungen: [1]ein seltsamer Gram: ein seltsamer Missmut; [2]Zirkel: (gesellschaftliche) Kreise; [3]Grille: Laune, wunderliche Idee; [4]In meine Entwürfe spielen: in meinen Plänen die von mir zugedachte Rolle spielen; [5]Fähndrich = Fähnrich: militärischer Rang; [6]Major: militärischer Rang; [7]Geheimer Rat: diplomatischer Rang

Eine Dramenszene interpretieren

b Gib den Inhalt des Gesprächs zwischen Vater und Sohn mit eigenen Worten wieder.

c Vater und Sohn führen ein verbissenes Streitgespräch. Arbeite den Streitpunkt heraus.

d Nachdem du das Thema und den Streitpunkt des Dialogs untersucht hast, schau dir die Form des Dialogs näher an. Welche rhetorischen Mittel setzen die beiden Figuren ein, um ihre Position zu untermauern?

➔ *S. 134–139: Die Wirkung von Sprache untersuchen und selbst nutzen.*

e Verfasse einen Dialog, der in heutiger Zeit zwischen Vater und Sohn geführt wird, in dem ebenfalls ein Konflikt über verschiedene Lebensvorstellungen ausgetragen wird.

f Spielt die Szene aus Aufgabe e. Denkt dabei an die Körpersprache.

2 a Mit jedem Redebeitrag vermittelt eine Dramenfigur nicht nur Inhaltliches, sondern auch eine bestimmte Stimmung und die Haltung zum Gesprächspartner.
Fasse den Inhalt der Szene zusammen, indem du die Sprechhandlungen mit passenden Wendungen charakterisierst, z. B.:
beschimpfen, zurechtweisen, maßregeln, befehlen, distanziert bleiben, angreifen, infrage stellen, empört zurückweisen, ablehnen, sich verweigern, entgegnen, argumentieren, beschuldigen, verunglimpfen, Scheinfragen (rhetorische Fragen) stellen, unterstellen, sich angegriffen fühlen, zum Vorwurf machen, verwundert sein

b Interpretiere das Auftreten von Vater und Sohn auf der Grundlage der untersuchten Sprechhandlungen.

Die **Interpretation dramatischer Texte** zielt vor allem auf die Darstellung eines **Konflikts**, sei es der zwischen verschiedenen Charakteren, sei es einer zwischen Lebens- oder Wertvorstellungen.

Für deine Interpretation kannst du von folgenden Leitfragen ausgehen:

1. Worum geht es bei dem Konflikt? Welche Positionen werden gegenübergestellt?

2. Welche zusätzliche Informationen liefern
   - die Verwendung **rhetorischer Mittel** der Figuren (vgl. S. 137),
   - ihre **Sprechhandlungen**,
   - das Verhalten, das in **Regieanweisungen** angedeutet wird?

Beim Drama muss im Besonderen noch auf die folgenden Aspekte geachtet werden:

3. Welche Funktion hat der **Szenenausschnitt** im Kontext des gesamten Dramas? Was passiert vorher und nachher? Verhalten sich die Figuren typisch oder untypisch?

4. Ändert sich das Verhalten der Figuren zueinander oder bleibt die bisherige **Figurenkonstellation** unverändert?

Interpretation eines literarischen Textes im Überblick

Phase 1: Lesen und Assoziieren

Lies den Text mehrmals sorgfältig und, wenn möglich, laut.
Notiere spontane Gedanken.

Phase 2: Notieren und Analysieren

Arbeite mit dem (kopierten) Text. Unterstreiche, stelle grafisch
Bezüge und Gegensätze dar, notiere Stichworte.

Phase 3: Zusammenfassen und Wagen

Bündele deine Gedanken zu zentralen Aussagen. Wage dich an einen
Deutungsansatz.

Phase 4: Ordnen und Schreiben (Einleitung und Hauptteil)

Ordne deine Aufzeichnungen. Du solltest daraus folgende Teile formulieren:
- Einleitungssatz (Textart, Titel, Autor, Thema)
- Deutungsansatz (zentrale Aussage des Textes)
- Hauptteil = Verschriftlichung der Inhalt-Form-Untersuchung im Hinblick auf den Deutungsansatz
- abschließende Beurteilung der Aussageabsicht (Rückbezug zum Deutungsansatz), evtl. mithilfe von Hintergrundinformationen für dieses Urteil (zum Autor, zur Epoche, zur politisch-sozialen Umgebung)
- evtl. eigene Stellungnahme zu den Aussagen des Textes

Achte auf die jeweils unterschiedlichen zentralen Analyseaspekte bei Lyrik, Prosa und Drama (siehe Kästen).

S. 140–153: Satzbau und Textgestaltung.

Phase 5: Bündeln und Kontrollieren (Schlussteil)

Stelle die Ergebnisse deiner Analyse noch einmal gebündelt dar. Dabei musst du keine weiteren Belege liefern.
Überprüfe Grammatik, Rechtschreibung und Zeichensetzung

Mit Sach- und Fachtexten umgehen

Sachtexte lesen und verstehen

1 a Überfliege den Text und formuliere den ersten Eindruck. Welche Absicht verfolgt der Autor mit dem Text?

Gentechnologie (1)

Gentechnologie ermöglicht die gezielte Veränderung des Erbgutes von Organismen durch die Addition synthetischer und artfremder Gene. Den Gentechnologen wird von fundamentalistischen Kritikern vorgeworfen, hierdurch in unerlaubter Weise in die Natur einzugreifen. In ihrem Sondervotum zur Enquete-Kommission des 10. Deutschen Bundestages, „Chancen und Risiken der Gentechnologie", stellt die Fraktion der Grünen kurz und bündig fest: „Die Anwendung gentechnischer Methoden und Produkte in Tier- und Pflanzenzucht wird abgelehnt." Die Wochenzeitschrift „Die Zeit" garniert eine Artikelserie über Gentechnik und Fortpflanzungsbiologie mit Horrorgemälden von Tiermenschen. Tatsache ist, dass Genetiker in der öffentlichen Diskussion heftig und emotional angegriffen werden. Es ist jedoch notwendig, sich der öffentlichen Diskussion zu stellen. Das Interesse, das die Gesellschaft den möglichen Folgen der Gentechnologie entgegenbringt, ist berechtigt und die Sorge um die Zukunft ist begründet. Es gilt, das große Informationsdefizit a) darüber, was Gentechnologie ist, und b) darüber, was mit Gentechnologie möglich ist, zu verkleinern. Sachgerechte Information ist notwendig, wenn die Frage, ob Gentechnologie verantwortbar ist oder nicht, sinnvoll diskutiert werden soll.

Karl-Friedrich Fischbach

b Untersuche nun, wie Inhalt und Aufbau des Textes zusammenhängen, und geh wie folgt vor:

- Suche Schlüsselwörter (Wörter, die zentral sind für die Textaussage).
- Kläre unbekannte Wörter.
- Geh den Text Satz für Satz durch und notiere zu jedem Satz seine Aussage stichpunktartig.

Mit Sach- und Fachtexten umgehen

c Welche Äußerungen gehören eng zusammen? Teile den Text in entsprechende Abschnitte ein.

d Beschreibe den äußeren Aufbau des Textes.

e Fasse deine Stichpunkte zusammen und formuliere die Gesamtaussage des Textes. Vergleiche diese mit deiner Antwort von Aufgabe a.

2 a Beschäftige dich nun mit der Autorenabsicht genauer. Suche alle Formulierungen heraus, welche die Absicht des Autors verdeutlichen.

b An wen ist der Text gerichtet? Gegen wen wendet sich der Text? Führe Textbelege an.

c Im Text wird auch die Meinung des Autors deutlich. Woran ist sie zu erkennen? Belege deine Antwort durch entsprechende Formulierungen im Text.

d Wozu besteht nach Auffassung des Autors Informationsdefizit? Suche die Antwort aus dem Text heraus.

---

3 Das richtige Lesen von Texten kannst du lernen. Eine mögliche Methode ist die **Fünf-Schritte-Lesemethode**.

1. Schritt: Überfliegendes Lesen
Kläre das Thema, beziehe die Überschrift in deine Überlegungen mit ein.
Achte auf Besonderheiten.

2. Schritt: Fragen stellen
Achte auf die Aufgabenstellung und überlege, was du vom Text erfahren willst.

3. Schritt: Gezielt lesen und auswerten
Markiere wichtige Textstellen und Wörter im Text (Kopie!) oder notiere sie in dein Heft.
Kläre schwierige Abschnitte und Wörter, indem du Unbekanntes recherchierst.
Fertige eine Mindmap mit den Schlüsselwörtern des Textes an, d.h. mit Wörtern, die zentrale Aussagen des Textes wiedergeben.

4. Schritt: Sinnabschnitte zusammenfassen
Untersuche, wie der Text gegliedert ist, und fasse den Inhalt von kleineren Sinneinheiten, wie Abschnitten, Strophen u.a., zusammen.

5. Schritt: Inhalt wiedergeben
Gib den Inhalt des Textes zusammenhängend wieder.

Sachtexte lesen und verstehen 95

a Wende die Methode beim Lesen des folgenden Textes an. Welches Hauptanliegen verfolgt der Autor mit seinem Text? Diskutiert darüber in der Klasse.

Gentechnologie (2)

Die Sorge für die Zukunft ist etwas Urmenschliches. Wir müssen uns aber fragen dürfen, ob es richtig ist, die Zukunftsängste auf die möglichen Gefahren eines Missbrauchs der Gentechnologie zu konzentrieren, oder ob es nicht vielleicht besser wäre, die Zukunft durch die Wahrnehmung der Chancen dieser Technologie zu meistern. Es kommt darauf an, die Probleme, mit denen wir konfrontiert sind, in der von ihrer Dringlichkeit diktierten Rangfolge anzugehen. Verantwortliches Handeln für die Zukunft setzt ein Abwägen von Möglichkeiten und die Berücksichtigung der katastrophalen Gesamtsituation der Menschheit voraus.

Hauptziel jeglichen Handelns muss der Erhalt der Lebensgrundlagen der Menschheit sein. Es ist deshalb notwendig, die realen Ursachen für die Gefährdung dieser Grundlagen zu identifizieren. Für den Erhalt unseres Ökosystems wäre es fatal, wenn diese notwendige Analyse fehlerhaft durchgeführt würde und als Folge davon positiv motivierte Menschen „Strohpuppen" bekämpften. Die eigentlichen Ursachen für die Misere würden dann nicht beseitigt.

Ist die Gentechnik Ursache der gegenwärtigen Situation der Menschen auf diesem Planeten oder ist sie eher eine Hilfe zur Verbesserung derselben?
Der Mensch hat seit Urzeiten in der Tier- und Pflanzenzüchtung (zunächst unbewusst, später gezielt) angewandte Genetik betrieben, d.h. in das Erbgut eingegriffen. Der züchtende Mensch ist bemüht, die seiner Meinung nach günstigsten Erbanlagen verschiedener Rassen oder Arten in seinen Nutztieren oder Nutzpflanzen zu vereinigen. Die Resultate dieser Bemühungen sind uns allen bekannt, wenn auch vielleicht nicht allen bewusst. Viele Haustiere, aber auch Nutzpflanzen wären ohne die schützende Hand des Menschen in freier Wildbahn nicht mehr lebensfähig. Biologisch gesprochen sind wir mit ihnen und sie mit uns eine Symbiose eingegangen.

Die moderne, molekulare Gentechnologie hat die Zielsetzungen genetischer Manipulationen nicht verändert; sie stellt jedoch einen methodischen Durchbruch dar, der die Effizienz der Züchter in Zukunft gewaltig steigern wird. Durch diesen (bisher allerdings weitgehend hypothetischen) Machbarkeitszuwachs rückt die Tätigkeit der Züchter in das Bewusstsein der Öffentlichkeit. Ist es legitim, dass der Mensch Pflanzen und Tiere nach seinen Vorstellungen und zu seinem Nutzen umbaut? Ja, besteht vielleicht sogar die Gefahr, dass der

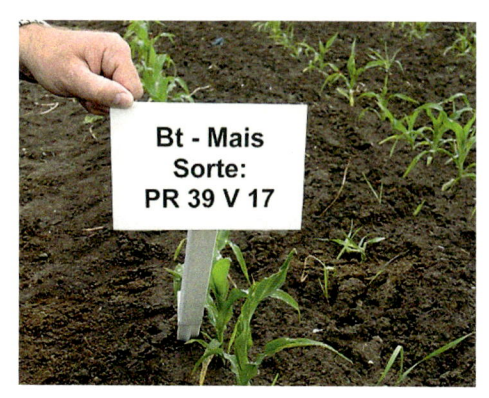

Genbehandelter Mais auf einem Versuchsfeld in Iden (Sachsen-Anhalt)

Mensch beginnt, sich selbst genetisch umzuprogrammieren? Schließlich – wird dem ökologischen Gleichgewicht auf unserem Planeten nicht vielleicht durch die Gentechnologie der letzte Todesstoß versetzt?

Bei der Frage nach der Verantwortbarkeit der Gentechnologie dürfen die Chancen und Risiken ihrer Anwendungen nicht pauschal (ideologisch), sondern nur einzeln und projektgebunden abgewogen werden. Auch die Unterlassung einer Anwendung kann ein sträflicher Irrtum sein.

Neben den erwarteten positiven Einflüssen auf Umwelttechnik und Medizin kommt dem durch die Gentechnologie möglichen Produktionsschub im Bereich von Landwirtschaft und Ernährung größte Bedeutung zu. Die global gesehen katastrophale Bevölkerungsexplosion bedeutet, dass bei dem Verzicht auf Produktionssteigerungen selbst bei gerechter Verteilung aller Lebensmittel die landwirtschaftliche Nutzfläche der Erde bald nicht mehr ausreicht, um alle Menschen zu ernähren. Die „Zurück-zur-Natur"-Forderung, würde sie denn global befolgt, würde der Mehrheit der Menschen in Zukunft mit Sicherheit die Lebensgrundlage entziehen. Dieser realen Bedrohung gegenüber sind die rein hypothetischen Risiken der Gentechnik in Kauf zu nehmen. Eventueller Missbrauch muss durch die Gesetzgebung eingedämmt werden. Den irrationalen Ängsten ist mit Aufklärung und Information zu begegnen. Trotz aller Hoffnungen kann die Gentechnik jedoch allein – ohne zusätzliche Maßnahmen zur Stabilisierung des ökologischen Gleichgewichts auf dieser Erde – die Zukunft des Menschen nicht sichern.

Karl-Friedrich Fischbach

b An welchen Formulierungen im Text wird deutlich, dass der Autor ein Befürworter der Gentechnologie ist? Nenne die entsprechenden Zeilen.

c Im Text werden Risiken genannt und Chancen der Gentechnologie angeführt. Fertige mithilfe des Textes ein Schaubild oder eine Tabelle zu dieser Thematik an.

4 Wie musst du bei den folgenden Aufgabenstellungen vorgehen? Beschreibe jeweils deine Vorgehensweise.
- „Gib die wichtigsten Aussagen (Kernaussagen) eines Sachtextes wieder."
- „Gib die Hauptinformation eines Sachtextes wieder."
- „Welchen Zweck verfolgt der Autor mit seinem Text?"

➡ *S. 181: Arbeitstechniken: Sachtexte kürzer fassen.*

Fachtexte lesen und verstehen

5 a Nenne die Kernaussagen des Textes von Aufgabe 3. Lese dazu Abschnitt für Abschnitt und notiere die wesentlichen Informationen in Stichpunkten.

b Formuliere die Hauptinformation des Textes von Aufgabe 3 in höchstens drei Sätzen. Erfasse dazu die Absicht des Autors und die wesentlichsten Aussagen zur Formulierung dieser Absicht.

Fachtexte lesen und verstehen

1 a Lies den folgenden Text.

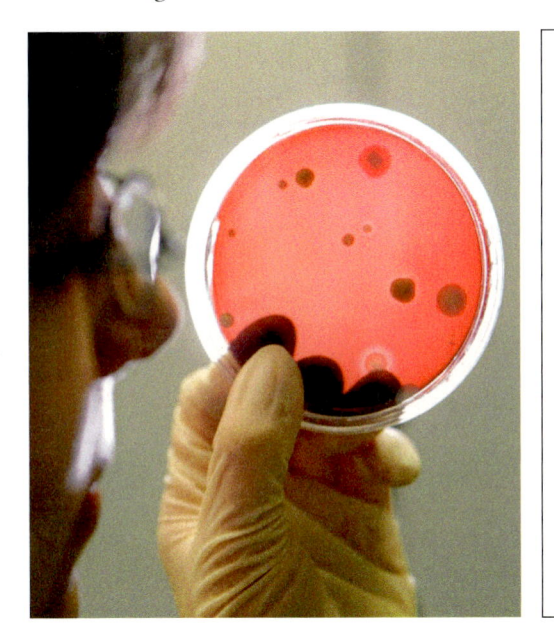

> Gentechnologie beschreibt die Summe aller Methoden, die sich mit der Isolierung, Charakterisierung, Vermehrung und Neukombination von Genen auch über Artgrenzen hinweg beschäftigen. Ihre wichtigste Grundlage ist die Universalität des genetischen Codes, d.h., alle Organismen verwenden die gleiche genetische Sprache. Entgegen der landläufigen Ansicht wird auch in der Natur genetische Information zwischen verschiedenen Arten ausgetauscht. Die Gentechnologen benutzen diese Prädisposition der Natur bei ihrer Arbeit.

b Zu welchem Zweck wurde dieser Text verfasst?

c Weise nach, dass es sich um einen Fachtext handelt. Um welche Art Fachtext handelt es sich?

> **Fachtexte** sind in **Fachsprache** geschrieben, einer Sprache zur Verständigung innerhalb eines bestimmten (z.B. wissenschaftlich-technischen) Fachbereichs. Die Fachsprache enthält so genannte Fachbegriffe, die meist nur die mit einem bestimmten Bereich beschäftigten Fachleute verstehen. Zwischen Fachsprache und Gemeinsprache gibt es gleichwohl eine Verbindung: Die Fachsprache enthält viele Anteile an Gemeinsprache und es gehen zum Teil Fachbegriffe in die Gemeinsprache über.
>
> ➡ *S. 161: Wortbedeutung: Fachwörter/Fachsprache.*

Mit Sach- und Fachtexten umgehen

2a Lies den Anfang des „Gesetz(es) zur Regelung der Gentechnik (Gentechnikgesetz – GenTG)". Was regeln jeweils die § 1 und § 2 dieses Gesetzes?

Erster Teil

Allgemeine Vorschriften

§ 1
Zweck des Gesetzes

Zweck des Gesetzes ist,
1. Leben und Gesundheit von Menschen, Tieren, Pflanzen sowie die sonstige Umwelt in ihrem Wirkungsgefüge und Sachgüter vor möglichen Gefahren gentechnischer Verfahren und Produkte zu schützen und dem Entstehen solcher Gefahren vorzubeugen und
2. den rechtlichen Rahmen für die Erforschung, Entwicklung, Nutzung und Förderung der wissenschaftlichen, technischen und wirtschaftlichen Möglichkeiten der Gentechnik zu schaffen.

§ 2
Anwendungsbereich

(1) Dieses Gesetz gilt für
   1. gentechnische Anlagen,
   2. gentechnische Arbeiten,
   3. Freisetzungen von gentechnisch veränderten Organismen und
   4. das In-Verkehr-Bringen von Produkten, die gentechnisch veränderte Organismen enthalten oder aus solchen bestehen; soweit das In-Verkehr-Bringen durch andere den Vorschriften dieses Gesetzes entsprechende Rechtsvorschriften geregelt ist, die die Zulässigkeit des In-Verkehr-Bringens von einer entsprechenden Risikoabschätzung abhängig machen, gelten nur die §§ 32 bis 37 dieses Gesetzes.

(2) Die Bundesregierung wird ermächtigt, zur Umsetzung der Entscheidungen der Kommission oder des Rates der Europäischen Gemeinschaften nach Artikel 21 der Richtlinie 90/219/EWG des Rates vom 23. April 1990 über die Anwendung genetisch veränderter Mikroorganismen in geschlossenen Systemen (ABl. EG Nr. L 117 S.1), zuletzt geändert durch die Richtlinie 98/81/EG des Rates vom 26. Oktober 1998 (Abl. EG Nr. L 330 S.13) zu Anhang II Teil C, nach Anhörung der Kommission durch Rechtsverordnung mit Zustimmung des Bundesrates gentechnische Arbeiten mit Typen von gentechnisch veränderten Mikroorganismen ganz oder teilweise von den Regelungen dieses Gesetzes

auszunehmen und Art und Umfang von Aufzeichnungspflichten zu regeln. Die §§ 32 bis 37 bleiben unberührt. Die Rechtsverordnung soll eine Meldepflicht an die zuständige Behörde beinhalten, die darauf beschränkt ist, den veränderten Typ des gentechnisch veränderten Mikroorganismus, den Ort, an dem mit ihm gearbeitet wird, und die verantwortliche Person zu bezeichnen. Über diese Meldungen soll die zuständige Behörde ein Register führen und es in regelmäßigen Abständen auswerten.

(3) Dieses Gesetz gilt nicht für die Anwendung von gentechnisch veränderten Organismen am Menschen.

b Lies in § 2 den Absatz (1), Punkt 4. Überlege, was diesen Abschnitt schwer lesbar macht.

c Erschließe in § 2 den Absatz (1), Punkt 4. Geh folgendermaßen vor:

Hilfe zum „Entschlüsseln"
1. Teile zunächst den Abschnitt in zwei Teile.
2. Lies den ersten Satz bis zum Semikolon (einschließlich des Satzanfangs).
3. Überlege, welcher Anwendungsbereich hier festgelegt ist.
4. Fasse diesen Satzteil in eigene Worte.
5. Erfasse die Hauptaussage des zweiten Satzes (es hilft, den Einschub zunächst wegzulassen).
6. Fasse in eigene Worte, was im Satz nach dem Semikolon festgelegt wird.
7. Stelle fest, was mit dem Einschub näher bestimmt wird.

d Schreibe den Inhalt des Absatzes (1), Punkt 4 von § 2 so verständlich wie möglich auf.

Mit Sach- und Fachtexten umgehen

> **Gesetzestexte** sind eine besondere Form von Fachtexten, die Normen vorgeben. Sie sind oftmals schwer zu verstehen. Das liegt an der verwendeten juristischen Fachsprache und den häufig sehr komplizierten Satzstrukturen.
>
> S. 184–186: Gesetzestexte lesen und verstehen.

3 Auch Absatz (2) in § 2 (Aufg. 2) ist nicht auf Anhieb zu verstehen. Vor allem die langen Satzkonstruktionen und im ersten Satz die Angabe von Richtliniennummern, Änderungsdaten und Ablagenummern erschweren das Lesen.
Auch dieser Text muss entschlüsselt werden. Geh folgendermaßen vor:

1. Suche das Ende des ersten Satzes. Notiere den Satz in dein Heft und streiche dann alle zusätzlichen, d.h. für einen Laien nicht erforderlichen Informationen.
2. Wie heißt nun der stark verkürzte Satz? Was ist die Satzaussage?
3. Sage mit eigenen Worten, was der folgende zweite Satz aussagt.
4. Lies den dritten Satz. Was wird im ersten Teil ausgesagt? Was beinhaltet der zweite Teil des Satzes?
5. Lies Absatz (2) von § 2 noch einmal und beantworte folgende Frage:
Welche Ausnahme wird unter § 2 ausdrücklich bestimmt?

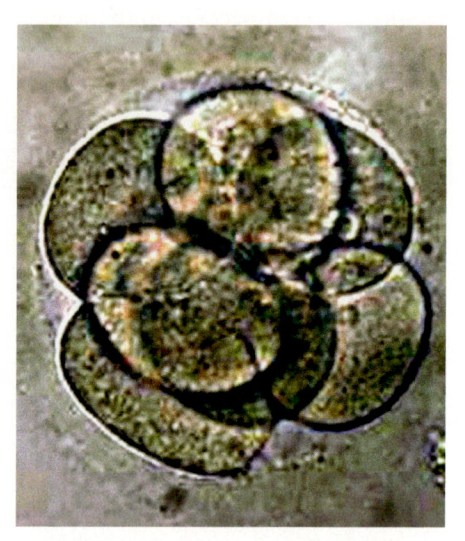

Geklonter Embryo, bestehend aus einem Zellhaufen (Südkorea)

4a Erarbeite dir ein Verständnis des folgenden Textes durch die Fünf-Schritte-Lesemethode. Kläre vor allem unbekannte Wörter.

S. 94: Fünf-Schritte-Lesemethode.

> Aus dem „Gesetz zum Schutz von Embryonen (Embryonenschutzgesetz – EschG)"
>
> § 5
> **Künstliche Veränderung menschlicher Keimbahnzellen**
>
> (1) Wer die Erbinformation einer menschlichen Keimbahnzelle künstlich verändert, wird mit einer Freiheitsstrafe bis zu fünf Jahren oder mit Geldstrafe bestraft.

(2) Ebenso wird bestraft, wer eine menschliche Keimzelle mit künstlich veränderter Erbinformation zur Befruchtung verwendet.

(3) Der Versuch ist strafbar.

(4) Absatz 1 findet keine Anwendung auf
1. eine künstliche Veränderung der Erbinformation einer außerhalb des Körpers befindlichen Keimzelle, wenn ausgeschlossen ist, dass diese zur Befruchtung verwendet wird,
2. eine künstliche Veränderung der Erbinformation einer sonstigen körpereigenen Keimbahnzelle, die einer toten Leibesfrucht, einem Menschen oder einem Verstorbenen entnommen worden ist, wenn ausgeschlossen ist, dass
   (a) diese auf einen Embryo, Foetus oder Menschen übertragen wird oder
   (b) aus ihr eine Keimzelle entsteht,
   sowie
3. Impfungen, strahlen-, chemotherapeutische oder andere Behandlungen, mit denen eine Veränderung der Erbinformation von Keimbahnzellen nicht beabsichtigt ist.

b Beantworte nun folgende Fragen:

1. Was wird in den Absätzen (1) bis (3) des Gesetzestextes ausgesagt?
2. Welche Funktion hat Absatz (4) dieses Paragrafen?
3. Welche Ausnahmefälle werden in Absatz (4) von § 5 genannt?

5 a Lies nun § 6 des Embryonenschutzgesetzes.

Aus dem „Gesetz zum Schutz von Embryonen (Embryonenschutzgesetz – EschG)"

§ 6
Klonen

(1) Wer künstlich bewirkt, dass ein menschlicher Embryo mit der gleichen Erbinformation wie ein anderer Embryo, ein Foetus, ein Mensch oder ein Verstorbener entsteht, wird mit Freiheitsstrafe bis zu fünf Jahren oder mit Geldstrafe bestraft.

(2) Ebenso wird bestraft, wer einen in Absatz 1 bezeichneten Embryo auf eine Frau überträgt.

(3) Der Versuch ist strafbar.

b Erläutere den Inhalt des § 6. Welche Begriffe müssen zur genauen Einhaltung des Gesetzes exakt bestimmt (definiert) sein?

6 a Lies nun § 8 des Embryonenschutzgesetzes. Kläre unbekannte Wörter.

> Aus dem „Gesetz zum Schutz von Embryonen (Embryonenschutzgesetz – EschG)"
>
> **§ 8**
> **Begriffsbestimmung**
>
> (1) Als Embryo im Sinne dieses Gesetzes gilt bereits die befruchtete, entwicklungsfähige menschliche Eizelle vom Zeitpunkt der Kernverschmelzung an, ferner jede einem Embryo entnommene totipotente Zelle, die sich bei Vorliegen der dafür erforderlichen weiteren Voraussetzungen zu teilen und zu einem Individuum zu entwickeln vermag.
>
> (2) In den ersten vierundzwanzig Stunden nach der Kernverschmelzung gilt die befruchtete menschliche Eizelle als entwicklungsfähig, es sei denn, dass schon vor Ablauf dieses Zeitraumes festgestellt wird, dass sich diese nicht über das Eizellstadium hinaus zu entwickeln vermag.
>
> (3) Keimzellbahnen im Sinne dieses Gesetzes sind die Zellen, die in einer Zell-Linie von der befruchteten Eizelle bis zu den Ei- und Samenzellen des aus ihr hervorgegangenen Menschen führen, ferner die Eizelle vom Einbringen oder Eindringen der Samenzelle an bis zu der mit der Kernverschmelzung angeschlossenen Befruchtung.

b Welche Begriffe werden definiert?
Schreibe die Begriffe heraus und erkläre diese mit eigenen Worten.

c Zu welchem Zweck werden die Begriffe definiert?

d Was ist eine „totipotente Eizelle"? Überlegt, wie ihr Informationen zu diesem Begriff bekommen könnt, und recherchiert die Bedeutung.

7 Diskutiert das Thema „Embryonenforschung".
Bereitet euch in der Gruppe auf die Diskussion vor und beschafft euch weitere Informationen zum Thema.

➡ S. 6: Miteinander diskutieren – einen Standpunkt vertreten.

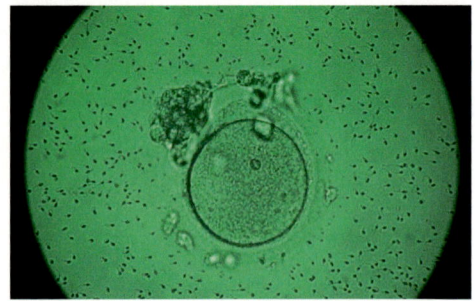

Menschliche Eizelle, die von Spermien umgeben ist.

Zeitungen lesen und verstehen   103

Mit Medien umgehen

Zeitungen lesen und verstehen

1 a Die regionale Abo-Tageszeitung gehört laut Umfrage zu den beliebtesten Massenmedien. Nenne mögliche Gründe für diesen hohen Stellenwert.

b Tauscht euch über euer Zeitungsleseverhalten aus. Welche Zeitungen lest ihr? Wann? Warum? Welche Rubriken interessieren euch besonders, welche weniger?

c Viele Jugendliche sind der Meinung, dass Zeitunglesen eher etwas für Erwachsene ist. Diskutiert diese These.

➡ *S. 6–16: Miteinander diskutieren – einen Standpunkt vertreten.*

> Deutschland gilt als Ursprungsland der **Zeitung** – dem ältesten Massenmedium überhaupt. Als älteste Nachrichtenblätter gelten der „Aviso" (Anzeiger) und die Straßburger „Relation" (Mitteilung), von denen Ausgaben aus dem Jahr 1609 gefunden wurden. Heute erscheinen rund 1600 verschiedene Zeitungsausgaben in Deutschland, die sich mindestens im Lokalteil voneinander unterscheiden. Unterschieden wird zwischen folgenden Zeitungsarten: regionale/lokale Tageszeitungen, überregionale Tageszeitungen, politische Wochenzeitungen, Sonntagszeitungen und Boulevardzeitungen, wobei es Überschneidungen gibt.

2a Besorgt euch verschiedene Zeitungsausgaben. Bildet Gruppen und wählt eine Zeitung aus, die ihr näher untersuchen wollt. Beantwortet folgende Fragen stichwortartig:
- Zu welcher Zeitungsart gehört deine ausgewählte Zeitung? Was ist das Typische daran? Wie oft und wo erscheint sie? Wo ist sie erhältlich? Was kostet sie? Kann man sie abonnieren?
- Welche anderen Zeitungen gehören zu dieser Zeitungsart? Nenne Beispiele.
- Wie sieht das Angebot der Zeitung aus? Welche Ressorts/Rubriken gibt es? Kläre unbekannte Begriffe mithilfe eines Fremdwörterbuchs.
- Wie viele Seiten umfasst die Zeitung? Welchen Anteil machen davon Werbeanzeigen aus?
- Welcher sprachliche Stil bestimmt die Texte? Sind sie eher unterhaltend, sachlich-informativ, reißerisch formuliert?
- Gibt es sonstige Auffälligkeiten?

b Stelle deine Ergebnisse den anderen Gruppen vor.

c Welche Zeitung gefällt euch, welche weniger? Begründet eure Meinung.

3a Wann ist deiner Meinung nach ein Ereignis, ein Sachverhalt eine „Nachricht wert"?

b John B. Bogart, Lokalredakteur der amerikanischen Zeitung „Sun", soll es gewesen sein, der im Jahre 1880 die inzwischen klassisch gewordene Definition gab:

WHEN A DOG BITES A MAN,

THAT'S NO NEWS,

BUT WHEN A MAN BITES A DOG,

THAT'S NEWS.

Was wollte er damit zum Ausdruck bringen?

c Versuche, eine Definition für die journalistische Darstellungsform „Nachricht" zu notieren.

> Die Zeitungsredaktionen können aus Zeit- und Geldgründen nicht alle Informationen selbst recherchieren, sie werden von den **Nachrichtenagenturen** mit Texten beliefert. Diese werden in der Zeitungsredaktion den Bedürfnissen der Leserschaft und dem vorhandenen Platz innerhalb der Zeitung angepasst.
>
> *S. 47–59: Berichten und Kommentieren.*

Zeitungen lesen und verstehen

4 a Bei einer Zeitungsredaktion gehen täglich hunderte von Meldungen einer oder verschiedener Nachrichtenagenturen ein. Lies den folgenden Agenturartikel. Untersuche seinen Aufbau, indem du den Inhalt jedes Abschnitts in Stichpunkten festhältst.

```
Türkei/Bahn/Unfälle/
Lokführer nach Bahnunglück in Türkei in Haft – zu schnell gefahren?

Istanbul (dpa) – Nach dem schweren Bahnunglück in der Türkei sind die beiden Lokführer und der verantwortliche Zugbegleiter unter dem Vorwurf der
fahrlässigen Tötung in Untersuchungshaft genommen worden. Ihnen drohen bei
einer Verurteilung bis zu zehn Jahre Haft, berichteten türkische Medien am
Sonntag. Bei der Zugkatastrophe auf der erst vor wenigen Wochen eröffneten
Schnellstrecke zwischen Istanbul und Ankara wurden nach jüngsten Regierungsangaben 37 Menschen getötet. Fast 100 Passagiere wurden verletzt, als
der Zug am Donnerstagabend rund 150 Kilometer hinter Istanbul entgleiste,
Waggons umstürzten und sich ineinander verkeilten.
Wegen unterschiedlicher Angaben zur tatsächlichen und zur erlaubten Geschwindigkeit am Unfallort waren Verkehrsminister Binali Yildirim und
Bahn-Generaldirektor Süleyman Karaman stark unter Druck geraten. Sie
hatten nach dem Unfall angegeben, der Zug sei mit 118 Stundenkilometern
gefahren. Dagegen heißt es in einem Bahn-Handbuch, das am Samstag auszugsweise veröffentlicht wurde, dass an der Stelle 130 Stundenkilometer
zulässig seien. Der Lokführer habe zu spät und abrupt gebremst, hieß es
in einigen Berichten. „Irgendjemand sagt hier nicht die Wahrheit", titelten türkische Zeitungen.
Verkehrsminister Yildirim kündigte die Bildung einer unabhängigen Untersuchungskommission an, zu der auch Experten aus Deutschland in die Türkei
geladen wurden. Die Gleise an der Unglücksstelle wurden noch vor der Bergung der entgleisten Waggons komplett erneuert. Bahngewerkschaften und
Verbraucherschützer kündigten am Wochenende Anzeigen gegen die Verantwortlichen von Bahn und Regierung an. Die angeklagten Zugführer sollten
als „Sündenböcke" herhalten, hieß es unter anderem.

dpa 14 Jul 04
```

b Der Aufbau eines Agenturartikels ist vom Wichtigen zum weniger Wichtigen gestaltet. Inwiefern stellt das für Zeitungsredakteurinnen/-redakteure, die meist unter Zeitnot arbeiten, eine Hilfe dar?

c Prüfe den Agenturtext aus Aufgabe a daraufhin, ob er die wichtigen Aspekte zuerst bringt.

d Eine Zeitungsredaktion hat den Text der Nachrichtenagentur (Aufg. a) folgendermaßen bearbeitet. Beschreibe, wie sich der Artikel von der ursprünglichen Agenturmeldung unterscheidet, und nenne mögliche Gründe.

Mit Medien umgehen

Türkei: LOKFÜHRER NACH BAHNUNGLÜCK IN HAFT

Istanbul (dpa) – Nach dem schweren Bahnunglück in der Türkei sind die beiden Lokführer und der verantwortliche Zugbegleiter unter dem Vorwurf der fahrlässigen Tötung in Untersuchungshaft genommen worden. Ihnen drohen bis zu zehn Jahre Haft. Bei dem Unfall am vergangenen Donnerstag auf der am 4. Juni eröffneten Schnellstrecke zwischen Istanbul und Ankara starben 37 Menschen. Verkehrsminister Binali Yildirim kündigte die Berufung einer Untersuchungskommission an, der auch deutsche Experten angehören sollen.

5 a Lies die folgenden beiden Zeitungsartikel und vergleiche diese miteinander. Inwieweit haben die beiden Artikel miteinander zu tun? Worin unterscheiden sie sich?

Kein Anlass zur Trauer

Sicher ist es eine alarmierende Nachricht: Die Stiftung Lesen beklagt, dass 15 Prozent aller Lehrstellenbewerber sich in Wort und Schrift nur unzulänglich ausdrücken können. Denn wenn diese Botschaft nun das Wehklagen, wie dumm und schlecht nun die Jugend sei, anheben würde – was würde sich dadurch zum Besseren ändern?

Denn die Mitteilung der Stiftung ist ein Missionsausruf der weltlichen Art, ein Appell an alle, jedem Mitmenschen das Lesen von Büchern ans Herz zu legen. Im Grunde ist es mit der Literatur wie mit der christlichen Botschaft: Auf das gute Beispiel kommt es an.

Dass die Literatur nicht auf dem Sterbebett liegt, lässt eine Erkenntnis des Börsenvereins, des Fachverbands der deutschen Buchhändler, erkennen. Wenn auch das Buch auf Papier nicht wie die sprichwörtliche warme Semmel über den Ladentisch geht – im Internet, meinte der Ober-Buchhändler, blüht das Geschäft.

So blüht im Beet der Literatur trotzdem das zarte Pflänzchen Hoffnung. Aber was ein Bücherwurm ist, der lässt sich eh die Liebe zum bedruckten Papier nicht nehmen.

BÜCHER OHNE CHANCE

Die Stiftung Lesen befürchtet katastrophale Auswirkungen auf Wirtschaft und Gesellschaft, falls Jugendliche so wenig lesen.

Schon jetzt bekämen 15 Prozent der Lehrstellenbewerber in Deutschland keinen Ausbildungsplatz, weil sie nicht genügend lesen und schreiben können, sagte der Geschäftsführer der Stiftung, Klaus Ring, gestern. Zwischen 1990 und 1995 habe sich das Bücherlesen bei Jugendlichen um 25 Prozent reduziert. Im Durchschnitt läsen die jungen Leute nur neun Minuten am Tag, aber sie verbrächten 136 Minuten vor dem Fernseher. Studien belegen, dass das Buch in „den neuen elektronischen Kinderzimmern" kaum noch eine Chance habe, meinte Ring. Zudem nehme die Zahl der jungen Familien zu, in denen es überhaupt keine Bücher mehr gebe.

b Bestimme jeweils die Textsorte. Begründe deine Entscheidung.

c Nimm Stellung zum Kommentar. Begründe deine Haltung.

d In der Zeit des Nationalsozialismus haben Redakteurinnen/Redakteure oft die Anweisung erhalten, bestimmte Nachrichten nur als Kommentare zu schreiben. Stelle Vermutungen über die Gründe an.

> Es werden zwei Gruppen von journalistischen Darstellungsformen unterschieden: informierende und meinungsäußernde Texte. Zu den **informierenden Texten** gehören der Bericht (Kurzform: Meldung), das Interview und die Reportage. Zu den **meinungsäußernden Texten** gehören der Kommentar, die Kritik (Rezension) und die Glosse.

6 a Lest und betrachtet die folgenden drei Zeitungsausschnitte. Wählt einen Ausschnitt aus, mit dem ihr euch in der Gruppe näher beschäftigen wollt.

(1)

Brautkleid in Weiß?

Sandra heiratet bald und träumt von einer Hochzeit in Weiß. Und weil ein Brautkleid in Ruhe ausgesucht sein will, macht sie sich mit Mutter und Oma auf die Suche. Schon im ersten Geschäft der Schock: In Sandras Größe präsentiert die Verkäuferin fünf Kleider – lindgrün, rosé, bleu, violett und
5 hellgelb. „Und die weißen Kleider?", fragt Sandras Mutter. „Weiß trägt die Braut nicht mehr!" Hä? – Und tschüss!
Traurig macht sich Sandra mit Mutter und Oma auf zum nächsten Laden. „Ein Brautkleid? Wie soll's denn aussehen?", fragt die freundliche
10 Verkäuferin. „Am liebsten weiß", antwortet Sandra vorsichtig. „Wie denn sonst?", motzt die Verkaufsdame, plötzlich gar nicht mehr so nett. Was ist nur mit den Verkäu-
15 ferinnen los? Wollen die nichts mehr verkaufen?

(2)
Jostein Gaarder: „Sofies Welt"

Der norwegische Autor schlägt mit diesem Buch gekonnt eine Brücke zwischen Romanerzählung und Wissensvermittlung – und zwar für jedermann verständlich. Er fängt bei der griechischen
5 Antike mit ihrer Erkenntnis- und Ideenlehre an und arbeitet sich zusammen mit dem 15-jährigen Mädchen Sofie in der Aufklärungsarbeit bis Berkeley und Freud voran. Sophie bekommt von ihrem verschollenen Vater mystische Briefe, die Rätsel, Fra-
10 gen und verborgene Antworten auf die Sinnfrage enthalten. Geistreich und witzig lässt sich Sophie auch mal ein wenig naiv und hinterfragend in die Gedankenwelt großer Philosophen und Denker entführen. Die Leser können ihre Traumwelt mit-
15 erleben und Rückschlüsse auf eigene Verhaltensweisen oder Lebenseinstellungen ziehen. Wer bist du? Was ist ein Mensch? Woher
20 kommt die Welt? Falls diese Fragen offen bleiben, empfiehlt es sich, das Buch einfach noch einmal in Ruhe zu lesen.
25
(Taschenbuch, dtv-Verlag, 624 Seiten, 1999, Preis: 10,00 Euro)

(3)
Lockruf des Geldes

Während die Sparzinsen auf null zulaufen, kassieren die Banken bei Krediten kräftig ab – und bewerben das auch noch als tolle Gelegenheit
VON ANDREAS KUNZE

„EINES TAGES, mein Sohn, wird das alles mir gehören"

b Beantwortet in eurer Gruppe folgende Fragen:
 • Welches ist das Thema, zu dem die Meinung geäußert wird?
 • Welches sind die subjektiven, interpretierenden und wertenden Anmerkungen des Autors/Zeichners?
 • Welche Meinung vertritt der Autor/Zeichner und wie begründet er diese?
 • Durch welche Stilmittel wird die Meinung verdeutlicht und unterstützt?
 • Welche Wirkung hinterlässt die Darstellungsform beim Leser/bei euch?

c Stellt eure Gruppenergebnisse den anderen vor und sprecht über Gemeinsamkeiten und (meist feine) Unterschiede der Darstellungsformen.

d Bei einem Bericht (einer Meldung) braucht man nur den Anfang zu lesen, um die Kerninformationen zu erfassen. Wie ist das beim Lesen (und beim Betrachten) eines kommentierenden Textes, einer Karikatur?

e Meistens erscheint bei kommentierenden Texten oder Karikaturen auch der Name der Autorin/des Autors. Nennt Gründe dafür.

7 a Textsorten, wie Kommentare, Glossen, Kritiken und Karikaturen, werden in der Zeitung (fast) immer an der gleichen Stelle abgedruckt.
Stellt fest, wo (auf welcher Seite, in welcher Spalte) in Zeitungen diese Textsorten platziert sind. Wertet dazu einen Wochensatz einer Zeitung aus (Ausgaben von Montag bis Samstag). Bildet dazu Gruppen und vereinbart, welche Gruppe je eine Wochentagsausgabe untersucht. Notiert eure Ergebnisse in einer Tabelle.

Ausgabe der „... Zeitung" vom ...

	Thema	Seite/Spalte	Gestaltung (z. B. Rubrikname)
Kommentar			
Glosse			
Karikatur			
Kritik			

b Stellt eure Gruppenergebnisse vor und sprecht über mögliche Gründe für die Platzierung und Kennzeichnung. Welche Vorteile entstehen dadurch für den Leser?

8 Nun hast du selbst Gelegenheit, einen kommentierenden Text zu verfassen. Suche dir ein Thema aus, zu dem du einen Kommentar, eine Glosse oder eine Karikatur anfertigst. Du kannst bei der Themensuche aus verschiedenen Möglichkeiten auswählen:

A Sammle Nachrichten aus Zeitungen und wähle eine aus.

B Du kannst einen Bericht aus dem Kapitel „Berichten und Kommentieren" auswählen (S. 47–59).

C Wähle eines der folgenden kontroversen Themen aus.
- Schulzeugnisse ohne Noten
- Rauchverbot in Cafés und Clubs
- Auf jeden Fall Zivildienst
- Schuluniform – die Lösung
- Führerschein ab 16
- Urlaub mit Eltern ist spießig.
- Handyverbot in der Schule
- Dosenpfand macht Sinn.

D Vielleicht gibt es auch aktuelle Themen oder Ereignisse in deiner Schule, zu denen du dich äußern möchtest.

Egal, welches Thema du wählst. Es gilt: Überlege vorher, wie dein Standpunkt zu diesem Thema ist, mit welchen Argumenten du ihn begründest und mit welchen Stilmitteln du ihn verdeutlichen kannst.

➡ S. 17: Schriftlich Stellung nehmen – Erörtern.

Mit Medien umgehen

9 Welches Buch hast du zuletzt gelesen, welche Theateraufführungen oder Filme gesehen, welche neueren CDs gehört oder welche Konzerte, Ausstellungen oder sonstige Veranstaltungen vor nicht allzu langer Zeit besucht? Wähle eines dieser kulturellen Ereignisse aus und schreibe eine kurze Kritik dazu.

Medien kritisch betrachten

1a Auf welche Massenmedien beziehen sich die Beispiele (1) bis (3)? Welche anderen Massenmedien sind dir bekannt?

(1)

(2) Fernsehberichterstattung und die Popularität von George Bush

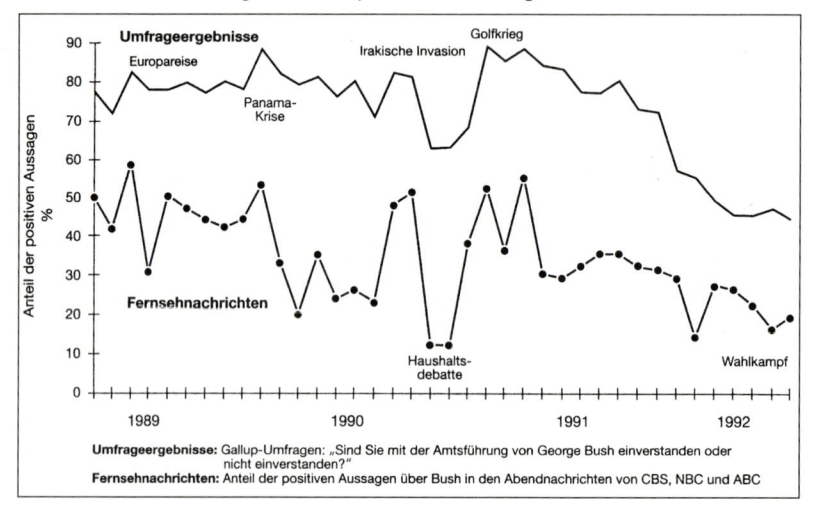

Umfrageergebnisse: Gallup-Umfragen: „Sind Sie mit der Amtsführung von George Bush einverstanden oder nicht einverstanden?"
Fernsehnachrichten: Anteil der positiven Aussagen über Bush in den Abendnachrichten von CBS, NBC und ABC

Medien kritisch betrachten

(3)
Thüringer Allgemeine vom 16.06.2003
Bestechungsgeld für Agenten
Italien ist geschockt. Beim Schlagerfestival in San Remo wurde jetzt der größte Korruptionsskandal aller Zeiten aufgedeckt. Umgerechnet 50 000 Euro hätten Talente den Festival-Agenten hinblättern müssen, um in die engere Wahl zu kommen (mit Chancen auf einen Auftritt samt TV-Einblendung). Die Ermittlungen der Guardia di Finanza, der Finanz- und Kriminalpolizei, ergaben, dass ein Platz unter den ersten 16 Bewerbern immerhin noch 20 000 Euro kostete.

Zieh bei der Beantwortung der folgenden Fragen die Beispiele (1) bis (3) aus Aufgabe a mit heran.

b Was ist das Besondere an Massenmedien im Vergleich zu anderen Medien?

c Welche Funktion(en) erfüllen Massenmedien in einer demokratischen Gesellschaft? Denke daran, warum du diese nutzt.

d Welche Gefahren sind eventuell mit den Massenmedien verbunden? Erläutere dies anhand von Beispielen.

➔ S. 17: Schriftlich Stellung nehmen – Erörtern.

2 a Lies folgenden Bericht und sprich im Anschluss darüber, welche Gefühle und Gedanken dir durch den Kopf gehen.

Ersatzteilkinder – die Legende vom Organraub

Zu den weltbekannten Kinderstars der Mattscheibe zählt seit 1993 der Kolumbianer Wenis Yeison Cruz Vargas. (…) Yeison, damals zehn, war in einem Film der französischen Journalistin Marie-Monique Robin zu sehen. Die Kamera verweilte lang auf seinem augenlosen Antlitz, denn das diente als bildlicher Beweis für eine schauderhafte These: Yeisons Augen, klagte seine Mutter, seien im Krankenhaus gestohlen worden. Dabei, lautete der Grundtenor des Films, habe der blinde Yeison Glück gehabt. Denn vielen Kindern in Kolumbien, Lateinamerika oder generell der Dritten Welt würden von verbrecherischen Ärzten nicht nur die Augen herausoperiert, sondern auch Organe, wie Nieren, Leber oder Herz, entnommen, um dann reichen Patienten in den USA eingepflanzt zu werden. Die Kinder würden von einer teuflischen Mafia gekidnappt, geschlachtet und ausgeweidet, mit ihren Organen werde ein schwunghafter Schwarzhandel getrieben. Der Film (…) hatte enormen Erfolg. Mehr als ein Dutzend Fernsehanstalten strahlten ihn aus, so auch die ARD (…). Marie-Monique Robin erhielt dafür mehrere Auszeichnungen, (…). Nur etwas widerspricht dem Bild einer ebenso mutigen wie profunden, wenngleich in ihren Ergebnissen entsetzlichen Reportage: Nichts daran ist wahr, die ganze Story ist purer – allerdings gefährlicher – Humbug.
„Es steht mit Sicherheit fest, dass das von uns untersuchte Kind noch seine Augäpfel besitzt und dass diese während des gesamten Verlaufs seiner Krankheit zu keinem Zeitpunkt herausgenommen wurden", erklärten drei Pariser Mediziner, nachdem sie Yeison im August 1995 untersucht hatten. (…) sie bestätigten, dass der Junge im frühen Kindesalter durch eine beidseitige Augeninfektion erblindet sei (…). Solche Krankheiten sind in Entwicklungsländern alles andere als selten. (…)

Mit Medien umgehen

b Betrachte die folgende Illustration. Was würdest du dem Kind antworten? Beziehe in deine Überlegungen den Text aus Aufgabe a ein.

... ist doch alles wahr, was im Fernsehen gezeigt wird, oder?

c Sind dir weitere Fälle aus Zeitungen, Fernsehen oder Funk bekannt, bei denen Informationen verändert, weggelassen oder verfälscht wurden? Berichte von deinen Erfahrungen.

d Welche Regeln sollten Journalisten deiner Meinung nach beachten, um ihre Aufgaben verantwortungsvoll und fair zu erfüllen? Erstelle eine Liste mit Vorschlägen.

e Der Deutsche Presserat hat einen so genannten Pressekodex aufgestellt, in dem Regeln für einen fairen Journalismus formuliert werden. Recherchiere im Internet, um welche Regeln es sich handelt.

Deutscher Presserat
Freiwillige Selbstkontrolle gedruckter Medien
SUCHE FAQ KONTAKT LANGUAGE LINK IMPRESSUM SITEMAP
Home   Wir über uns   Beschwerde   Pressekodex   Dokumentation

f Vergleiche die Regeln des Presserats mit deinen eigenen Vorschlägen aus Aufgabe d. Suche nach Gründen für die Auswahl des Presserats.

Das Internet nutzen

1 a Welche Angebote des Internets nutzt ihr? Startet eine Umfrage in eurer Klasse, ob das Internet genutzt wird. Wenn ja, was wird wie oft (Stunden in der Woche) abgerufen?

b Listet eure Ergebnisse in Tabellenform auf und sprecht darüber, welche Angebote besonders und welche weniger beliebt sind.

c Tauscht euch darüber aus, welche Funktionen die verschiedenen Angebote für euch erfüllen und welche Vorteile das Internet im Vergleich zu anderen Medien bietet.

Das Internet nutzen

2 a Das Internet bietet viele Möglichkeiten, wenn man Informationen zu einem bestimmten Thema sucht. Du weißt bestimmt aus eigener Erfahrung, dass man sich im „Datendschungel" auch verlieren kann – eine große Hilfe stellen diesbezüglich Suchmaschinen dar. Welche Suchmaschinen sind dir bekannt? Wofür sind sie besonders oder eher weniger geeignet? Erstelle eine Liste mit kurzen Erläuterungen.

b Lies den folgenden Text und fasse die Informationen zusammen, die dir hier zur cleveren Suche im Internet gegeben werden.

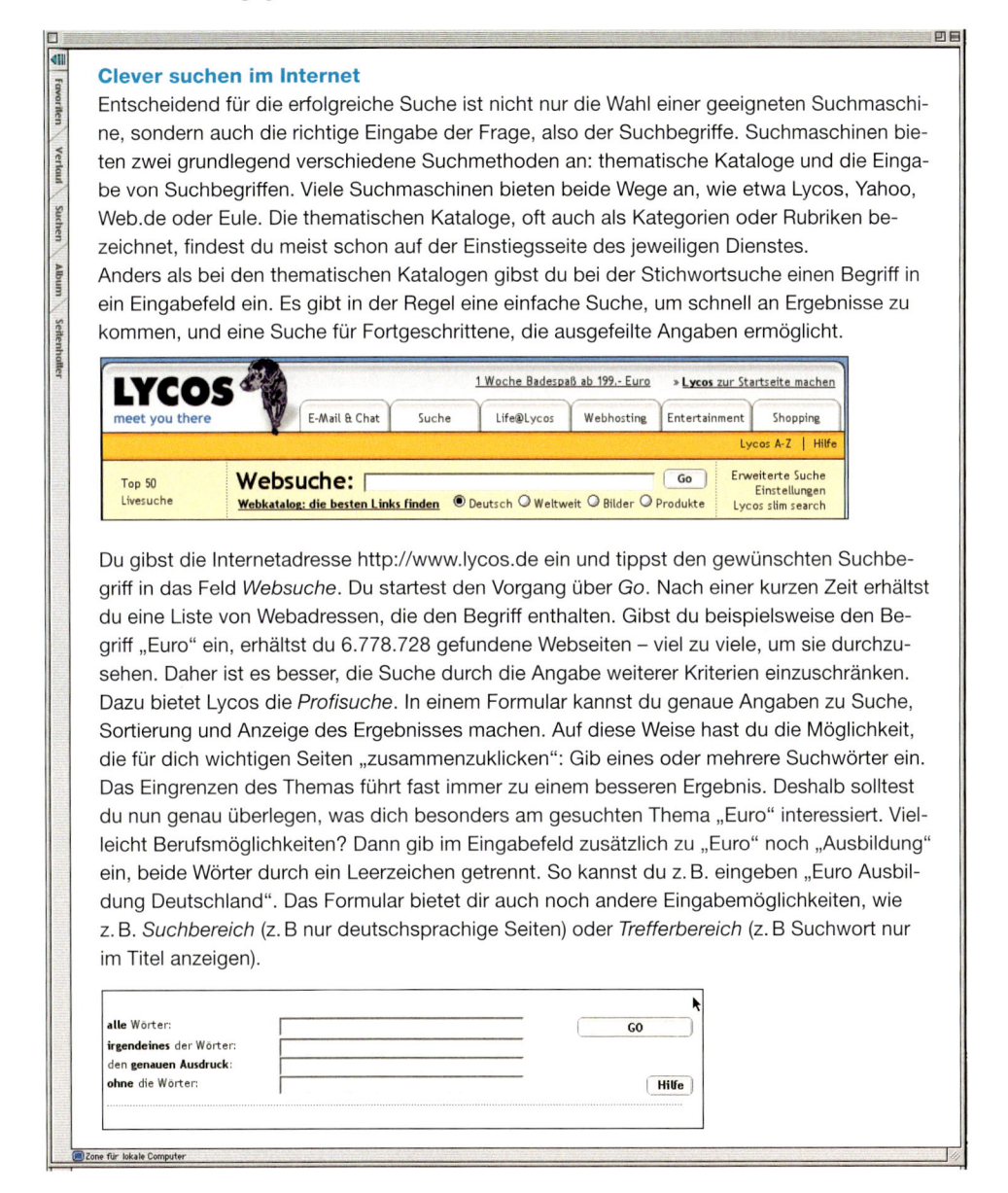

Clever suchen im Internet

Entscheidend für die erfolgreiche Suche ist nicht nur die Wahl einer geeigneten Suchmaschine, sondern auch die richtige Eingabe der Frage, also der Suchbegriffe. Suchmaschinen bieten zwei grundlegend verschiedene Suchmethoden an: thematische Kataloge und die Eingabe von Suchbegriffen. Viele Suchmaschinen bieten beide Wege an, wie etwa Lycos, Yahoo, Web.de oder Eule. Die thematischen Kataloge, oft auch als Kategorien oder Rubriken bezeichnet, findest du meist schon auf der Einstiegsseite des jeweiligen Dienstes.

Anders als bei den thematischen Katalogen gibst du bei der Stichwortsuche einen Begriff in ein Eingabefeld ein. Es gibt in der Regel eine einfache Suche, um schnell an Ergebnisse zu kommen, und eine Suche für Fortgeschrittene, die ausgefeilte Angaben ermöglicht.

Du gibst die Internetadresse http://www.lycos.de ein und tippst den gewünschten Suchbegriff in das Feld *Websuche*. Du startest den Vorgang über *Go*. Nach einer kurzen Zeit erhältst du eine Liste von Webadressen, die den Begriff enthalten. Gibst du beispielsweise den Begriff „Euro" ein, erhältst du 6.778.728 gefundene Webseiten – viel zu viele, um sie durchzusehen. Daher ist es besser, die Suche durch die Angabe weiterer Kriterien einzuschränken. Dazu bietet Lycos die *Profisuche*. In einem Formular kannst du genaue Angaben zu Suche, Sortierung und Anzeige des Ergebnisses machen. Auf diese Weise hast du die Möglichkeit, die für dich wichtigen Seiten „zusammenzuklicken": Gib eines oder mehrere Suchwörter ein. Das Eingrenzen des Themas führt fast immer zu einem besseren Ergebnis. Deshalb solltest du nun genau überlegen, was dich besonders am gesuchten Thema „Euro" interessiert. Vielleicht Berufsmöglichkeiten? Dann gib im Eingabefeld zusätzlich zu „Euro" noch „Ausbildung" ein, beide Wörter durch ein Leerzeichen getrennt. So kannst du z. B. eingeben „Euro Ausbildung Deutschland". Das Formular bietet dir auch noch andere Eingabemöglichkeiten, wie z. B. *Suchbereich* (z. B nur deutschsprachige Seiten) oder *Trefferbereich* (z. B Suchwort nur im Titel anzeigen).

Mit Medien umgehen

c Probiert die Tipps zur Suche am Computer aus. Tauscht danach eure Erfahrungen aus.

3 a Stellt euch vor, ihr benötigt für ein Referat über den Autor Bertolt Brecht Informationen und ihr möchtet das Internet für die Recherche nutzen.
Bearbeitet folgende Aufgaben und notiert, wie ihr jeweils vorgegangen seid.

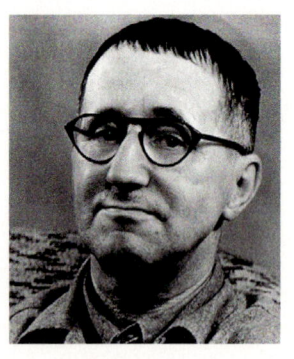

- Wie hoch sind die Trefferquoten bei der Eingabe des Suchbegriffs *Bertolt Brecht* bei verschiedenen Suchmaschinen?
- Ihr möchtet Genaueres über das Leben von Bertolt Brecht erfahren, speziell über seine Herkunft. Welche Suchbegriffe wären hilfreich?
- Ihr seid auf der Suche nach Werken des Autors. Nennt drei Titel. Wie seid ihr fündig geworden?
- Ein bekanntes Gedicht von Bertolt Brecht heißt „Der Radwechsel". Wie geht ihr vor, um es zu finden? Vergleicht die Qualität der Ergebnisse. Schaut z.B., ob Quellen genannt werden, wann und wo dieses Gedicht erschienen ist.
- Bertolt Brecht gründete in Berlin das „Theater am Schiffbauerdamm". Findet heraus, was dort gerade gespielt wird und wann (Datum, Uhrzeit). Notiert, welche Suchbegriffe ihr verwendet habt.

b Tauscht euch über die Ergebnisse eurer Recherche aus.

- Wie seid ihr jeweils vorgegangen? Welche Suchbegriffe habt ihr verwendet?
- Was hat euch Schwierigkeiten bereitet, was fiel euch leicht?
- Worin liegen die Vorteile und Nachteile des Internets für die Informationsbeschaffung im Vergleich z.B. zum Besuch einer Bücherei?

c Sammelt, ausgehend von euren Erfahrungen mit der Recherche zu Bertolt Brecht, Surftipps für eine effektive Suche.

d Veranstaltet einen Surfwettbewerb.
Wer findet am schnellsten die besten Informationen? Bildet Teams und sucht im Netz nach Informationen zu einem vorab festgelegten Thema. Ihr könnt auch Themen aus anderen Unterrichtsfächern wählen.

Das Internet nutzen   115

4 a Das Internet erfreut sich ungeheurer Beliebtheit und dennoch gibt es auch mögliche Kritikpunkte. Lies dazu folgende Aussagen:

> Nur weil auf einmal alle Informationen abrufbar sind, man praktisch alles wissen kann, heißt dies noch lange nicht, dass es auch verstanden wird. Manche drucken sich einfach komplett ein fertiges Referat zu einem Thema aus und lesen es ab – verstanden haben sie aber nichts wirklich.

> Die ständig aufblinkende Werbung nervt absolut.

> Wenn man seine persönliche Daten eingeben soll, z. B. beim Anmelden bei E-Mail-Diensten, kann damit Missbrauch betrieben werden.

> Oft kommt es vor, dass Fenster mit rechtsradikalen, Gewalt verherrlichenden oder pornografischen Inhalten aufgehen. Mal davon abgesehen, dass es ärgerlich ist, sie immer wegklicken zu müssen, ist es eine Schande, dass Kinder und Jugendliche damit unbeabsichtigt konfrontiert werden.

> Internet – das ist für manche schon eine Sucht. Viele leben fast nur noch in virtuellen Welten und haben nur noch Online-Freunde und Chat-Gespräche. Von wegen „always online" – eher „always lonely!".

b Welche Kritikpunkte werden in den Aussagen deutlich? Notiere Oberbegriffe/Überschriften.

c Gibt es weitere Kritikpunkte? Berichte von deinen Erfahrungen und ergänze die Sammlung.

d Diskutiert, inwiefern die Kritikpunkte berechtigt sind oder nicht. Nimm Stellung zu einem und verdeutliche deine Ansicht mit einem Beispiel.

e Welche Möglichkeiten gibt es, die genannten möglichen Probleme anzugehen? Bildet Gruppen, die sich je einen Kritikpunkt vornehmen und eine Liste mit Lösungsmöglichkeiten zum „Smart Surfen" erarbeiten.

„Klick mit Durchblick" – Wir organisieren einen Internetworkshop

1. Projektidee
Ihr seid heute oftmals der älteren Generation um Längen voraus, wenn es um das Internet geht. Es wäre doch toll, wenn ihr eure Kenntnisse und Fähigkeiten weitergeben könntet. Wie wäre es, wenn ihr einen Workshop anbieten würdet, bei dem ihr als Experten für das Internet beratend und vorführend tätig seid?

2. Planung und Durchführung
Folgende Schritte erleichtern euch bestimmt den Weg von der Idee bis zur Realisation eines Workshops.

1. Fertigt einen Cluster an, in dem ihr alle Möglichkeiten sammelt, die das Internet bietet. Denkt auch an mögliche negative Aspekte.

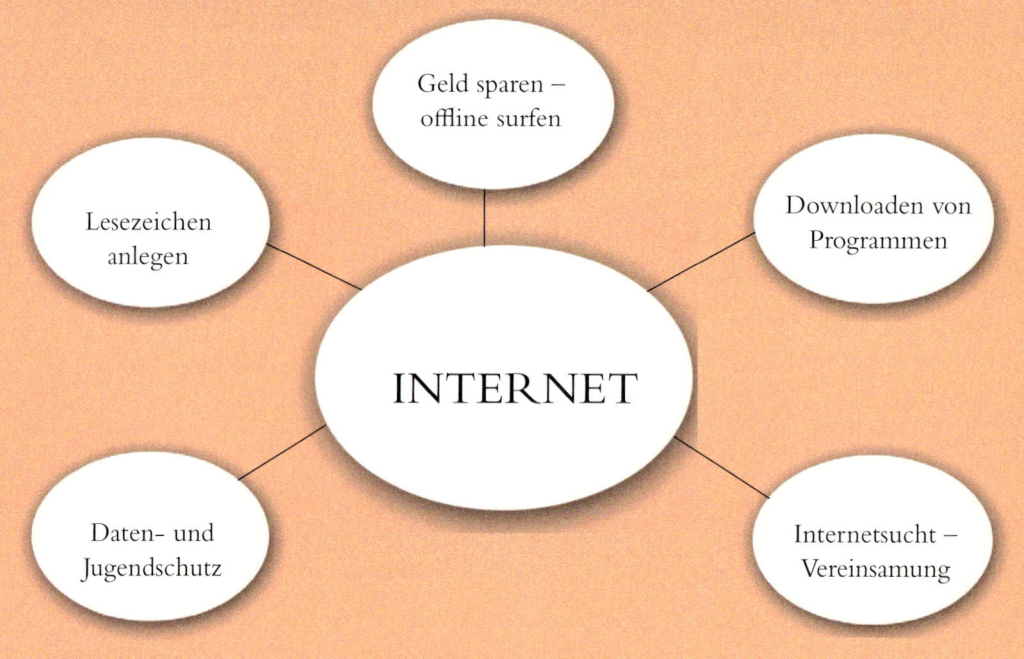

Cluster INTERNET:
- Geld sparen – offline surfen
- Lesezeichen anlegen
- Downloaden von Programmen
- Daten- und Jugendschutz
- Internetsucht – Vereinsamung

2. Entscheidet gemeinsam, auf welche Aspekte ihr näher eingehen wollt. Folgende Fragen können euch helfen.
   - Gibt es spezielle Angebote, die besonders für Schülerinnen/Schüler von Interesse sind?
   - Was könnte Lehrkräfte speziell interessieren?
   - Welche Kenntnisse sollten Eltern über den Umgang mit dem Internet haben?

Projektidee: Wir organisieren einen Internetworkshop

3. Tauscht euch darüber aus, wer von euch welches der ausgewählten Themen betreuen möchte, und bildet Expertengruppen.

4. Jede Expertengruppe sammelt Ideen für ihr spezielles Thema.
   - Wie könnt ihr euer Thema der Zielgruppe (jüngere Schüler, Eltern und Lehrkräfte) am besten näherbringen?
   - Gibt es einfache und anschauliche Beispiele aus dem Internet, mit deren Hilfe ihr euer Thema gut vorstellen und erläutern könnt?
   - Wie könnt ihr die Besucher interaktiv miteinbeziehen?

5. Erprobt den Workshop zunächst in eurer Klasse: Eine Expertin/ein Experte bleibt jeweils am Computer, die anderen aus der Gruppe begeben sich zu jeweils anderen Experten und lassen sich dort beraten. Besprecht anschließend, was euch gut oder weniger gefallen hat, und tauscht untereinander Verbesserungstipps aus.

6. Erstellt gemeinsam ein Programm oder eine Schautafel, in der alle Expertengruppen eures Workshops aufgeführt werden. Auch ein Glossar mit den wichtigsten Internetfachwörtern sowie Erklärungen erleichtert den Besuchern sicher den „Klick mit Durchblick".

Projektidee: Wir organisieren einen Internetworkshop

Glossar

Akronym *– Akronyme sind Abkürzungen, die sich zumeist aus den Anfangsbuchstaben eines Ausdrucks zusammensetzen, z. B. URL für „Uniform Ressource Locator" oder BRB für „Be Right Back" („Bin gleich zurück").*

Attachment *attachment (engl. Anhang) – ein Dateianhang einer E-Mail, z. B. eine Grafik, ein Textdokument oder ein kleines Programm. In solchen Dateien kann aber auch ein Virus versteckt sein.*

Bookmark *(Lesezeichen) …*

…

3. Projektpräsentation

Überlegt gemeinsam, wann Eltern, Lehrkräfte und andere Schülerinnen/Schüler am besten Zeit haben, um euren Workshop zu besuchen. Bittet die Schulleitung und Informatiklehrkräfte um Unterstützung für euer Vorhaben. Damit die Besucher sich besser orientieren können, ist es sicher hilfreich, wenn ihr Schilder an den jeweiligen Expertenplätzen aufstellt.

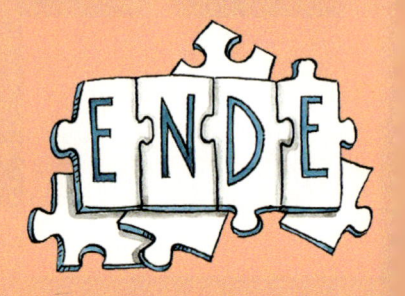

Abschlusstraining

Einen literarischen Text interpretieren

Aufgabe: Gib den Inhalt des Gedichts wieder und schreibe eine Interpretation.
Arbeitshinweis: Erkläre auch, wie die Aussagen verdeutlicht werden.

Idylle

Von Vergänglichkeit wird nicht geredet.
Auch der Waffenstillstand vom Montag
ist schon am Dienstag gebrochen.
Wie leicht fliegt die Leuchtmunition
5 über den Bildschirm, wie hübsch
das Phosphorgrün der Raketen
bei Nacht.
Morgens sind die Gesichter der Toten
mit Tüchern bedeckt, die Gesichter
10 der Lebenden mit den Händen.
Einer wird gewinnen, verspätet.
Wir warten, todsicher
in der ersten Reihe.

*Dagmar Nick,
geschrieben am 11.7.1992*

1. Was musst du kennen?
Mögliche Elemente einer Gedichtinterpretation: Bildsprache (Metaphern, Symbole, Vergleiche) und weitere Stilmittel, Schlüsselwörter, Wortwahl, Grammatik, Aufbau, Überschrift, Metrum, Rhythmus und Reim

➡ *S. 76: Einen literarischen Text lesen und verstehen.*

2. Wie kannst du beginnen?
Notiere deinen ersten Eindruck oder Fragen zu Unverständlichem. Suche Schlüsselwörter (Wortfelder) oder erschließe den Aufbau durch Zwischenüberschriften.

3. Wie solltest du vorgehen?
- Lies das Gedicht mehrmals.
- Formuliere schriftlich Fragen, die sich dir stellen.
- Suche Auffälligkeiten des Textes (siehe 1.) und notiere diese.
- Versuche, die gefundenen Auffälligkeiten zu erklären und in einen Zusammenhang mit der möglichen Aussageabsicht der Autorin zu bringen.
- Schreibe eine Interpretation mit Einleitung, Hauptteil und Schluss. Belege deine Aussagen mit Zitaten.

Über Sprache nachdenken

Sprache im Wandel

Einflüsse auf die deutsche Sprache im Lauf der Geschichte

1. Sammle deutsche Wörter, die dem Lateinischen entnommen sind, und liste diese auf. Du kannst ein Wörterbuch zu Hilfe nehmen.

2a. Finde zu folgenden zwei Merksätzen Beispiele. Verwende ein Wörterbuch.

> 1. Durch die Übernahme der französischen Infinitivendung *-ier* wurden mithilfe des Suffixes *-ieren* neue Verben aus Substantiven und Adjektiven gebildet, z.B. *marschieren*.
> 2. Die Endung *-ei* wurde ebenfalls aus dem Französischen entlehnt und an deutsche Wortstämme gebunden, z.B. *Zauberei*.

b. Prüfe mithilfe deiner Beispiele, welche Bedeutung die Endung *-ei* hat und in welcher Weise sie die Bedeutung des Grundworts verändert.

3. Ordne die folgenden Wörter ihren ursprünglichen Sprachen zu. Nutze ein Wörterbuch.
   - Teint
   - Granate
   - Note
   - Ballett
   - Gelee
   - Kapitän
   - Klient
   - Aula
   - Etage

Das Deutsche wurde und wird durch andere Sprachen beeinflusst und verändert.

In der **althochdeutschen Periode** unserer Sprache (750-1050) kam es zu vielen Entlehnungen aus dem Lateinischen in den Bereichen Kloster, Schule, Koch- und Buchkunst, z.B.:
lat.: *templum*, ahd.: *tempal*, nhd.: *Tempel*
lat.: *tincta*, ahd.: *tincta*, nhd.: *Tinte*

In der **mittelhochdeutschen Periode** (1050-1350) dominierten die Einflüsse aus dem Französischen, besonders im Bereich des ritterlichen Lebens, z.B.:
altfrz.: *t(o)urnei*, mhd.: *turnier*, nhd.: *Turnier*
altfrz.: *pancier (Rüstung)*, mhd.: *panzier*, nhd.: *Panzer*

Einflüsse auf die deutsche Sprache im Lauf der Geschichte

In der **neuhochdeutschen Periode** (ab 1350) gab es wieder Einflüsse aus dem Lateinischen im Bereich der Wissenschaften, des Rechtswesens, der Musik und des Bildungswesens. Aus dem Italienischen und Spanischen wurden Wörter aus den Bereichen Handel, Seefahrt, Militär übernommen, und ab dem 17. Jh. gewann das Französische wieder verstärkt Einfluss auf die deutsche Sprache, insbesondere auf die Bereiche gesellschaftliche Vergnügungen, Küche, Kleidung.
Man unterscheidet Lehn- und Fremdwörter. Bei Lehnwörtern ist die eigentliche Herkunft nicht mehr zu erkennen, bei Fremdwörtern jedoch schon.

4a Im 17. Jahrhundert gab es Bestrebungen, Einflüsse aus anderen Sprachen auf das Deutsche zu verhindern bzw. rückgängig zu machen. So genannte Sprachgesellschaften wie z.B. die „Fruchtbringende Gesellschaft" (1617) setzten sich für deutsche Entsprechungen von Lehnwörtern und Fremdwörtern ein.
Welche der folgenden Vorschläge haben sich durchgesetzt, welche nicht?

- Autor – Verfasser
- Kloster – Jungfernzwinger
- Adresse – Anschrift
- Fenster – Tagesleuchter
- Bibliothek – Bücherei

b Mach „Übersetzungs"-Vorschläge für die folgenden Fremdwörter.

- Detail
- Rendezvous
- Epigramm
- Guillotine
- Universum
- Verb
- Karikatur
- Horizont
- Parterre
- Methode

5a Bestimmt die heutige Bedeutung der folgenden Wörter. Jede Gruppe kümmert sich um ein Wort.

- antun
- Billet
- Braut
- betucht
- Frauenzimmer
- fromm
- flunkern

b Recherchiert in eurer Gruppe eventuelle frühere Bedeutungen des ausgewählten Begriffs aus Aufgabe a. Verwendet ein Herkunftswörterbuch (etymologisches Wörterbuch) oder sucht im Internet nach Informationen.

c Stellt die Ergebnisse eurer Suche der Klasse vor. Beschreibt die Bedeutungsveränderungen. Stellt Vermutungen über die Gründe an.

Sprache im Wandel

Entwicklungen in der Gegenwartssprache

1 a In Gesprächen verwendest du sicher häufig Fachwörter. Viele davon sind aus dem Englischen übernommen. Wähle zwei Bereiche aus und notiere möglichst viele Fachwörter dazu.

- Mode
- Medien
- Sport
- Musik
- Bildungswesen
- Medizin

b Tauscht anschließend eure Ergebnisse mit eurer Lernpartnerin/eurem Lernpartner aus. Erkläre nun die Bedeutung ihrer/seiner Wörter und bestimme deren Herkunft. Nimm gegebenenfalls ein Wörterbuch zu Hilfe.

c Zur Auswertung lies deiner Lernpartnerin/ deinem Lernpartner die Bedeutung der Wörter vor und diese/dieser muss die dazu passenden Fachwörter erraten.

> Auch heute werden Wörter aus anderen Sprachen, vor allem aus dem Englischen, in die deutsche Sprache übernommen. Dies können Wendungen aus einer Fachsprache (z.B. Mode, Technik) oder aus der Alltagssprache sein. Wenn die Begriffe internationale Verbreitung finden, nennt man sie **Internationalismen**.

S. 172: Fremdwörter.
S. 161: Wortbedeutung.
S. 97: Fachtexte lesen und verstehen.

2 a Lies den folgenden Ausschnitt einer Glosse, die auf Deutsch geschrieben ist, aber fast ohne deutsche Wörter auskommt.

> Morgens Warm-up und Stretching, dann einen Teller Cornflakes und einen Soft-Drink oder Darjeeling Tea, dann ins Office – und schon Brunch mit Top-Leuten …

b Wie lautet der Satz, wenn du alle Anglizismen durch deutsche Begriffe ersetzt?

c Schreibe den Text aus Aufgabe a weiter. Verwende möglichst viele Internationalismen. Wie wirkt der Text auf dich?

d Diskutiert in der Klasse über die verstärkte Verwendung von Internationalismen im heutigen Deutsch.

Entwicklungen in der Gegenwartssprache

3 a Mit der Zunahme von Internationalismen schleichen sich Fehler in die deutsche Rechtschreibung ein, die nicht auf die Wörter beschränkt bleiben, die wir aus anderen Sprachen übernehmen. Betrachte die folgende Illustration. Suche die Fehler auf den Schildern.

b Stelle eine Regel auf, die du den Falschschreibern geben könntest, damit diese einen solchen Fehler nicht mehr machen.

4 Setzt euch in eurer Gruppe mit einer der folgenden Thesen auseinander und wägt Pro und Kontra anhand von weiteren Beispielen ab.

These 1: Da junge Verbraucher eine Konsum-Macht darstellen, übernimmt und verwendet die Werbung oft verbale Neuerungen der jungen Generation. Durch die Medien gelangen diese häufig in die Alltagssprache. *(Is'cool, man!)*

These 2: Nur Sprachen mit Prestigecharakter „färben" ab. Trotz Millionen türkischer Mitbürger/-innen und trotz Wiedervereinigung findet man weder türkische Begriffe noch Wortschöpfungen aus der ehemaligen DDR im heutigen Deutsch.

These 3: Die Bedeutungen von Wörtern aus dem Englischen werden häufig verändert oder fehlerhaft angewandt. *(Mädchen tragen einen body statt bodysuit; mobile phone wird zum handy, obwohl es dieses Substantiv im Englischen nicht gibt.)*

b Stellt eure Ergebnisse der Klasse vor und diskutiert diese.

➥ *S. 6: Miteinander diskutieren – einen Standpunkt vertreten.*

5 Die deutsche Sprache ist nicht nur äußeren Einflüssen durch andere Sprachen unterworfen, sondern verändert sich auch im „Inneren". So wird ihr Wortschatz ständig erweitert,

Sprache im Wandel

z.B. durch Wort(stamm)bildung, bei der bereits vorhandene Wörter neu kombiniert werden, z.B.:

- Datenbank
- Robbensterben
- kostendämpfend
- hautfreundlich
- knitterarm

Sammle weitere Beispiele für solche Neuschöpfungen.

6 a Der Gebrauch der Fälle im Deutschen, speziell von Genitiv und Dativ, hat sich im Lauf der Zeit geändert. Zeige anhand der folgenden Beispiele, was sich geändert hat. Suche weitere Beispiele in Zeitungen und Zeitschriften.

- Rückkehr zum Planet der Affen
- die Schier von meinem Bruder
- in der zweiten Hälfte des April

b Begründe den veränderten Gebrauch.

7 Da die Sprache im Alltag möglichst leicht handhabbar sein sollte, kommt es immer wieder zu Vereinfachungen. Suche zu den folgenden drei Beobachtungen weitere Beispiele.

1. Bei den Verben ist die Hinwendung vom starken zum schwachen Verb zu beobachten, z.B. *gärte* statt *gor*, *glimmte* statt *glomm*, *triefte* statt *troff*.
2. Bei der Verwendung des Imperativs heißt es heute häufiger *-e-* anstelle von *-i-*, z.B. *Helf mir mal!* statt *Hilf mir mal!*
3. Auch wird im Imperativ Singular meist das Schluss-*e* weggelassen, z.B. *Lauf!*, *Schreib!*

> Die Entwicklungen in der Gegenwartssprache sind gekennzeichnet durch
> - Wortschatzerweiterung,
> - Wortneuschöpfungen,
> - den langsamen Wegfall der Kennzeichen des Genitivs und Dativs,
> - den Übergang vom starken zum schwachen Verb,
> - die veränderte Verwendung des Imperativs.

Mit verschiedenen Sprachen leben

Mehrere Sprachen sprechen

1 Betrachte folgenden Witz. Welche Haltung mancher Deutscher wird in diesem Witz aufs Korn genommen?

Ein deutscher Fahrgast wirft sich in ein Taxi, dessen Fahrer ein Türke ist.
„Nach Aldi", verlangt der Fahrgast.
„Zu Aldi", korrigiert der Türke.
Darauf der Fahrgast ganz erstaunt:
„Wat denn, schon zu Aldi?
Is doch erst halb sechs!"

2 Welche Sprachen sprechen die Schülerinnen und Schüler in deiner Klasse? In welchen Ländern werden diese Sprachen gesprochen?
Sammle die Ergebnisse an der Tafel.

3 Schüler unterschiedlicher Altersstufen haben einen Fragebogen zu ihren Sprachkenntnissen beantwortet. Welche Aussagen wurden dabei gemacht? Diskutiere über die Aussagen.

„Ich finde es blöd, dass meine Eltern nur wenig Deutsch sprechen. Zu Hause muss ich immer nur Vietnamesisch sprechen. Das kann ich nicht so gut."

„Ich habe Deutsch erst hier gelernt und habe immer noch Schwierigkeiten mit der Grammatik. Dann lachen die anderen über mich."

„Man kann sich mit seinen Freunden über Dinge unterhalten, die die anderen nicht verstehen sollen."

„Ich finde es toll, zwei Kulturen zu kennen und mich in beiden verständigen zu können."

a Ihr könnt selbst eine Fragebogenaktion in eurer Schule durchführen.
Erstellt gemeinsam einen Fragebogen, um herauszufinden, wie viele verschiedene Sprachen und Kulturen an eurer Schule vertreten sind. Dieser könnte so aussehen:

Mit verschiedenen Sprachen leben

> Wo bist du geboren? Stadt/Land
> ....
>
> Woher kommen deine Eltern? Stadt/Land
> ....
>
> Welche Sprachen sprichst du?
> 1. .... 2. ....
>
> Wie schätzt du deine Kenntnisse in dieser/diesen Sprache(n) ein?
> ☐ gut ☐ einigermaßen ☐ kaum
> ☐ gut ☐ einigermaßen ☐ kaum
>
> <u>Wenn du mehr als eine Sprache sprichst:</u>
>
> Was sind die Vorteile deiner Mehrsprachigkeit?
> ....
> ....
> …
>
> Welche Schwierigkeiten siehst du in deiner Mehrsprachigkeit?
> ....
> ....
> …

⚠ Achtet darauf, den Fragebogen deutlich als anonym zu behandeln, damit die Befragten ohne Scheu zu ihrer Situation Stellung nehmen können.

b Wertet die Fragebogenaktion aus. Ihr könnt die Ergebnisse in der Schülerzeitung oder im Internet veröffentlichen.

c Vergleicht die Aussagen, die ihr erhalten habt, mit den Aussagen in Aufgabe 3. Welche Gemeinsamkeiten, welche Unterschiede erkennt ihr?

➔ *S. 132/133: Hier findet ihr ein Projekt zu diesem Thema.*

5 a Das folgende Gedicht stammt von Francesco Micieli. Er wurde 1956 in einem von Albanern bewohnten Dorf in Italien geboren und lebt seit seinem 10. Lebensjahr in der deutschsprachigen Schweiz. Lies sein auf Deutsch geschriebenes Gedicht zunächst still für dich.

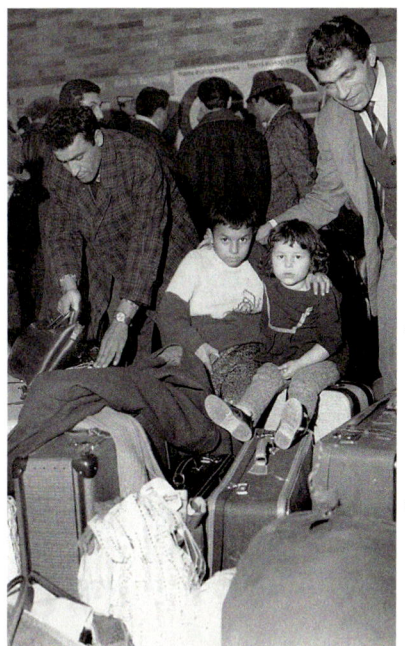

Meine Eltern sind gekommen.
Sie haben Ferien.
Sie sind schön angezogen
und haben viele Geschenke mitgebracht.
5 *Mein Bruder und ich dürfen Fleisch aus Büchsen*
essen.
Eine Kuh ist darauf gezeichnet.
Im Ausland gibt es viel Fleisch,
sagt meine Mutter.
10 *Wir nehmen euch jetzt mit. Dann könnt ihr jeden*
Tag Fleisch essen.
Sie weint.
...
Ich will nicht mit meinen Eltern
15 *ins Ausland gehen.*
Ich will bei Großmutter
und Großvater bleiben.
Sie sind jetzt meine Eltern.
...
20 *Der Bus steht da, der Motor läuft.*
Großvater weint.
Ich habe ihn noch nie weinen sehen.
Er ist doch ein Held.
Er hat den Krieg mitgemacht, in Abessinien.
25 *Wir kommen bald zurück, sagt mein Vater,*
ja, sehr bald,
denn wir werden Geld haben
und jeden Tag Fleisch essen.
Großvater hört nicht zu. Sein Blick ist finster.
30 *Gott will es so,*
sagt der Pfarrer. Wir sind ein armes Land.
Der Bus fährt weg. Großvater bewegt sich nicht.
...
Jetzt bin ich im Ausland.
35 *Es ist Winter.*
Alles ist voll Schnee.
Ich kann schon ein Wort in der fremden Sprache.
Salü.

Mit verschiedenen Sprachen leben

b Welches Problem/Welche Probleme spricht der Autor an?

c Untersuche das Gedicht genauer und beantworte folgende Fragen:
Warum haben die Eltern des Ich-Erzählers ihr Heimatland verlassen?
Wie empfindet er den Abschied bzw. die Ankunft?
Wie wirkt der Text auf dich?
Was bedeutet „Salü"? Kannst du dir erklären, warum dies das erste Wort ist, das er gelernt hat?

➡ S. 76–92: *Literarische Texte lesen und verstehen.*

d Viele Menschen verlassen aus politischen oder wirtschaftlichen Gründen ihr Heimatland. Was sind deiner Meinung bzw. deiner Erfahrung nach bei einem solchen Umzug in ein fremdes Land die größten Schwierigkeiten?

> In Deutschland leben viele Menschen, die außer Deutsch noch eine oder mehrere Sprachen sprechen. Diejenigen, deren Eltern oder Großeltern ursprünglich nicht aus Deutschland kommen, sprechen meist Deutsch und die Sprache ihrer Eltern bzw. Großeltern. Sie haben bisweilen nicht Hochdeutsch, sondern einen regionalen Dialekt gelernt. Probleme können für sie entstehen, wenn sie zu wenig Sprachpraxis in einer ihrer beiden Sprachen haben.

6 a Erinnere dich an Situationen im Alltag, in denen die Verständigung aufgrund von Sprachproblemen nicht funktioniert hat. Beschreibe eine Situation.

b Wie wurde das Problem gelöst?

c Diskutiert, wie man mit Sprachproblemen umgehen sollte. Zeigt Lösungen auf.

➡ S. 6: *Miteinander diskutieren – eine Meinung vertreten.*

7 a Lies den folgenden Leserbrief. Wen bezeichnet die Autorin als „Sprachlose"?

> Die Ausländer in Deutschland haben ein Identitätsproblem. Ist die zweite Generation Ausländer deutsch oder türkisch? Die meisten fühlen sich wie keines von beiden. Sie nennen sich die „Heimatlosen" und „Sprachlosen". Sie fühlen, dass sie ihre Muttersprache nicht mehr sprechen können, aber auch, dass sie keine Chance haben, eines Tages deutsch zu sein. Die Deutschen behaupten, dass Deutschland eine multikulturelle Gesellschaft sei. Darunter verstehen sie wohl, dass man gleichgültig nebeneinander her lebt.
>
> Ayse T.

b Was sagt der Text über die rechtliche Situation (vor allem) junger Ausländer?

Mehrere Sprachen sprechen

c Diskutiert über die Meinung der Leserbriefschreiberin.

8 a Selbst für „Erstsprecher" hat die deutsche Sprache manchmal Tücken. Für Menschen, die Deutsch als Zweitsprache lernen, gilt dies noch mehr.
Lies den folgenden Brief. Welche Fehler macht der japanische Geschäftsmann?

b Wie haben die Mitarbeiter der deutschen Firma wohl herausgefunden, was ihre japanischen Geschäftspartner wollen?

> Tanaka Shokuhin Co. LTD
> 2chome, Higashikannon-cho
> Hiroshima – Japan
>
> Firma Zoller-Maschinenbau
> Bergstraße 113
> 04314 Leipzig
> 08.01.2005
>
> Sehr geehrte Herren,
>
> wir jetzt Deutsch schreiben
> Weil wir jetzt haben einen Deutsch-Meister und bestehlen
>
> 50 Runde Sofas
>
> so umgehend wie geschwind.
>
> Mit freundlichen Grüßen
> M. Shokuhin

Was will der..??
Vermutlich 50 Kugellager!!

9 a In der folgenden Übersicht siehst du, welche Bereiche der Rechtschreibung, Grammatik und Wortbedeutung beim Deutschlernen besondere Schwierigkeiten machen.

Rechtschreibung	Grammatik	Wortbedeutung
• Vokallänge, z.B. *ie*	• Deklination von Adjektiven (überhaupt die Fälle)	• Redewendungen
• *s / ss / ß*	• Stellung des Verbs im Satz	• zusammengesetzte Wörter, z.B. *Auslandsfahrkartenreservierungsschalter*
…	…	…

b Was findest du an der deutschen Sprache schwierig? Ergänze die Tabelle.

10 a So schwer das Erlernen der deutschen Sprache manchem fällt, der nach Deutschland gekommen ist, so schwer fällt manchem deutschsprachig Aufgewachsenen das Erlernen einer Fremdsprache wie Englisch oder Französisch. Vor allem der Gebrauch von Redewendungen und Sprichwörtern ist im Englischen (und Französischen) nicht immer einfach.
Erstellt in der Gruppe eine Liste von bekannten Sprichwörtern und Redewendungen des Deutschen, z.B. „alles auf eine Karte setzen", „unter einer Decke stecken", „Morgenstund hat Gold im Mund".

b Versucht, die aufgelisteten Sprichwörter und Wendungen mithilfe von Fremdwörterlexika ins Englische (Französische) zu übersetzen. Bittet eure Lehrerin/euren Lehrer um Hilfe.

Mit verschiedenen Sprachen leben

11 Überlege, welche Rolle Fremdsprachen in der Berufswelt spielen.
Nenne Berufe, bei deren Ausübung das Sprechen einer Fremdsprache notwendig ist, und erläutere, warum.

12 Stelle dir vor, du müsstest bei einem Vorstellungsgespräch einen Teil des Gesprächs auf Englisch führen, da die Personalleitung der Firma deine Sprachkenntnisse ganz konkret nachprüfen will.
Bereite dich mit deiner Lernpartnerin/deinem Lernpartner auf ein solches Gespräch vor. Erkläre auf Englisch, wie du deine Freizeit verbringst. Frage gegebenenfalls deine(n) Englischlehrerin/Englischlehrer.

→ S. 71: *Ein Vorstellungsgespräch führen.*

> In deutschen Schulen gehören **Fremdsprachen** selbstverständlich zum Unterrichtsstoff, v.a. Englisch und Französisch. Dass das Sprechen von Fremdsprachen heute wichtiger als je zuvor ist, merkt man sicher nicht nur im Urlaub. Auch Fachbücher und Computerspiele kommen nicht ohne einen hohen Anteil fremdsprachigen Wortgutes aus. Auch im Hinblick auf das Berufsleben ist es notwendig, mindestens eine Fremdsprache zu sprechen, um im Wettbewerb um Ausbildungsplätze mithalten zu können.

Sprachen im geeinten Europa

1 a In Europa fand schon im 17./18. Jahrhundert ein reger Sprachaustausch statt. Vor allem Adlige in Deutschland konnten kaum oder nur unvollkommen Deutsch sprechen, da sie das „vornehmere" Französisch bevorzugten.
Lies dazu, wie zwei berühmte Staatsmänner zur deutschen Sprache standen.

> Kaiser Karl V. sagte einmal von sich selbst: „Mit meinen Rittern spreche ich Französisch, mit meinen Freunden rede ich Italienisch. Deutsch plaudere ich mit meinen Pferden."

> Friedrich II. (der Alte Fritz) beherrschte Deutsch nur schlecht, las mit Vorliebe französische Bücher und schrieb eigene Texte hauptsächlich auf Französisch.

b Frage deine(n) Geschichtslehrerin/Geschichtslehrer oder schaue in einem Lexikon/im Internet nach, wer die oben genannten Personen waren.

c Inwiefern erklärt die Herkunft Karls V. seine Haltung zur deutschen Sprache? Welche historischen Umstände ließen Friedrich den Großen so „schlechtes" Deutsch sprechen?

Sprachen im geeinten Europa 131

2 a Die Erweiterung der EU auf 25 Staaten im Jahr 2004, denen noch weitere folgen sollen, bringt es mit sich, dass neue Sprachen und neue Kulturen – vor allem aus Osteuropa – das Bild des vereinten Europa noch bunter werden lassen.

Bringe in Erfahrung, welche Länder zur EU zählen und welche Sprachen dort gesprochen werden.

b Recherchiere mithilfe der Bibliothek und des Internets, wann und mit welchen Zielen die EU gegründet wurde. Welche Länder gehörten schon von Beginn an zu diesem Staatenbündnis? Welche Sprachen werden dort gesprochen?

c Welches sind die Amtssprachen innerhalb der EU?

d Welche Zukunft siehst du für die „kleinen" Sprachen innerhalb der EU? Diskutiert darüber.

➔ *S. 6: Miteinander diskutieren – eine Meinung vertreten.*

3 „Lernt Sprachen!" – Gestaltet ein fantasievolles Werbeplakat oder eine überzeugende Broschüre mit diesem Slogan. Werbt damit für einen Fremdsprachenkurs oder ein neues Sprachfach in der Schule.

Folgende Tipps können euch dabei helfen:
- Überlegt zunächst in der Gruppe, welche Argumente am meisten überzeugen, warum jeder heutzutage mindestens eine Sprache neben seiner Muttersprache in Wort und Schrift beherrschen sollte.
- Eure Ideen können auch witzig sein, denn sie sollen Aufmerksamkeit erregen – ihr müsst euch dabei nicht ausschließlich auf die „großen" Sprachen wie Englisch oder Französisch beschränken. Wie könnte man z.B. jemanden überzeugen, unbedingt Estnisch lernen zu wollen?
- Hängt eure Ergebnisse im Klassenraum aus und bewertet sie. Welche Argumente und welche Gestaltung überzeugen am meisten?

Verschiedene Sprachen sprechen

1. Projektidee

Bringt in Erfahrung, wie viele Schülerinnen/Schüler an eurer Schule einen zweisprachigen Hintergrund haben. Ausgehend von euren Ergebnissen, wäre es ein lohnendes Projekt, mehr über Kultur und Sprache der entsprechenden Herkunftsländer zu erfahren. Dazu könntet ihr einen Abend organisieren, auf dem ihr die Sprache und die Bräuche eines oder mehrerer Länder vorstellt.

2. Planung und Durchführung

1. Überlegt gemeinsam, was eure Zuschauerinnen/Zuschauer interessieren könnte. Wählt aus folgenden Vorschlägen zur Gestaltung von Programmpunkten aus oder formuliert eigene.

   - Sammelt Sprichwörter, die bestimmte „Alltagsweisheiten" widerspiegeln; z.B. *Kommt Zeit, kommt Rat. Morgenstund hat Gold im Mund.* Wie lauten solche und andere Sprichwörter in anderen Sprachen? Greift auch auf euren Fremdsprachenunterricht zurück. Ihr könnt auch umgangssprachliche Wendungen nehmen, z.B. *sich den Kopf zerbrechen, die Flinte ins Korn werfen*.
   - Was waren früher eure Lieblingsmärchen? Gibt es Gemeinsamkeiten zwischen den deutschen Märchen und den Märchen aus anderen Ländern? Spielt oder erzählt auch Märchen in fremden Sprachen. Wenn es Schülerinnen/Schüler gibt, die gerne singen, könnt ihr auch Volkslieder singen.
   Über die Sprache und die Literatur hinausgehend, könnt ihr auch andere Lebensbereiche vergleichen, z.B.:
     – Welche Gesellschaftsspiele oder Bewegungsspiele sind in Deutschland beliebt? Welche Spiele spielt man in anderen Ländern?
     – Welche Bräuche (Fest- und Feiertage) feiert man wie in Deutschland bzw. in anderen Ländern? Gibt es spezielle Kleidung dafür, z.B. weiße Brautkleider?
     – Welche Speisen sind typisch? Es wäre toll, möglichst viele verkosten zu können.

2. Verteilt die anstehenden Aufgaben:

   - Wer ist für welchen Programmpunkt verantwortlich?
   - Wer übernimmt die Moderation und führt durch den Abend? Führt eine „Vorsprechprobe" durch.
   - Wer kümmert sich um Termin, Ort, Gestaltung des Raumes/der Räume? Sprecht mit der Schulleitung. Sprecht auch die Hausmeisterin/den Hausmeister an.

Projektidee: Verschiedene Sprachen sprechen 133

- Wer ist für die Werbung (Plakate, Einladungen, Lokalzeitung) zuständig? Sprecht eure Kunstlehrerin/euren Kunstlehrer an. Bedenkt dabei: Wen will das Programm erreichen (Mitschülerinnen/Mitschüler, Eltern, Lehrerinnen/Lehrer, Gäste aus anderen Schulen …)?
- Wer sammelt Spenden für einen kleinen Kostenbeitrag für die Speisen und andere Ausgaben? Denkt in diesem Zusammenhang auch über mögliche Eintrittskarten nach.

Sprecht auch zweisprachige Schülerinnen und Schüler aus anderen Klassen an und bittet sie um Mithilfe. Fragt Eltern, Großeltern, Verwandte. Sie wissen oft mehr über ihr Herkunftsland als ihre Kinder/Enkel.
Vielleicht kann euch eine AG Darstellendes Spiel bei der Inszenierung der o. g. kleinen Szenen helfen.

3. Plant eine Probe ein, um zu sehen, ob alles inhaltlich und zeitlich zu koordinieren ist. Natürlich müssen nicht schon alle Kostproben mitgebracht werden. Die Aufgabe der Moderatorin/des Moderators sollte vorrangig darin bestehen, auf die Vielfalt und Eigenheiten der Kulturen hinzuweisen.

Übrigens, wenn ihr den Auftritt vor Publikum scheut bzw. ihr zu wenige zweisprachige Mitschülerinnen/Mitschüler an eurer Schule habt, könnt ihr eine Plakatsammlung/-ausstellung anfertigen. Themen dazu findet ihr ebenfalls in den o. g. Aufgaben.

3. Projektpräsentation

Ob euer Programm Anklang gefunden hat, werdet ihr sicher schon am Ende des Abends merken. Eine abschließende Auswertung bringt jedoch genauere Ergebnisse.

Beantwortet dazu folgende Fragen:
- Haben alle ihre Aufgaben pünktlich und zuverlässig erfüllt?
- War alles Material zur Stelle, war alles vorbereitet?
- Hat die Moderatorin/der Moderator die in sie/ihn gesetzten Erwartungen erfüllt?
- Hat euer Anliegen das Publikum erreicht?
- Was würdet ihr bei einem zweiten Versuch anders machen? Warum?

Die Wirkung von Sprache untersuchen und selbst nutzen

1 a Sprache kann in ganz unterschiedlicher Weise gebraucht werden. Lest die folgenden kurzen Texte.

Just do it.

Wie viel ein Mensch lernt, ist seine Sache. Dass er die Möglichkeit dazu hat, unsere.

Wie soll ich meine Seele halten, dass sie nicht an deine rührt? Wie soll ich sie hinheben über dich zu andern Dingen? Ach gerne möcht ich sie bei irgendwas Verlornem im Dunkel unterbringen an einer fremden stillen Stelle, die nicht weiterschwingt, wenn deine Tiefen schwingen. Doch alles, was uns anrührt, dich und mich, nimmt uns zusammen wie ein Bogenstrich, der aus zwei Saiten eine Stimme zieht. Auf welches Instrument sind wir gespannt? Und welcher Geiger hat uns in der Hand? O süßes Lied.

Damit Sie Ihr Telefon in Betrieb nehmen können, sind noch einige Handgriffe erforderlich. Die Anschlussschnur 1 hat zwei gleiche IAE-Stecker, der eine wird in die Buchse „L1" auf der Unterseite der Feststation gesteckt. Die Schnur legen Sie in den zugehörigen Kabelkanal. Den anderen Stecker stecken Sie nach dem Laden der Akku-Zellen in die IAE-Anschlussdose Ihres Telefonanschlusses.

b Bestimmt jeweils die Textart.

c Überlegt anhand der Beispieltexte, zu welchen unterschiedlichen Zwecken Sprache verwendet werden kann.

d Diskutiert, welche Wirkung der „Absender" mit dem jeweiligen Text beim Leser erzielen will. Überlegt, wo die Leserin/der Leser informiert bzw. manipuliert wird.

Die Wirkung von Sprache untersuchen und selbst nutzen

2a Folgende Rede hielt der regimekritische Schriftsteller Stefan Heym am 4. November 1989 auf dem Alexanderplatz in Berlin. Dort waren etwa 500 000 Menschen versammelt, um für Presse-, Meinungs- und Versammlungsfreiheit in der damaligen DDR zu demonstrieren. Lies zunächst die Rede Stefan Heyms.

„Liebe Freunde, Mitbürger,
es ist, als habe einer die Fenster aufgestoßen nach all den Jahren der Stagnation[1], der geistigen, wirtschaftlichen, politischen, den Jahren von Dumpfheit und Mief und bürokratischer Willkür, von amtlicher Blindheit und Taubheit. Welche Wandlung! Vor noch nicht vier Wochen: die schön gezimmerte Tribüne, hier um die Ecke, mit dem Vorbeimarsch, dem bestellten, vor den Erhabenen. Und heute ihr, die ihr euch aus eigenem freien Willen versammelt habt, für Freiheit und Demokratie und für einen Sozialismus, der des Namens wert ist.

In der Zeit, die hoffentlich jetzt zu Ende ist, wie oft kamen da die Menschen zu mir, mit ihren Klagen. Dem war Unrecht geschehen und der war unterdrückt und geschurigelt[2] worden und allesamt waren sie frustriert. Und ich sagte, so tut doch etwas. Und sie sagten resigniert, wir können doch nichts tun. Und das ging so in dieser Republik, bis es nicht mehr ging, bis es so viel Unbilligkeit angehäuft hatte im Staate und so viel Unmut im Leben der Menschen, dass ein Teil von ihnen weglief. Die anderen aber, die Mehrheit, erklärte, und zwar auf der Straße, öffentlich: Schluss, ändern, wir sind das Volk!

Einer schrieb mir – und der Mann hat Recht: Wir haben in diesen letzten Wochen unsere Sprachlosigkeit überwunden und sind jetzt dabei, den aufrechten Gang zu erlernen, und das, Freunde, in Deutschland, wo bisher sämtliche Revolutionen danebengegangen sind und wo die Leute immer gekuscht haben, unter dem Kaiser, unter den Nazis und später auch.

Aber sprechen, frei sprechen, gehen, aufrecht gehen, das ist nicht genug. Lasst uns auch lernen zu regieren. Die Macht gehört nicht in die Hand eines Einzelnen oder ein paar weniger oder eines Apparats oder einer Partei. Alle, alle müssen teilhaben an dieser Macht. Und wer immer sie ausübt und wo immer, muss unterworfen sein der Kontrolle der Bürger. Denn Macht korrumpiert[3], und absolute Macht, das können wir heute noch sehen, korrumpiert absolut.

Der Sozialismus – nicht der stalinsche, der richtige –, den wir endlich erbauen wollen, zu unserem Nutzen und zum Nutzen ganz Deutschlands, dieser Sozialismus ist nicht denkbar ohne Demokratie. Demokratie aber, ein griechisches Wort, heißt Herrschaft des Volkes. Freunde, Mitbürger, üben wir sie aus, diese Herrschaft."

Worterklärungen:
[1] Stagnation: Stillstand
[2] geschurigelt: schikaniert, gequält
[3] korrumpiert: verdirbt moralisch

b Beschreibe, wie die Rede auf dich gewirkt hat.

c Welche Mittel setzt Heym ein, um Wirkung bei der Zuhörerin/beim Zuhörer zu erzielen?

➔ S. 6: *Zu einem Problem referieren.*

Die Wirkung von Sprache untersuchen und selbst nutzen

3 a Beschafft euch Hintergrundinformationen zur Rede Heyms, z.B.
- über die Vorbereitung und den Ablauf der Demonstration am 4.11.1989,
- welche Kritik die Bürger am Staat der DDR hatten. Klärt, was mit der Aussage „die schön gezimmerte Tribüne, hier um die Ecke, mit dem Vorbeimarsch, dem bestellten, vor den Erhabenen" (Z.8–10) gemeint ist und warum die Menschen die Parole „Wir sind das Volk!" (Z.26) so begeistert aufnahmen.

Detaillierte Informationen zu den Ereignissen der „Wende" findet ihr im Internet, z.B. unter www.chronik-der-wende.de.

b Formuliert in wenigen Sätzen den Redeanlass Heyms. Nutzt dafür die Ergebnisse eurer Recherche.

4 a Stefan Heyms Rede ist sehr bewusst auf das Publikum hin gestaltet. Überlege zunächst, an welche Adressaten der regimekritische Schriftsteller seine Rede richtet.

b Auf welche Weise versucht Heym, die Menschen davon zu überzeugen, dass er als ihr Sprachrohr dient, das ihre Wünsche artikuliert? Wodurch erreicht es Heym, dass ein „Wir-Gefühl" entstehen kann?

c Welche Wirkung wird dadurch erzielt, dass er die Zuhörer mit „Freunde" und „Mitbürger" anspricht?

5 a Was möchte Heym durch seine Rede beim Publikum erreichen? Benenne zunächst seine konkreten Aufforderungen.

b Schreibe einen zusammenhängenden Text über die Redeabsicht Heyms. Belege deine Aussagen mit Textstellen.

6 a Heym verwendet in seiner Rede unterschiedliche rhetorische Mittel, durch die er das Publikum für sich gewinnen will.
Suche zunächst nach Stellen im Redetext, in denen Heym zu bildlichen Mitteln greift, und kläre Bedeutung und Wirkung dieser Metaphern.

Schreibe:

<u>Metapher:</u> Übertragung eines Sachverhalts in ein Bild
<u>Bsp. im Text:</u> „[…] als habe einer die Fenster aufgestoßen nach all den Jahren […]" (Z.2–3)
<u>Wirkung:</u> anschaulich, eindringlich

b Bestimme weitere rhetorische Mittel und überlege jeweils, welche Wirkung damit erzielt werden soll (z.B. *die Stelle wird dadurch anschaulich, unterhaltend, eindringlich, spannend*). Nimm die Übersicht zu den rhetorischen Mitteln auf Seite 137 zu Hilfe.

Die Wirkung von Sprache untersuchen und selbst nutzen

Schreibe:
Aufzählung: Aneinanderreihung von Wörtern oder Wortgruppen
Bsp. im Text: „[...] Stagnation, der geistigen, wirtschaftlichen, politischen, den Jahren von Dumpfheit und Mief [...]" (Z. 3–5)
Wirkung: Negative Aussagen werden verstärkt.

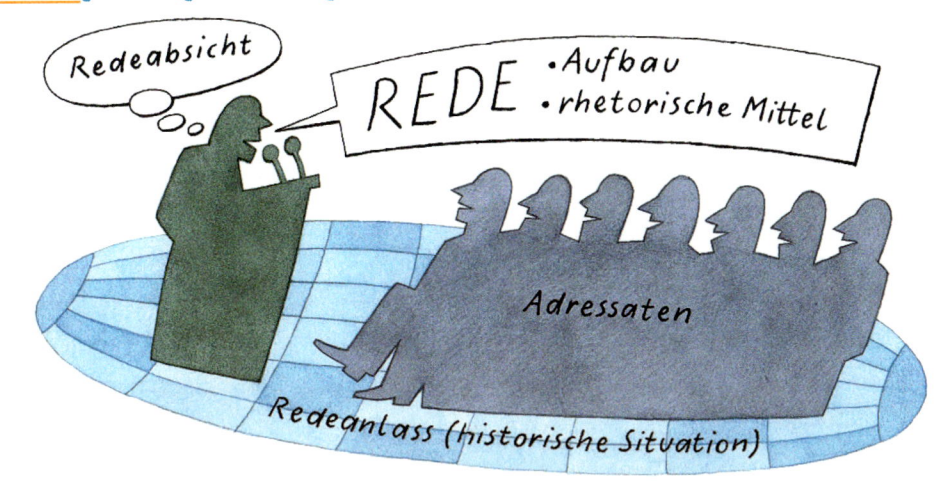

Rhetorisches Mittel	Beschreibung	Beispiel
Alliteration	Zwei oder mehrere Wörter beginnen mit demselben Anlaut.	Sie hat Sehnsucht nach Sonne und Süden.
Anapher	Dasselbe Wort oder dieselbe Wendung leitet aufeinanderfolgende Sätze ein.	Endlich ist Frühling, endlich blüht es überall.
Antithese	Gegensätzliches wird gegenübergestellt.	Heiß brannte das Feuer, eiskalt war die Nacht.
Appell	Aufforderung	Gebt uns eine Chance, unsere Unschuld zu beweisen!
Ausruf	Ausdruck eines Gefühls	Oh, was für eine Chance!
Emphase	Hervorheben eines Wortes, nachdrückliches Sprechen	Niemand, oh, niemand wird das vergessen können.
Klimax	Reihung, die sich steigert	Er ist ein Schurke, ein Dieb, ja ein Mörder.
Parallelismus	gleich gebaute, aufeinanderfolgende Sätze	Ich wollte vieles lernen. Ich wollte viel reisen. Ich wollte viel erleben.
Rhetorische Frage	Aussage als Frage getarnt (Scheinfrage), deren Antwort in der Frage enthalten ist.	Sind wir nicht fähig, selbst zu entscheiden? // Redet man so über Freunde?

Die Wirkung von Sprache untersuchen und selbst nutzen

7 a Heyms Rede hat einen klar strukturierten Aufbau. Ordne die folgenden Aussagen entsprechenden Teilen der Rede zu. Gib die entsprechenden Zeilenzahlen an.

- Heym appelliert an alle Menschen, demokratische Herrschaft auszuüben.
- Heym erläutert seine Forderungen nach einem demokratischen Sozialismus.
- Heym erläutert die frühere resignative Grundstimmung des Volks anhand von persönlichen Erfahrungen.
- Heym skizziert den Aufbruch der Gesellschaft und ihren Weg zur Mündigkeit.
- Heym formuliert das Ziel dieser Protestkundgebung und grenzt seine Vorstellung von einem „echten" Sozialismus vom real existierenden Sozialismus ab.
- Heym stellt die aktuelle politische Aufbruchssituation der DDR den Feierlichkeiten zum 40. Jahrestag der DDR gegenüber.

b Verfasse eine Inhaltsangabe der Rede.
Nutze dazu die Sätze aus Aufgabe a und ergänze weitere zusammenfassende Sätze. Verbinde dann die Einzelsätze zu einem ganzen Text.

c Warum stellt Heym so ausführlich die Vergangenheit der Gegenwart gegenüber? Welche Wirkung hat diese Methode?

8 a Eva soll in der Klasse über Talkshows im Fernsehen referieren. Zur Vorbereitung hatte sie einen Artikel einer Wochenzeitschrift zu lesen. Für das Kurzreferat stehen ihr zwei Minuten Zeit zur Verfügung. Lest den Anfang ihrer Rede.

Ähm, also ich hatte das Thema „Talkshows", und ich hab, ich berichte jetzt über einen Artikel aus dem Spiegel, da heißt's „Tyrannei durch Schwätzen über Intimität". Das Thema „Talk-
5 show" kennt ja eh jeder, jeder kennt Talkshows, jeder hat schon Talkshows geguckt oder war vielleicht selbst schon mal in 'ner Talkshow. Der ganze Talkshow-Wahnsinn beginnt um 12 Uhr mit der Vera, um 13 Uhr kommen
10 Britt und Oliver, abends dann noch der Beckmann und der Kerner, am Freitag „Riverboat" oder „Blond am Freitag", ähm, das, was früher über den Gartenzaun eh ausgetauscht wurde, wird heute in Talkshows erzählt, von „Hilfe, ich
15 bin sexsüchtig" bis „Er gibt sich jedes Wochenende die Kante" wird über alle möglichen Themen in Talkshows diskutiert, und aus meiner eigenen Erfahrung kann ich erzählen, dass ich selbst schon mal zu Gast in 'ner Talkshow war, zum Thema „Hilfe, ich hab mich geirrt, ich lieb dich doch".

b Tauscht euch darüber aus, wie der Redeanfang auf euch gewirkt hat.

Die Wirkung von Sprache untersuchen und selbst nutzen

c Überlegt, welche Verbesserungsvorschläge ihr Eva für ihre Einleitung geben könnt. Entwerft in der Gruppe den Beginn einer Rede über Talkshows und stellt ihn der Klasse vor. Überlegt zunächst genau, was ihr sagen wollt. Bezieht auch die rhetorischen Mittel aus der Übersicht auf Seite 137 mit ein.

9 a Lies den folgenden Merkkasten zu den Methoden und Hilfsmitteln für einen mündlichen Vortrag. Welche davon kennst du oder hast du selbst schon genutzt? Ergänze eventuell eigene Ideen.

> **Kärtchen:** Hierbei notiere auf jedem Kärtchen eine Art Überschrift, nämlich den nächsten Gedankenschritt deiner Rede. Dazu einige Stichworte, anhand derer du diesen Gedanken erklärst. Beschrifte nur eine Seite der Kärtchen.
>
> **Geübtes Ablesen:** Bei dieser Methode gehst du auf „Nummer sicher" und hast einen ausgearbeiteten Text vorliegen. Allerdings solltest du diesen Text gut kennen, d.h. mehrmals für dich laut vorgetragen haben. Arbeite mit Haupt- und Zwischenüberschriften und markiere Schlüsselwörter, die für das Verständnis deiner Rede besonders wichtig sind, farbig.
>
> **Stichwörter + Text:** Dabei kombinierst du das geübte Ablesen mit der Stichwortmethode. Neben den Redetext auf der rechten Seite schreibst du links wichtige Stichwörter, die als Zwischenüberschriften den „roten Faden" deiner Gedanken angeben. Nur im Notfall schaust du auf den ausgearbeiteten Text, ansonsten versuchst du, möglichst frei zu formulieren.

b Diskutiert die Vor- und Nachteile dieser Methoden. Inwiefern helfen sie dabei, eine Rede zu strukturieren und eventuelles „Lampenfieber" klein zu halten?

c Wähle eine Methode aus und halte einen Kurzvortrag über ein selbst gewähltes Thema. Beurteilt anschließend in der Klasse eure Vorträge. Macht Verbesserungsvorschläge. Wenn du selbst keine Idee für ein interessantes Thema hast, wähle eines der nachfolgenden Themen aus dem Literaturunterricht aus: *das Märchen*, *die Fabel* oder *die Sage*. Geh auf die wichtigen Merkmale ein und veranschauliche diese an einem Beispiel.

! Bei allen Methoden kannst du zur Veranschaulichung Medien einsetzen (z.B. Folien, Tafelbilder, Kopien, CDs und Kassetten). Außerdem bekommst du dadurch eine kurze Verschnaufpause während des Vortrags.

Satzbau und Textgestaltung

Verknüpfen von Sätzen

> Du weißt, dass wir inhaltliche Zusammenhänge zwischen Sachverhalten durch sprachliche Verknüpfungsmittel sichtbar machen können. Wir verwenden z.B. Pronomen, bedeutungsähnliche Wörter oder Wortgruppen, Wortzusammensetzungen, Adverbien, Konjunktionen, um die Beziehungen zwischen Satzgliedern, Sätzen und Textteilen zu verdeutlichen.

1a Untersuche, durch welche sprachlichen Mittel der Zusammenhang der Sätze und die Flüssigkeit des folgenden Schülertextes bewirkt werden. Gib mindestens vier verschiedene sprachliche Verknüpfungsmittel an und schreibe zu jedem entsprechende Beispiele aus dem Text auf.
Schreibe z.B.:
Gebrauch bedeutungsähnlicher Wörter: Berg, Höhe, Gipfel …
…

Ferienfahrt in die Alpen

Die Mehrzahl der Mitfahrenden hatte sich für den Campingplatz Prielau am Zeller See entschieden. Das war eine gute Entscheidung, denn wir verbrachten unsere ersten zehn Ferientage sowohl an einem Badesee als auch mitten in den Bergen.
Beim ersten Rundgang um den See erblickten wir im Westen die „Schmittenhöhe" (ca. 2000 m), im Süden die Bergkette der Hohen Tauern (2000–3800 m) und im Norden das so genannte Steinerne Meer. Unzählige Male blieben wir stehen und staunten über Neues und Ungewöhnliches: die schneebedeckten Gipfel, den blauen Himmel darüber, die sattgrünen Almen, die Segelboote auf dem Zeller See. Für jeden zweiten Tag hatten wir uns eine größere Bergtour vorgenommen. Von diesen Wanderungen kamen wir meist erst am späten Nachmittag zurück, ziemlich erschöpft, doch zufrieden mit unseren Unternehmungen und Leistungen. Da Hochsommerwetter herrschte, wechselten Wandertage und Badetage einander ab.

Verknüpfen von Sätzen 141

b Was wird durch das Personalpronomen *wir* in diesem Text und ganz allgemein ermöglicht?

c Was leistet das Demonstrativpronomen *das* für die Verknüpfung von erstem und zweitem Satz?

2 Die bevorzugte Verknüpfungsstelle ist das Vorfeld eines Satzes, also der Teil vor der finiten Verbform. Dort wird sehr häufig durch ein Wort oder eine Wortgruppe die Beziehung zum vorhergehenden Satz hergestellt.

a Notiere zu allen Sätzen des Textes (Aufg. 1) das Vorfeld, in dem Bezug genommen wird auf den vorhergehenden Satz. Gib an, zu welchem Wort bzw. welcher Wortgruppe ein Bezug hergestellt wird.

b Forme die beiden ersten Sätze des dritten Abschnitts um. Setze andere Satzglieder ins Vorfeld und beobachte, welche Veränderungen in der Aussage dadurch entstehen.

3 a Auch die Aufzählung/Reihung ist eine Möglichkeit, Sachverhalte miteinander zu verknüpfen. Ermittle im Text der Aufgabe 1 alle Aufzählungen.

b Welche kennzeichnen das Nebeneinander von Sachverhalten, welche einen Gegensatz?

c Untersuche und begründe die Kommasetzung bei den Aufzählungen.

➔ S. 177: Rechtschreibhilfen im Überblick.

4 Im folgenden Text wurden zahlreiche Aufzählungen verwendet. Schreibe diese heraus und setze die fehlenden Kommas.

Auf das „Kitzsteinhorn" wollten wir unbedingt. Wir hatten folgende Möglichkeiten: mit der Gletscherbahn bis fast auf den Gipfel fahren die Seilbahn nur auf einer Teilstrecke benutzen oder ganz zu Fuß aufsteigen. Aus dem Reiseführer wussten wir, dass der Aufstieg sehr lang nicht ganz leicht aber auch von weniger geübten Bergwanderern zu schaffen ist. Weil wir nicht mehr genug Geld für die teure Bergbahnfahrt hatten weil die Tage lang und

schön waren und weil wir uns einer solchen Herausforderung einmal stellen wollten, entschieden wir uns für den Aufstieg.
Als wir starteten, war es noch dämmrig und kühl. Wie würde der Tag wohl werden? Wir hatten in unseren Rucksäcken sowohl Regen- als auch Sonnenschutz. Schon nach dem ersten Teilstück, als wir in etwa 1 200 m Höhe waren und die Sonne schien, konnten wir Jacken Pullover T-Shirts lange Hosen ausziehen. Der Pfad wurde steiler schmaler steiniger; im oberen Teil waren Eis Schnee und Wasser zusätzliche Hindernisse. Nachdem wir mehrmals gerastet hatten, kamen wir erschöpft und verschwitzt am frühen Nachmittag auf dem Gletscher an.

5 a Welche Art von Aufzählung kommt im nächsten Text – allerdings noch unvollständig – vor?

Anfangs war ich gegen den Aufstieg auf einen Dreitausender, weil ich … und weil ich …
Ich gehörte zu denen, die …, die …
Aber der Berg mit dem Gletscher, auf dem man auch im Sommer Ski fahren kann, lockte mich von Tag zu Tag mehr. Deshalb gab ich meinen Widerstand auf. Während des Aufstiegs habe ich mein Nachgeben zwar mehrmals bereut, doch nach Verschnauf- und Ruhepausen ging es immer ein Stückchen weiter und höher.
Als wir endlich …, als … und …, habe ich innerlich richtig gejubelt und mich unendlich groß und stolz gefühlt.

b Ergänze den Text durch deine Argumente und Ansichten und schreibe ihn mit der richtigen Kommasetzung auf.

c Zur Textverknüpfung wurden hier auch Adverbien verwendet, insbesondere zur Kennzeichnung des Geschehensverlaufs. Suche und markiere diese in deiner Fassung.

6 Aufzählung oder nicht? Komma oder nicht?
Entscheide, ob eine Aufzählung vorliegt und wo Kommas gesetzt werden müssen.

- Urlaub in einem bekannten österreichischen Ferienort machen
- einen hohen schwankenden Steg überqueren
- über schmale kirchturmhohe Leitern klettern
- von einer langen anstrengenden Bergtour heimkommen
- warme wetterfeste Kleidung mitnehmen
- sich einem erfahrenen italienischen Bergführer anvertrauen
- einen großen schön gelegenen botanischen Garten besichtigen

Nachträge und Zusätze · 143

7 a Lies folgenden Text. Wie wirkt dieser beim ersten Lesen auf dich? Woher kommt diese Wirkung?

> Ich war überwältigt. Ich konnte es kaum fassen. Es war mitten im Hochsommer. Hier oben wurde auf zahlreichen Pisten Ski gefahren. Man hätte sich sogar eine komplette Skiausrüstung leihen können. Kurzzeitig habe ich mit diesem Gedanken auch gespielt. Die anderen haben mir das aber ausgeredet.
> Durch einen Tunnel gelangten wir zur Aussichtsterrasse. Es war relativ klares Wetter. Wir hatten gute Fernsicht. Sogar der Großglockner lag zeitweise wolkenlos vor uns. Einige waren von diesem Ausguck gar nicht mehr wegzukriegen.

b Verändere so, dass der Text flüssiger wird. Verknüpfe die Sätze, die deiner Meinung nach eng zusammengehören, schreibe diese Fassung auf.

Nachträge und Zusätze

1 a Mitunter fügen wir einer Aussage nachträglich eine Erläuterung hinzu, die wir auf unterschiedliche Art und Weise sprachlich kennzeichnen können.
Welche Teile der folgenden Sätze dienen der nachträglichen Erläuterung?

(1) In München werden wir einen Tag sein, und zwar am Donnerstag.
(2) Am Vormittag wollen wir einige Sehenswürdigkeiten in der Innenstadt besichtigen, vor allem die Frauenkirche, Schloss Nymphenburg und den Marienplatz.
(3) Auch ein Besuch auf dem Viktualienmarkt ist vorgesehen, denn es gibt dort meist ein großes Angebot an Obst und Gemüse, besonders Früchte aus Afrika und Südamerika.
(4) Die meisten von uns, insbesondere die Fußballfans, wollen natürlich auch ins Olympia-Zentrum.

(5) Wer sich erholen und sich vom Großstadttrubel entspannen möchte, hat dazu verschiedene Möglichkeiten, unter anderem im Englischen Garten.
(6) Bei schlechtem Wetter, z.B. bei länger andauerndem Regen, werden wir unser Programm etwas abändern.

b Mit welchen sprachlichen Wendungen sind die nachgestellten Erläuterungen eingeleitet?

c Wie ist die Kommasetzung geregelt?

2 Wähle aus den folgenden Sätzen drei aus. Ergänze deren Aussage an den gekennzeichneten Stellen durch nachgestellte Erläuterungen, die du mit *das heißt, insbesondere, besonders, vor allem, und zwar* oder *z.B.* einleiten kannst. Vergiss die Kommas nicht.

(1) Seine Freunde … schwärmten von ihren Bergtouren.
(2) Markus würde auch gern einmal Urlaub im Gebirge machen … .
(3) Im Laufe der letzten Wochen hat er sich das Geld für ein Fahrrad … zusammengespart.
(4) Gestern war er in verschiedenen Geschäften … um Preisvergleiche vorzunehmen.
(5) Auf seinem Arbeitstisch stapeln sich die Prospekte … .
(6) Andere … haben stattdessen umfangreiche Foto- und Postersammlungen oder anderes.

3 a

Manchmal lässt sich mit einer nachgestellten Substantivgruppe (Apposition) in einem Satz ausdrücken, wozu sonst zwei Sätze erforderlich wären.
Verdichte die Aussage in folgenden Sätzen. Forme den jeweils zweiten Satz in eine Apposition um und füge diese an der entsprechenden Stelle in den ersten Satz ein.

(1) Für Dienstag haben wir eine Stadtführung in Salzburg organisiert. Dienstag ist der 14.8.
(2) Durch einen Videofilm hat uns Frau Große schon ein bisschen auf Salzburg eingestimmt. Frau Große ist unsere Musiklehrerin.
(3) Von der Altstadt ist wohl jeder Besucher begeistert. Die Altstadt ist ein romantisches Gassenviertel mit Passagen und Arkadengängen.
(4) In einer dieser Altstadtgassen wurde Mozart geboren. Diese Altstadtgasse heißt Getreidegasse.
(5) Mit der Festungsbahn kann man zur Hohensalzburg fahren und sich einen Überblick über die Stadt und ihre Umgebung verschaffen. Die Festungsbahn ist ein Kabinen-Schrägaufzug.

b Worauf musst du beim Gebrauch von Appositionen und bei der Kommasetzung achten? Ziehe ein Rechtschreibwörterbuch zurate.

4 Schreibe diesen Aushang mit den entsprechenden Ergänzungen in dein Heft und setze die fehlenden Satzzeichen.

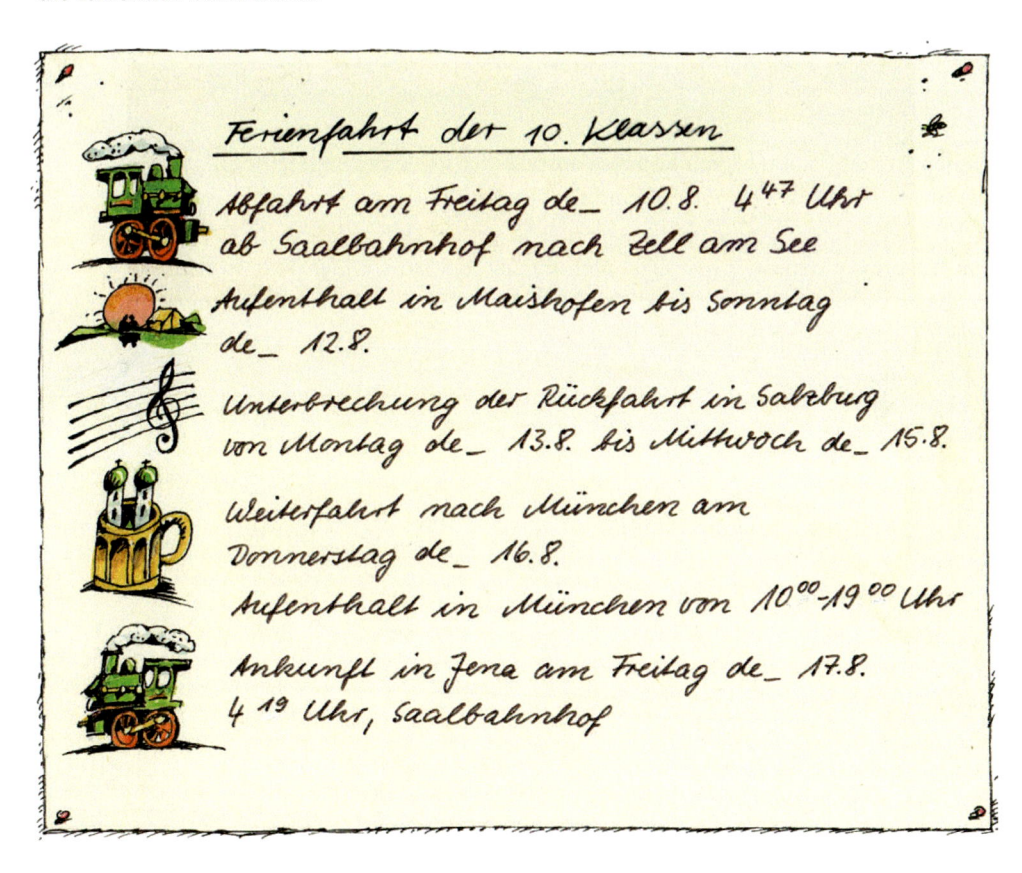

Ferienfahrt der 10. Klassen

Abfahrt am Freitag de_ 10.8. 4^47 Uhr ab Saalbahnhof nach Zell am See

Aufenthalt in Maishofen bis Sonntag de_ 12.8.

Unterbrechung der Rückfahrt in Salzburg von Montag de_ 13.8. bis Mittwoch de_ 15.8.

Weiterfahrt nach München am Donnerstag de_ 16.8.

Aufenthalt in München von 10^00 – 19^00 Uhr

Ankunft in Jena am Freitag de_ 17.8. 4^19 Uhr, Saalbahnhof

| 146 | Satzbau und Textgestaltung |

> Erklärende Zusätze können auch in Klammern gesetzt werden, z.B.: *Frankfurt (Oder), Grille (Insekt).*
> Eingeschobene Satzstücke oder Sätze, die das Gesagte erläutern oder ergänzen, kannst du – was du vielleicht noch nie gemacht hast – auch durch Gedankenstriche kennzeichnen, z.B.: *Dieses Bild – das bekannteste der Künstlerin – wurde vor einigen Jahren nach Amerika verkauft.*

5 a Lies die folgende Zeitungsmeldung. Welche Funktion haben die Angaben in Klammern?

> Zwei Jugendliche aus Thüringen (19 und 20) erfüllten sich nach Schulabschluss und Zivildienst einen ganz besonderen Traum: Mit ihren Fahrrädern waren sie auf dem Panamerican Highway – besser bekannt als Panamericana – 8 000 km unterwegs. Im kalten Norden Amerikas – in Anchorage (Alaska) – starteten sie ihre Expedition, die in San Diego (Kalifornien) endete. Viele Förderer – allen voran die Eltern und Verwandten, aber auch verschiedene Firmen – haben ihnen diese Tour ermöglicht.

b In den letzten beiden Sätzen könnten anstelle der Gedankenstriche auch andere Satzzeichen verwendet werden. Welche sind das? Begründe deine Antwort.

6 Formuliere aus den Stichwörtern einen kurzen, informierenden Text, in dem du Angaben in Klammern setzt und auch mindestens eine eingeschobene Information durch Gedankenstriche kennzeichnest.

Panamericana:

- transkontinentales Straßensystem, insgesamt 72 000 km lang
- an der Westseite des Doppelkontinents
- beginnend in Alaska: Fairbanks, endend in Puerto Montt: Chile
- Abzweigungen zu vielen Städten, z.B. Calgary, Salt Lake City, Los Angeles, San Francisco u.a.
- durch alle amerikanischen Landschaften: Gebirge, Wüste, Sumpf, Meer, Regenwald

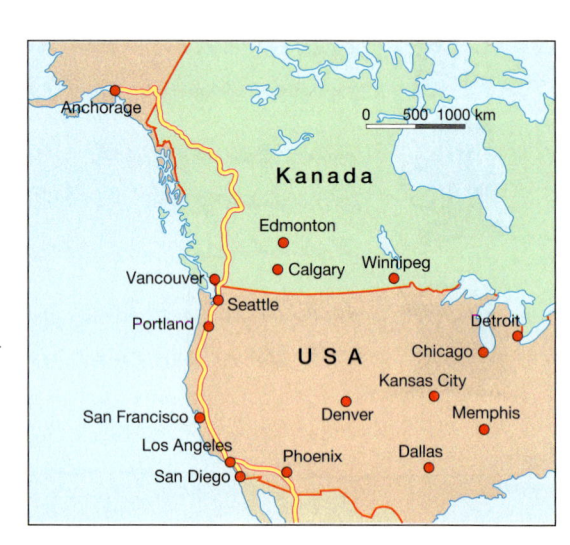

- vorbei an ungewöhnlichen Naturschauspielen: Wasserfällen, meterhohen Geysiren, blubbernden Schlammlöchern im Yellowstone Nationalpark
- 1923 auf der panamerikanischen Konferenz beschlossen: durchgehende Straßenverbindung von etwa 16 000 km Länge

7 Gestalte mithilfe des PC ein übersichtliches Merkblatt zum Thema „Nachträge und Zusätze".

> **Nachträge und Zusätze**
>
> Besonderheiten des Gebrauchs und der Zeichensetzung
>
> 1. …

Der Bau zusammengesetzter Sätze

1 Vergleiche den Satzbau in den beiden folgenden Texten. Was stellst du fest?

100 Jahre Tour de France

Text 1:
Es ist noch dunkel an diesem 1. Juli 1903. In dem kleinen Ort Ville-Neuve-Saint-Georges drängeln sich jedoch schon mehrere hundert Menschen vor dem Café Reveille Matin. Die meisten sind zum Gaffen gekommen. Sechzig Verrückte wollen nämlich um 3.00 Uhr von hier mit ihren Fahrrädern nach Lyon starten. Das liegt 467 Kilometer entfernt. In 18 Stunden wollen sie dort ankommen. So lang ist die erste Etappe der ersten Tour de France.
(mündliche Darstellung)

Text 2:
Es ist noch dunkel an diesem Morgen des 1. Juli 1903, als die Erfolgsgeschichte dieses Radrennens beginnt. Mehrere hundert Menschen drängeln sich vor dem Café Reveille Matin in Ville-Neuve-Saint-Georges bei Paris, um dabei zu sein, wenn um drei Uhr in der Frühe sechzig verrückte Kerle auf ihre Fahrräder – mit Holzfelgen und ohne Gangschaltung – steigen. In 18 Stunden wollen diese Tollkühnen im 467 Kilometer entfernten Lyon ankommen, dem ersten Etappenziel dieser ersten Tour de France.
(geschriebener Text)

Satzbau und Textgestaltung

2a Lies folgenden Text. Achte dabei auf den Satzbau.
Was überwiegt, eine Reihung (Nebenordnung) oder eine Unterordnung von Sätzen?

(1) Am 2. Juli 1904 machten sich bereits 88 Fahrer auf dieselbe Strecke wie im Vorjahr. (2) Die meisten waren Profis, die von der Fahrradindustrie bezahlt wurden, denn kein Mensch konnte wegen des hohen Trainingspensums auch noch einem „richtigen" Beruf nachgehen. (3) Da es bereits um viel Geld und Prestige ging, wurden bei nicht wenigen Beteiligten auch kriminelle Energien geweckt. (4) Die Konkurrenten und ihre Helfer sägten einander die Rahmen an, zerschnitten die Bremszüge, streuten sich Juckpulver in die Trikots, bezahlten Saboteure, die Nägel auf die Straße warfen oder dem Gegner ein vergiftetes Hühnerbein zur Stärkung reichten. (5) Die vier Ersten dieser Tour wurden später wegen Betrugs disqualifiziert, sie hatten heimlich Abkürzungen benutzt, sich von Autos ziehen lassen und waren sogar ein Stück mit der Eisenbahn gefahren. (6) Der Veranstalter, der am Rennen, vor allem aber an der Berichterstattung gut verdiente, erfand Jahr für Jahr sensationelle Neuerungen. (7) Er verlängerte die Strecke, führte sie in den Ostteil des Landes und auf die Berge, wo es damals nur Holzfällerpfade, aber keine befestigten Straßen gab. (8) Er steckte den Spitzenreiter in ein gelbes Trikot (1919), erfand das Mannschaftszeitfahren (1927) und schickte dem Feld eine Werbekarawane voraus (1930). (9) Aufputschmittel, die die Leistungen steigern und die Strapazen erträglicher machen sollten, waren von Anfang an in der Fahrerapotheke zu finden, z.B. Cognac, Wein, Sekt, Bier, Koffein, aber auch Chloroform, Kokain und Nitroglyzerin. (10) Seit der Skandaltour 1998, als nach Razzien der französischen Polizei viele Fahrer gesperrt wurden und nur die Hälfte der Teilnehmer das Ziel erreichte, ist das Dopingproblem ein öffentliches Thema.

b In welchen Sätzen wird eine Grund-Folge-Beziehung zum Ausdruck gebracht?

> Um **Wörter, Wortgruppen** oder **Sätze** miteinander zu **verknüpfen** und die Bedeutungsbeziehungen zwischen ihnen zu kennzeichnen, verwenden wir vor allem **Konjunktionen** (aber auch Pronomen und Fragewörter).
> Nach ihrem Einfluss auf den Satzbau unterscheidet man
> nebenordnende Konjunktionen, z.B. *und, sowie, aber, sowohl – als auch,* und unterordnende Konjunktionen, z.B. *da, dass, als, wenn.*

Der Bau zusammengesetzter Sätze 149

3 a Ermittle im folgenden Text alle Konjunktionen und notiere diese. Markiere die nebenordnenden bzw. die unterordnenden verschiedenartig.

Erlebnis „Tour de France"

(1) Bei Fernsehübertragungen von der Tour de France, die ich jahrelang leidenschaftlich verfolgt habe, beeindruckten mich schon immer die Leistungen der Rennfahrer und die Begeisterung der Zuschauer, aber auch von der Landschaft war ich fasziniert. (2) Als ich in den Neunzigerjahren zu Besuch in der Provence war, konnte ich am Mont Ventoux (1912 m) die Atmosphäre dieses Spektakels live miterleben. (3) Da wir auf dem Berg sein wollten, bevor die Zufahrt gesperrt wurde, starteten wir zeitig. (4) Natürlich waren mit uns Tausende unterwegs, sodass es nur langsam vorwärtsging und lange dauerte, bis wir eine Parkmöglichkeit gefunden hatten. (5) Mit Sonnenschutz, Proviant und mehreren Wasserflaschen ging es zu Fuß noch ein Stück bergauf.

b Drei Konjunktionen kennzeichnen eine zeitliche (temporale) Beziehung zwischen den Teilsätzen. Welche sind es?

c Welcher Teilsatz wird durch ein Relativpronomen eingeleitet?

4 a Lies die Textfortsetzung und überlege, welche Sätze durch Konjunktionen stärker miteinander verknüpft werden könnten. Hier eine Auswahl von Einleitewörtern, die du nutzen kannst:
da, weil, dass, sodass, als, bis, während, solange, bevor, nachdem.

b Schreibe deine Fassung des Textes auf. Achte auf die Kommasetzung bei den zusammengesetzten Sätzen.

An diesem Nachmittag war Gluthitze. Ich begann die Strapazen der Rennfahrer zu erahnen. Ein ganzes Stück unterhalb des Berggipfels lagerten wir unter Kastanienbäumen
5 inmitten einer turbulenten Zuschauermenge. Die Werbekarawane sorgte für Unterhaltung. Plötzlich entstand Tumult. Die Menschen sprangen auf. Die ersten Begleitfahrzeuge brummten heran. Die Spitzengruppe kam in
10 Sicht. Ich war mächtig erstaunt. Die Trikots waren durchnässt, die Gesichter verkrampft. Aber die meisten Fahrer traten noch kräftig in die Pedale. Schnell waren die Ausreißer vorbei. Nach einigen Minuten kam das Hauptfeld. Später folgten noch mehrere abgeschlagene Grüppchen. Alle wurden mit großem
15 Beifall bejubelt. Ein gewaltiger Fahrzeugtross bildete den Abschluss. Mit einigem Abstand folgten wir ihm schwitzend und stöhnend auf den Gipfel des Berges.

Satzbau und Textgestaltung

Verknüpfen von Textabschnitten

- Ein Text hat immer einen bestimmten inhaltlichen und damit auch einen sprachlichen Aufbau.
- Jeder einzelne Textabschnitt steht in Beziehung zur Gesamtaussage und leistet dazu einen Beitrag.
- Durch **Rückverweise** auf bereits Geschriebenes oder **Vorverweise** auf noch folgende Teile wird das Textverständnis (das Lesen und Verstehen) erleichtert.

1 a Im folgenden Text wurde die Reihenfolge der Textteile nach dem ersten Abschnitt verändert und dadurch der gedankliche Aufbau zerstört.
Versuche, den inhaltlichen Zusammenhang wiederherzustellen. Nummeriere die Abschnitte entsprechend in deinem Heft und gib an, was jeweils zum Ausdruck gebracht wird.

Fit durch Sport

Die Zuschauer im Stadion toben, denn einem Skateboarder ist einer der schwierigsten Tricks gelungen: der Sprung auf das Geländer – „Kickflip to Backside Boardslide" genannt. Es kostet viele Jahre Training, zerfetzte Hosen und aufgeschlagene Ellenbogen, bis man ihn so perfekt beherrscht wie er.

Bei Kräftigungsübungen werden vor allem die Muskeln gestärkt. Das ist nicht nur für das Schleppen schwerer Rucksäcke und Taschen vorteilhaft. Muskeln stützen auch unsere Wirbelsäule und verhindern Verletzungen.

Einige Folgen des Sports sind heute aber noch immer rätselhaft. Etwa, warum Sport bzw. Bewegung viele Menschen glücklich macht. Manche Wissenschaftler sagen, dass der Körper so genannte Endorphine ausschüttet, wenn wir uns anstrengen, Glückshormone – ungefährliche Drogen – , die im Gehirn produziert werden und für einen Rauschzustand der Sportler sorgen.

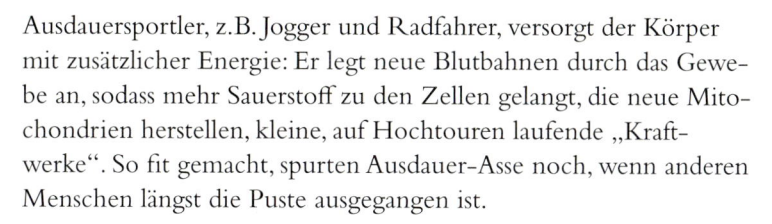

Ausdauersportler, z.B. Jogger und Radfahrer, versorgt der Körper mit zusätzlicher Energie: Er legt neue Blutbahnen durch das Gewebe an, sodass mehr Sauerstoff zu den Zellen gelangt, die neue Mitochondrien herstellen, kleine, auf Hochtouren laufende „Kraftwerke". So fit gemacht, spurten Ausdauer-Asse noch, wenn anderen Menschen längst die Puste ausgegangen ist.

Ungefähr 3 Millionen Waghalsige zischen heute in Deutschland auf den Brettern herum. Sie gehören zu den rund 50 Millionen Menschen, die in unserem Land Sport treiben, die mit ihren Freunden Fußball oder Streetball spielen, Wände hinaufklettern, Fahrrad fahren, durch den Wald joggen …

Was finden Menschen nur so toll daran? „Das macht einfach den größten Spaß", sagt ein Skateboarder. Aber Sport hat noch viele andere Vorteile, nicht zuletzt ist er gesund. Denn wenn wir uns bewegen, nimmt unser Körper eine ganze Reihe nützlicher „Umbauten" vor.

Andere Forscher meinen, dass man beim Fußballspielen oder Inlineskaten einfach von seinen Schulsorgen oder anderen Problemen abgelenkt würde und dass es Spaß mache, mit Freunden zusammen zu sein. Einige Psychologen vermuten, dass sich sportliche Menschen als leistungsfähig empfinden und deshalb selbstbewusster seien als schlappe, unsportliche Zeitgenossen.

Durch Training wird sogar unser Immunsystem gestärkt, das uns vor Krankheitserregern schützt. Vergleichstests haben gezeigt, dass im Blut von Sportlern viel mehr Eiweiße enthalten sind, die Bakterien abwehren.

b Probiere aus, ob es nur eine Strukturierungsmöglichkeit gibt oder ob auch Alternativen sinnvoll sind.

c Nenne sprachliche Mittel (Wörter und Wendungen), die den Textaufbau durchschaubar machen. Welche weisen auf vorangehende Informationen zurück, welche kündigen neue Inhalte an?

2 a Der Aufbau des Textes über die Tour de France ist leicht zu erkennen (siehe Seite 147, Aufg. 1, zweiter Text und Fortsetzung in Aufg. 2). Schreibe dessen Gliederung auf.

b Untersuche, welche sprachlichen Mittel zur Verflechtung der einzelnen Textteile genutzt wurden.

Satzbau und Textgestaltung

Auflockern und Verdichten

1 a Lies den Textauszug, der einer populärwissenschaftlichen Zeitschrift entnommen wurde.

„Ilse" – das Jahrtausendtief

„Ilse" lautete der Name des Tiefs, das im Sommer 2002 Rekordniederschläge brachte und alle Vorhersage- und Sicherheitssysteme durchbrennen ließ.
5 Die Wassermassen wurden von einer so genannten V(fünf)b-Wetterlage gebracht, die von den Meteorologen auch Genuatief genannt wird, weil dort – über dem nördlichen Italien – ein Tief, von England
10 kommend, manchmal ganz plötzlich einen Haken schlägt. Es zieht dann, schnell Fahrt aufnehmend, in östlicher Richtung über Italien hinweg zur Adria, dreht noch einmal bei und wandert nun nordwärts über
15 Österreich, Tschechien und Polen bis zum Ostseeraum. Dabei, und das ist das eigentlich Verhängnisvolle, nimmt es feuchtwarme Luft aus dem Mittelmeerraum mit – bis zum nächsten Hoch.
Tritt die Wetterlage im Herbst oder Winter auf, ist dies nicht weiter dramatisch. Im Sommer dagegen bringt sie großflächigen, stunden- oder tagelangen Regen. Denn die Was-
20 sertemperaturen des Mittelmeeres liegen zu dieser Zeit über 24 Grad. Außerdem kann warme Luft mehr Feuchtigkeit transportieren als kalte. So wird – im Vergleich zu kälteren Jahreszeiten – ein Vielfaches an Wasserdampf in die Zirkulation einbezogen. Die Wolken regnen sich ab, ohne dass man genau vorhersagen kann, in welchem Gebiet.

b Stelle in einem kurzen mündlichen Vortrag die Besonderheiten solcher Genuatiefs dar. Deine Mitschülerinnen/Mitschüler sollen dabei beobachten, welche Veränderungen es in der Wortwahl und im Satzbau gegenüber dem Zeitschriftenartikel gibt.

c Wer formuliert lockerer, wer hat die Aussage in stärkerem Maße verdichtet? Wie lockert man auf bzw. wodurch verdichtet man seine sprachliche Darstellung?

> Texte, die wir formulieren, können eine größere oder geringere Informationsdichte haben. Ob man etwas in **aufgelockerter Weise** oder **stark verdichtet** darstellt, ist abhängig vom Inhalt und von unserer Aussageabsicht, auch von den Lesern oder Zuhörern, zu denen wir uns in einer bestimmten Situation mündlich oder schriftlich äußern.

Auflockern und Verdichten

Auflockern bedeutet:	Verdichten bedeutet:
• etwas ausführlich und konkret wiedergeben, • mit einfachen Wörtern, • unter Verwendung vieler Verben und finiter Verbformen, • vorwiegend in einfachen Sätzen und Reihungen.	• nur das Wesentliche in knapper Form wiedergeben, • viele Substantive, Substantivierungen und Wortzusammensetzungen nutzen, • wenig finite Verbformen verwenden, • überwiegend zusammengesetzte Sätze gebrauchen.

2 a Für Fortgeschrittene:
Unsere Ausdrucksweise können wir in unterschiedlichem Grad verdichten. Hier wird der Versuch gemacht, noch knapper als im Zeitschriftenartikel, nämlich in einem Satz, alle Besonderheiten eines Genuatiefs darzustellen.
Gelingt es dir, den Satzanfang fortzusetzen, d.h. die restlichen Informationen aus dem 2. Abschnitt des „Ilse"-Textes in dieser Weise zu formulieren?

Charakteristisch für Genuatiefs ist eine über Oberitalien ganz plötzlich erfolgende erste Veränderung der ursprünglichen Nord Süd-Zugrichtung um 90 Grad und eine zweite hakenartige Richtungsänderung über der Adria, verbunden …

b Welche sprachlichen Mittel bewirken diese ganz starke Verdichtung?

3 a Verdichte, indem du die schräg gedruckten Teilsätze in Wortgruppen umwandelst.

Die kleine Siedlung Röderau, *die stromabwärts, unweit von Riesa liegt*, wurde direkt hinter dem Elb(e)deich errichtet. Etwa 70 Familien hatten hier seit 1990 ein Eigenheim errichtet und sich damit einen Traum erfüllt, *den sie lange vorher gehegt hatten*. Das Gelände, *das gegen alle Vernunft als Bauland ausgewiesen war*, gehörte ehemals zum Schwemmland des Flusses. Der Name Röder-au hätte ein Warnsignal sein können. Im August 2003 stieg den Häusern in Röderau-Süd das Elbehochwasser bis unters Dach. *Nachdem die Fluten abgelaufen und die schlimmsten Schäden beseitigt waren*, machten sich die Röderauer an die Wiederherrichtung ihrer Gebäude. *Als sie noch mitten in den Sanierungsarbeiten steckten*, erreichte sie ein Beschluss, *der die Umsiedlung der Bewohner und den Abriss der Häuser vorsah*. Erst nach Verhandlungen, *die lang und zäh waren*, erklärten sich die Einwohner bereit, anderswo noch einmal neu anzufangen.

b Welche Beobachtungen machst du beim Vergleich der beiden Textvarianten?

4 Auch wenn du einen Text stichwortartig zusammenfasst, verdichtest du ihn in ganz starkem Maß. Versuche das an einem Beispiel, geeignet sind die Texte Seite 47 und Seite 49.

Wortarten und Wortformen

Die Wortarten im Überblick

1a Lies den Text von Florian Illies und bestimme die unterstrichenen Wörter nach der Wortart und nach der Wortform. Gib diese so genau wie möglich an, schreibe z.B.:

rief = Verb, 3. Person Singular Präteritum

Nutze die Übersicht auf Seite 155, wenn du Hilfe brauchst.

Der folgende Ausschnitt stammt aus dem Buch „Generation Golf zwei". Der Autor beschreibt darin u.a. seine Beobachtungen zum Lebensgefühl der in den 80er-Jahren aufgewachsenen Menschen, die als junge Erwachsene mit einer Fülle von technischen Neuerungen konfrontiert wurden.

(…) Und dann rief eines schönen Tages plötzlich Marco an und sagte: „Hier ist die Zukunft. Ich habe ein Handy. Piep."
5 Die ersten zwei Jahre musste man sich immer die Geschichte anhören, dass das Handy in Amerika gar nicht Handy heiße, sondern Mobile Phone, und dass man es also entweder so oder gleich
10 Mobiltelefon nennen solle. Irgendwann legte sich das. Nur Nils spricht noch trotzig vom Handtelefon. Zeitgleich lernte man, dass das, was früher schlicht Telefon hieß, seinen Namen gewechselt
15 hat. Heute firmiert das Telefon nur noch unter Festnetz beziehungsweise Endgerät. „Ich versuche dich nachher noch auf dem Festnetz zu erreichen", heißt so viel wie: „Nachher rufe ich dich noch einmal richtig an, nicht nur so lala." Denn inzwischen haben alle gelernt, dass es im
20 Handy-Zeitalter vier natürliche Feinde des Gespräches gibt, nämlich die Sätze: 1. „Du, ich glaube, ich bin gleich in einem Funkloch", 2. „Du, sorry, aber mein Akku ist gleich leer", 3. „Du, ich muss das Handy weglegen, hier steht Polizei" und 4. „Ich rufe dich einfach noch mal von unterwegs an."
Relativ bald ist uns allen klar geworden, dass das Handy als Kommunikationsmittel kaum
25 taugt. Doch es dient zu etwas viel Besserem, es vermittelt uns das gute Gefühl, nicht allein zu sein.

b Schreibe einen kurzen Text, der deine Erfahrungen als Handynutzerin/Handynutzer beschreibt.

Die Wortarten im Überblick

Lateinische Bezeichnung	Beispiele
Veränderbare Wortarten	
1. **Substantiv/Nomen**	*Freund, Streit, Marco, Handy*
2. **Artikel**	*der, die, das, ein, eine, ein*
3. **Pronomen**	
• Personalpronomen	*ich, du, er, wir, ihr, sie*
• Possessivpronomen	*mein, dein, sein, unser*
• Relativpronomen	*der, die, das, welcher, welche, welches, wer, was*
• Demonstrativpronomen	*dieser, jener, das*
• Interrogativpronomen	*Wer? Wie? Was?*
• Indefinitpronomen	*jeder, man, etwas, viel, alle*
• Reflexivpronomen	*sich*
4. **Adjektiv**	*klug, freundlich*
5. **Numerale**	*eins, zwei, erster*
6. **Verb**	
• Vollverben	*sprechen, lieben*
• Hilfsverben	*haben, sein, werden*
• Modalverben	*dürfen, können, sollen*
Unveränderbare Wortarten	
7. **Präposition**	*an, auf, ohne, für, während*
8. **Adverb**	*gern, dort, beispielsweise*
9. **Konjunktion**	*und, oder, aber, weil, dass*
10. **Interjektion**	*ah, oh*

Stilübungen zum Konjunktiv

2 a Der Text von Florian Illies enthält die beiden Verbformen *heiße* und *solle* (Z.8 und 10). Erläutere, warum der Autor diese Verbformen gewählt hat.

b Manchmal willst du wiedergeben, was andere gesagt haben. Forme in den folgenden Sätzen die direkte Rede in indirekte Rede um. Ergänze einen Begleitsatz.

(1) „Ich habe wenig Zeit."
(2) „Ich arbeite bis 18.00 Uhr."

(3) „Am Sonntag machen wir manchmal einen Ausflug."
(4) „Ab und zu gehe ich ins Kino."
(5) „Ich werde nächste Woche heiraten."

c Ergänze zu jedem deiner Sätze aus Aufgabe b eine weitere Variante der indirekten Rede. Erkläre, wann welche Form angebracht ist.

3 a Schau dir die Übersicht zu den Konjunktivformen genau an.

Indikativ Präsens	Konjunktiv I	Konjunktiv II
ich habe	ich habe	ich hätte
du hast	du habest	du hättest
er/sie/es hat	er/sie/es habe	er/sie/es hätte
wir haben	wir haben	wir hätten
ihr habt	ihr habet	ihr hättet
sie haben	sie haben	sie hätten

Indikativ Präsens	Konjunktiv I	Konjunktiv II
ich gehe	ich gehe	ich ginge
du gehst	du gehest	du gingest
er/sie/es geht	er/sie/es gehe	er/sie/es ginge
wir gehen	wir gehen	wir gingen
ihr geht	ihr gehet	ihr ginget
sie gehen	sie gehen	sie gingen

b Bilde von folgenden Verben alle Formen des Konjunktiv I und II.

laufen, können, sprechen, verdächtigen, schreiben, brauchen

> Manche Formen des **Konjunktiv I** gleichen den Verbformen im Indikativ Präsens. Um die indirekte Rede deutlich zu machen, weicht man in diesen Fällen auf **Konjunktiv II** aus, z.B.:
> „Ich habe wenig Zeit." – *Ich sagte, ich hätte wenig Zeit.*
>
> Manche Formen des Konjunktiv II, z.B. *kennte* und *schwömme*, werden heute nur noch selten verwendet, es hat sich die Formulierung *würde* + Infinitiv durchgesetzt. In der gesprochenen Sprache verwenden die meisten Menschen anstelle von Konjunktiv I den Indikativ, wenn andere Signale deutlich machen, dass fremde Äußerungen wiedergegeben werden, z.B. ein *dass*-Satz:
> *Sie hat mir erzählt, dass sie kommt.*

Stilübungen zum Konjunktiv

Im schriftlichen Bereich muss man genauer sein. Hier wird die Aussage eines anderen grundsätzlich im Konjunktiv wiedergegeben. Wenn sich der Konjunktiv II im Textzusammenhang nicht vom Indikativ Präteritum unterscheiden lässt, verwendet man *würde* + Infinitiv, z.B.:
Er sagte, er würde die Aufgabe dieses Mal richtig lösen (anstelle von *Er sagte, er löste die Aufgabe dieses Mal richtig*).

4 a Lies die folgenden Sätze und erkläre, wie diese auf dich wirken.

Wenn ich nicht so wenig Zeit hätte, hülfe ich meiner Mutter viel mehr im Haus. Ich wüsche die Wäsche und spülte das Geschirr. Ich brächte den Müll hinunter, höbe die in meinem Zimmer herumliegenden Sachen auf und spräche mich mit meiner Schwester ab, wer das Bad saubermacht.

b Forme den Text in Aufgabe a so um, dass er der heutigen Sprechweise entspricht.

5 Gib die folgenden Aussagen in der indirekten Rede wieder. Begründe die Wahl der Verbform.
Schreibe z.B.:

Sie sagt, mit dem Sprachkurs gehe es gut.

„Mit dem Sprachkurs geht es gut."
„Wir wissen noch nichts über die Ergebnisse des Tests."
„Ich darf mit nach Italien."
„Zum Lernen braucht man viel Zeit und Ruhe."
„Sie wollen bald mal gewinnen."
„Sie verlieren leider fast jedes Spiel."

6 Gib wieder, was die Personen gesagt haben. Benutze die angemessene Modusform.

(1) Sie sagte: „Ich komme morgen mit dem Zug um 16.00 Uhr an."
(2) Der Sohn zu den Eltern: „Ich war um 1.00 Uhr zu Hause."
(3) Letztes Jahr hat dir dein Freund versprochen: „Du bekommst die CD in zwei Tagen zurück."
(4) Er sagte: „Ich war den ganzen Abend unterwegs."
(5) Galilei sagte: „Die Erde ist nicht der Mittelpunkt der Welt."

Stilübungen zum Passiv

7 a Vergleiche die beiden Sätze in Bezug auf Inhalt und Form.

(1) Ein Radfahrer wurde angefahren und schwer verletzt.
(2) Ein unbekannter Autofahrer fuhr einen Radfahrer an und verletzte ihn schwer.

b Wann verwendet man Aktivsätze und wann Passivsätze?

8 Bilde Passivsätze und nenne den/die „Täter".

(1) Ein Zufall hat das Problem gelöst.
(2) Der Alkohol hat den Mann vollständig ruiniert.
(3) Ein berühmter Architekt hat die neue Schule entworfen.
(4) Einige Schüler haben nichts über das Passiv gelernt.
(5) Nebel behindert den Verkehr.
(6) Seine Freunde haben ihn überzeugt.
(7) Sein Benehmen erheiterte die Gäste.

> **Aktiv- und Passivsätze** unterscheiden sich dadurch, dass im Aktivsatz vor allem Wert auf den/die Handelnden gelegt wird, im Passivsatz dagegen der Vorgang im Mittelpunkt steht, z.B. bei Gebrauchsanweisungen, Kochrezepten.
> Wenn in Passivsätzen der/die „Täter" genannt wird/werden, geschieht das mithilfe der Präpositionen *von* und *durch*.
> *Von* wird meistens bei Personen verwendet, *durch* meistens bei Nennung einer Sache, eines Instruments.

9 a Lies die folgenden Passivsätze und überlege, was du über den/die „Täter" erfährst.

(1) So kann das nicht gesagt werden.
(2) Bei uns wird kein Hochdeutsch gesprochen.
(3) Die Schule wird im nächsten Jahr von Grund auf saniert.
(4) Die Speisen werden beim Schulfest in der Schulküche zubereitet.
(5) Die Einkaufsstraße der Stadt wird zu Weihnachten immer festlich geschmückt.

b Forme die Sätze in Aktivsätze um. Welches sprachliche Mittel ermöglicht es dir, auch im Aktivsatz unpersönlich zu formulieren?

Wortbedeutung

Metaphern

1 a Wie Menschen sich verhalten können
Erläutere die folgenden Wendungen. Unterscheide wörtliche und übertragene Bedeutung.

die Maske fallen lassen   ein dickes Fell haben   ein Fels in der Brandung sein

jemanden am Gängelband führen   für jemanden durchs Feuer gehen

einen Gang zulegen/zurückschalten

zwei linke Hände haben   jemanden hinters Licht führen

(nicht) jedes Wort auf die Waagschale legen

nahe am Wasser gebaut haben   jemanden in Watte packen

ein Brett vor dem Kopf haben   nicht auf den Kopf gefallen sein

b Verwende die Metaphern in Sätzen.

c Manchmal ist es sinnvoll, sich mithilfe eines sprachlichen Bildes auszudrücken.
Was ist der Vorteil eines bildhaften Ausdrucks?

2 a Das Zusammenleben der Menschen ist nicht immer konfliktfrei. Zur Beschreibung der Konflikte werden auch Begriffe aus der Militärsprache herangezogen.

Zickenkrieg   **Krieg der Generationen**   **Krieg der Geschlechter**

Was bedeuten die Überschriften und warum wird das Bild vom Krieg verwendet?

b Hier sind weitere Metaphern zum Thema „Krieg" aufgeführt. Ergänze eigene Ideen und formuliere jeweils einen Satz mit jeder Metapher.

- Grabenkämpfe führen
- das Duell fortsetzen
- gewappnet sein
- einen Angriff starten
- einen Feldzug führen
- die Schlacht gewinnen/verlieren
- einen Waffenstillstand vereinbaren

c Erläutere, warum es sich bei den Ausdrücken in b um Metaphern handelt. Schreibe dazu das verbindende Merkmal von wörtlicher und übertragener Bedeutung auf, z.B.:

<u>Einen Grabenkampf führen:</u>
Wörtliche Bedeutung: Der Grabenkampf ist eine sehr verlustreiche und zeitaufwändige Form der Kriegsführung.
Übertragene Bedeutung: Manche Menschen führen lang andauernde, erbitterte Streitigkeiten.
Verbindendes Merkmal: lang andauernd, verlustreich, Geduld erfordernd

> Du weißt bereits, dass du **Metaphern** – sprachliche Wendungen, die in übertragener Bedeutung verwendet werden – nutzen kannst, um deine Ausdrucksweise anschaulicher zu machen. Zwischen ursprünglicher und übertragener Bedeutung gibt es jeweils ein verbindendes Bedeutungsmerkmal. Es gibt auch einige Redewendungen, die Metaphern sind, z.B.: *auf der faulen Haut liegen*.
> Die **Personifizierung** stellt eine besondere Form der Metapher dar, bei der die Eigenschaften von Lebewesen auf Gegenstände oder Sachverhalte übertragen werden, z.B.: *der Wagen stottert*.

➡ *S. 30–40: Schildern und Erzählen.*
S. 76–92: Literarische Texte lesen und verstehen.
S. 134–139: Die Wirkung von Sprache untersuchen.

3 a Viele Wege führen nach Rom
In den folgenden Sätzen werden viele Redewendungen mit dem Wort „Weg" verwendet. Erläutere, was jeweils damit gemeint ist.
Schreibe: (1) alle Wege stehen mir offen – ich habe viele Möglichkeiten

(1) Nach der Schule stehen mir alle Wege offen – ich habe viele Möglichkeiten.
(2) Leider trennen sich auch die Wege mancher Freunde.
(3) Jeder muss seinen eigenen Weg gehen.
(4) Ich freue mich schon darauf, meinen Weg gehen zu können.
(5) Meine Eltern haben mir alles mit auf den Weg gegeben, was ich brauche, um die Steine aus dem Weg räumen zu können, die mir meinen Weg versperren.
(6) Sollte ich doch einmal den falschen Weg gehen, wird mir schon jemand über den Weg laufen, der mir hilft, auf den richtigen Weg zurückzufinden.
(7) Ich habe gelernt, mir nicht selbst im Weg zu stehen.
(8) Ich kann mich auch mit anderen Menschen auf halbem Weg treffen.

b Was leisten die bildhaften Ausdrücke?

Fachwörter/Fachsprache 161

4 a Ergänze zu den folgenden Situationen eine passende Redewendung und schreibe diese in dein Heft. Es dreht sich dabei alles um den „Mund", z.B.:

(1) … Sie fährt ihm über den Mund.

(1) Tobias will gerade erklären, wie er sich die nächsten Arbeitsschritte vorstellt. Er kommt aber nicht dazu, weil ihm Svea einfach das Wort abschneidet. Sie …
(2) Hinrich erklärt während der Diskussion: „Die Angelegenheit ist viel zu verworren, deshalb werde ich dazu nichts sagen. Ich kann es mir nicht leisten, etwas Falsches zu sagen." Hinrich will sich nicht …
(3) Über den interessanten Unterricht und das Aussehen unseres neuen Deutschlehrers spricht die ganze Klasse. Es ist …
(4) „Tobias, du hast die letzten Aufgaben noch nicht erledigt und solltest dir deshalb genau überlegen, ob du diesen Auftrag auch noch übernehmen kannst", meinte Herr Freitag. Tobias sollte …
(5) Ich kann es nicht mehr hören, wie Patrick immer das sagt, was Herr Meier hören will. Es stört mich, dass Patrick Herrn Meier …
(6) Ich werde euch auch künftig meine Meinung sagen, egal, ob euch das passt oder nicht. Von euch lasse ich mir …
(7) So habe ich das gar nicht gemeint. Du …
(8) Sie machen doch, was sie wollen. Da kannst du dir …

b Sammle Redewendungen mit dem Begriff „Ohr" und formuliere fünf Sätze, in denen solche Ohr-Redewendungen vorkommen, z.B.:

Redewendung: die Ohren auf Durchzug schalten
Beispielsatz: Wenn ich Jens auf seine Mathenoten anspreche, schaltet er seine Ohren auf Durchzug.

Fachwörter/Fachsprache

5 a Lies zunächst aufmerksam den folgenden Fachtext.

Globale Probleme der Mensch-Raum-Beziehung

An der Wende zum 3. Jahrtausend sind die Menschen mit einer Gruppe von globalen Problemen konfrontiert. […]
Das Bevölkerungsproblem manifestiert sich in einer Reihe von Problemfeldern, unter anderem im Wachstum der Bevölkerung an sich, in bestimmten Strukturveränderungen
5 und in internationalen Migrationsströmen.
Es gibt auf der Erde vier Dichtezentren der Bevölkerung von globaler Bedeutung: West- und Mitteleuropa, der Nordosten der USA, der indische Subkontinent und Ostasien/Südostasien. […]
Einen ersten Ursachenkomplex bilden demografische Ursachen. Hohe Sterberaten

Wortbedeutung

10 bedingen hohe Geburtenraten, um die Reproduktion der Bevölkerung zu gewährleisten. Zurückgehende Sterberaten infolge der Verbesserung der Gesundheitsfürsorge oder anderer Ursachen sowie eine sinkende
15 Kindersterblichkeit führen letztendlich zu einer wachsenden Bevölkerungszahl.
Ein zweiter Ursachenkomplex sind wirtschaftliche Ursachen. Eine arbeitskräfteintensive Landwirtschaft, wie in Ostasien,
20 Südostasien, Indien (Reisanbau), bedingt hohe Geburtenraten und damit eine hohe Bevölkerungszahl auf engstem Raum. Das ist eine wesentliche Ursache für die Entstehung der Dichtezentren im asiatischen
25 Raum.
Der Reisanbau und die Essgewohnheiten (man ernährt sich überwiegend von pflanzlichem Eiweiß, im Gegensatz zu Europa, wo das pflanzliche Eiweiß über den Umweg des tierischen Eiweißes gegessen wird) ermöglichen im Gegenzug die Ernährung dieser Bevölkerungen. […]
30 Ein dritter Ursachenkomplex sind soziale Ursachen. Wo Kinderreichtum mit Sozialprestige verbunden ist, sind kinderreiche Familien charakteristisch. Wo Jungen ein höheres Prestige bedeuten als Mädchen, wird es immer wieder zu Schwangerschaften kommen, bis „genügend" Jungen in der Familie sind. Dieses soziale Moment wirkt auch dann weiter, wenn die wirtschaftliche Notwendigkeit vieler Kinder schon nicht mehr im ur-
35 sprünglichen Maße besteht. […]
Der Anstieg der Bevölkerung führt in Teilen der Erde zu einem Abwanderungsdruck, ausgelöst durch fehlende wirtschaftliche Möglichkeiten. […] Diese Wanderungsströme haben in ihrer ersten Stufe andere Regionen des jeweiligen Landes zum Ziel (die höher entwickelten oder industrialisierten Regionen). In einer zweiten Stufe kann es zur Aus-
40 wanderung kommen. […]
In manchen Entwicklungsländern findet die Land-Stadt-Wanderung teilweise in einem fast einstufigen Prozess statt und geht sehr schnell vor sich, ausgelöst durch die widrigen Lebensbedingungen in der alten Heimat und die Hoffnung auf ein besseres Leben in der Stadt. Der Verstädterungsprozess geht nicht immer mit dem wünschenswerten Grad an
45 Urbanisierung (Annahme städtischer Lebensgewohnheiten) einher. […]
Typische Bestandteile der Großstädte in Entwicklungsländern sind Elendsviertel ohne ein Mindestmaß an infrastruktureller Ausstattung. […] Die wirtschaftlichen Verhältnisse in diesen Vierteln weisen Züge der Subsistenzwirtschaft auf. Häufig sind große Teile dieser Bevölkerung an der Wertschöpfung ihres Landes nicht beteiligt.

b Schreibe Beispiele für Fachwörter aus dem Text heraus.
Welche kannst du auf Anhieb erklären?

Fachwörter/Fachsprache 163

c Sprecht darüber, in welchem Fachgebiet/in welchen Fachgebieten die Fachwörter des Textes Verwendung finden. Ordnet die Wörter entsprechend in verschiedene Wortfelder.

d Zeige an Beispielen, welche weiteren Merkmale der Fachsprache auf den Text zutreffen. Nimm den Merkkasten zuhilfe.

> **Fachsprache** und **Fachwörter** dienen als wirkungsvolles Mittel zur Verständigung unter Experten eines bestimmten Fachgebiets. Die Fachsprache benennt einen Sachverhalt eindeutig und möglichst kurz. Sie kann zur Ausgrenzung von Nichtfachleuten führen, die den jeweiligen Wortschatz nicht kennen (z.B. Fachsprache der Medizin). Zum Fachwortschatz gehören häufig Fremdwörter und Abkürzungen. Typisch für Fachtexte ist die Verwendung des Nominalstils (Substantivierungen) und der Gebrauch des Passivs.

S. 172–175: Richtig schreiben: Fremdwörter.
S. 93–102: Mit Sach- und Fachtexten umgehen.
S. 17–29: Schriftlich Stellung nehmen – Erörtern.

6 a Erarbeite jeweils eine Bedeutungserklärung zu den folgenden Begriffen unter Zuhilfenahme des Textes (Aufg. 5). Suche zunächst die Stellen im Text, an denen die Begriffe erklärt werden. Schreibe z.B.:

Migration bezeichnet Wanderungsströme, die durch fehlende wirtschaftliche Möglichkeiten ausgelöst werden. Der Abwanderungsdruck richtet sich zunächst auf das Land selbst, geht dann aber … (Z. 36–40).

- Migration
- Infrastruktur
- Subsistenzwirtschaft

b Schlagt die Begriffe in einem Wörterbuch nach und vergleicht eure Ergebnisse.

7 Wählt selbst einen Fachtext aus (z.B. aus einem anderen Fachunterricht oder aus eurem Spezialgebiet). Untersucht folgende Fragen:
- Aus welchem Fachgebiet/welchen Fachgebieten stammt der Text?
- Welche Fachwörter kommen im Text vor?
- Lassen sich Wortfelder bilden?
- Was bedeuten die Fachwörter?
- Weist der Text weitere Merkmale von Fachsprache auf? Gebt Beispiele.

Wortbedeutung

> Viele Fachwörter lassen sich mithilfe einer Definition genau erklären.
> Eine Definition besteht in der Regel
> - aus einem **Begriffswort**, das zu bestimmen ist,
> - aus dem **Oberbegriff**, dem der zu bestimmende Begriff zugeordnet werden kann,
> - aus dem **Merkmal**/den **Merkmalen**, das/die den Begriff von anderen Begriffen unterscheidet/unterscheiden, z.B.:
>
> *Ein Fachwort ist ein Wort, das einem bestimmten Fachbereich zugeordnet werden kann.*

8a Jeder Mensch hat in der Regel ein Gebiet, auf dem er sich besonders gut auskennt. Prüfe zunächst deine Kenntnisse im Fach Deutsch.
Ordne die folgenden Begriffe den Erklärungen unten richtig zu.

> Dialog   Fabel   Debatte
>
> Parabel   Ballade   Anekdote

(1) Gesprächsform, bei der zwei Personen in Wechselrede miteinander sprechen
(2) Erzählform mit meist belehrendem Charakter, in der überwiegend Tiere menschliche Eigenschaften und Verhaltensweisen übernehmen
(3) Gesprächsform, bei der insbesondere im Parlament Themen erörtert werden
(4) kurze, belehrende Erzählform, in der ein überraschender Schluss Aufschluss gibt über eine allgemein gültige Aussage oder einen Wesenszug einer bekannten Person
(5) Gedicht, in dem lyrische, epische und dramatische Elemente vereint sind
(6) Erzählform, in der eine allgemein anerkannte Lebensweisheit in Form eines Gleichnisses dargestellt wird

b Übertrage die Tabelle in dein Heft und fülle sie aus.

Begriff	Oberbegriff	Begriffsmerkmale
Dialog	…	…

9 Wählt für die Gruppenarbeit aus folgenden zwei Möglichkeiten aus:

A Erarbeitet ein Rätsel, in dem Fachwörter aus dem Unterricht verschiedener Fächer erkannt werden müssen.

B Erarbeitet einen Lückentext zu einem Fachgebiet eurer Wahl, in dem eure Mitschülerinnen und Mitschüler die fehlenden Fachwörter ergänzen müssen.

Richtig schreiben

Fehler erkennen und Rechtschreibhilfen nutzen

1 a Überprüfe, ob die gekennzeichneten Wörter richtig geschrieben sind und ob die Kommas gesetzt werden müssen oder nicht. Die Rechtschreibtipps auf den Seiten 175–177 helfen dabei.

Vom schlechten Schüler zum Nobelpreisträger

(1) Dass die geistige Entwicklung Heranwachsender (◄–) so ganz und gar nicht im Rahmen enger Normen vonstattengeht (◄–), ist nichts Ungewöhnliches (◄–). (2) Dass wenig intelligent erscheinende Schüler im späteren Leben zu hervorragenden (◄–) Leistungen fähig sind, zeigt die Geschichte eines Wissenschaftlers, der heute zu den bedeutendsten (◄–) der Welt gehört .
(3) Als andere Kinder schon sprechen konnten, (◄–) brachte er kein einziges, klares (◄–) Wort über die Lippen. (4) Seine Eltern befürchteten, er sei geistig behindert. (5) Verwandte und Bekannte empfanden ihn als passiv, als jemand (◄–), der sich für nichts interessierte (◄–), nicht mit anderen spielte, keinen Sport trieb.
(6) Während der Schulzeit veränderte sich sein Verhalten im Wesentlichen (◄–) nicht.
(7) Er erlebte Lernen (◄–) als Zwang und reagierte auf den Drill mit innerlichem Boykott. (8) Die Lehrer hielten ihn für respektlos, einer legte ihm sogar das Verlassen (◄–) der Schule nahe. (9) Ein Arzt, (◄–) der ihm „Nervenzerrüttung" bescheinigte, (◄–) verschaffte ihm einen halbjährigen Erholungsurlaub.
(10) Später gab er dem Bitten und Drängen seines Vaters nach und meldete sich zu einer Aufnahmeprüfung für das Polytechnikum in Zürich. (11) Er bestant (◄–) sie nicht.
(12) Auf Anraten (◄–) eines wohlmeinenden (◄–) Lehrers besuchte er die oberste Klasse der aargauischen (◄–) Kantonsschule, und in der liberalen Atmosphäre der schweizerischen (◄–) Kleinstadt machte ihm das Lernen zum ersten Mal (◄–) Freude.
(13) Dort, (◄–) wo er die Aufnahmeprüfung nicht geschafft hatte, (◄–) wurde er als Vierunddreißigjähriger (◄–) Professor. (14) Mit zweiundvierzig Jahren erhielt er den Nobelpreis für Physik.
Wer es war? Albert Einstein.

b Schreibe den Text in der korrigierten Fassung in dein Heft. Notiere in den Klammern auch die entsprechenden Rechtschreibtipps.

Groß- und Kleinschreibung

1 a Lies zunächst folgenden Text.

Wie man Prüfungsangst überwinden kann

Voriges Jahr vor den Prüfungen hat meine Freundin tagelang ihre gesamte Umgebung genervt. „Ich kann keinen klaren Gedanken mehr fassen. Ich kann nicht mehr richtig essen und schlafen. In meinem Kopf ist totale Leere. Wenn ich keinen Anfang finde oder die erste Aufgabe nicht kann, dann ist alles aus, dann verhau ich die ganze Prüfung, dann fall ich durch. Ich besteh die Prüfung sowieso nicht." <u>Solche Sätze und ähnliche</u> waren immer wieder von ihr zu hören.
<u>Als Erster</u> hat ihr unser Schulbusfahrer, der auch eine Zeit lang Fahrlehrer war, gut zugeredet. „Mädchen", hat er gesagt, „du machst genau das Falsche, du redest dir ja den Misserfolg geradezu ein, du musst dir <u>positives Denken</u> angewöhnen, dir immer sagen: Ich kann das. Ich pack das. Ich schaff das. Diese Hürde nehme ich." Er hat ihr zur Selbstberuhigung und Entspannung autogenes Training empfohlen. Andere Prüfungserfahrene hatten weitere Tipps und Ratschläge. Nicht alle sind <u>für jeden</u> gleichermaßen geeignet:
- <u>Aufgaben überfliegen, die schwierigste herausfinden</u> und mit ihr beginnen, sie bringt die meisten Punkte
- das Allerwichtigste: <u>gründliches Lesen und genaues Erfassen</u> der Aufgaben und Teilaufgaben
- kein stures Abarbeiten der vorgegebenen Reihenfolge, sondern <u>vom Leichten zum Schwierigeren gehen</u>, denn <u>erfolgreich Bewältigtes</u> spornt an
- sich <u>im Stillen</u> einen Zeitplan machen, Zeit lassen zum Überprüfen
- keine Panik, wenn <u>beim Verstehen oder Lösen</u> einer Aufgabe Schwierigkeiten auftreten, an einer anderen Stelle weitermachen
- nicht durch andere ablenken lassen, sich auf sich selbst konzentrieren
- Pausen einlegen, abschalten, sich entspannen

Groß- und Kleinschreibung 167

b Tausche dich mit einer Lernpartnerin/einem Lernpartner über die Ratschläge aus.

c Schreibe die Prüfungstipps auf, die du für dich als besonders nützlich erachtest.

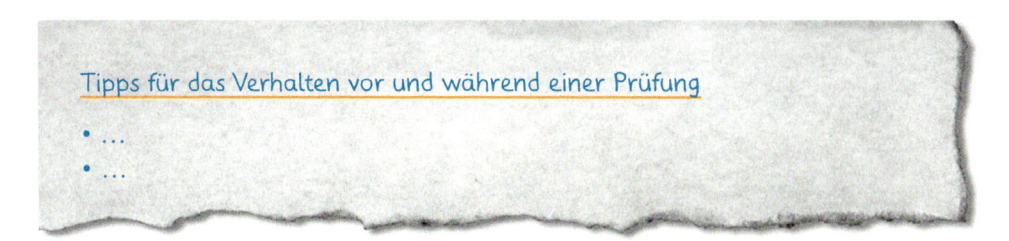

> Tipps für das Verhalten vor und während einer Prüfung
> - ...
> - ...

2 a Im Text auf Seite 166 sind einige Stellen markiert. Schreibe diese untereinander auf und begründe, warum die Beispiele groß- bzw. kleingeschrieben werden müssen. Du kannst dazu die Rechtschreibtipps auf den Seiten 175–177 nutzen oder den Regelteil eines Wörterbuchs.

b Die folgenden Wortgruppen sind den aus Aufgabe a herausgeschriebenen sehr ähnlich. Schreibe sie neben dem entsprechenden Beispiel aus Aufgabe a auf.

- als Dritter
- schnelles Reagieren
- junge Menschen, aber auch ältere
- aufmerksames Beobachten und exaktes Analysieren
- vom Einfachen zum Komplizierten
- im Dunklen
- einmal Gesagtes
- nur für einige
- auf Biegen und Brechen
- verschiedene Farbmischungen herstellen, die beste auswählen

c Versuche, jeweils ein drittes Beispiel zu finden.

3 a Im Folgenden wird die Lesemethode von Seite 94 wieder aufgegriffen. Lies die Schrittfolge hier noch einmal.

> **Die Ü-Fra-Le-Wie-Methode**
>
> **Ü – Überfliegen, um sich einen Überblick zu verschaffen**
> Das ist der erste Schritt. Du blätterst den Text durch, liest nicht Zeile für Zeile, sondern die Zwischenüberschriften, alles, was fett gedruckt ist, Bildunterschriften, Zusammenfassungen.

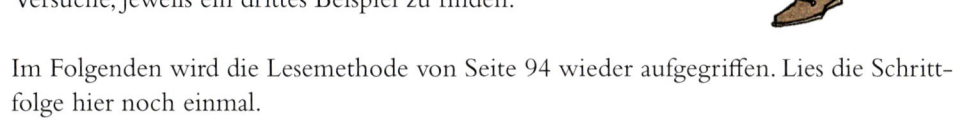

Groß- und Kleinschreibung

Fra – Fragen zum Text stellen
Du sammelst Fragen, die dir beim Überfliegen in den Sinn kommen: Was weiß ich schon zu diesem Thema? Was ist neu für mich im Text? Was habe ich verstanden? Was habe ich nicht verstanden? Wie sind die Darlegungen aufgebaut? Wie beginnen sie? Wie enden sie? Worauf orientiert die Überschrift?

Le – lautes und leises Lesen
Erst jetzt liest du konzentriert Zeile für Zeile, Absatz für Absatz. Schwierige Stellen solltest du besonders langsam lesen. In eigenen Büchern kannst du dir die wichtigsten Stellen unterstreichen, du kannst aber auch Stichwörter aufschreiben. Denke nach jedem Abschnitt darüber nach, was du gelesen hast.

Wie – Wiederholen
Du schaust dir noch einmal an, was du unterstrichen hast, oder vergleichst Stichwörter mit dem Text. Du versuchst zusammenzufassen, was du gelesen und neu erfahren hast.

b Die Hinweise zur Ü-Fra-Le-Wie-Methode lassen sich mithilfe von Substantivierungen kürzer formulieren, verdichten. Übernimm den veränderten Textbeginn und setze ihn in dieser Weise fort.

> Ü – Überfliegen: Durchblättern, Erfassen von Überschriften, Fettgedrucktem …

c Kennzeichne alle Substantivierungen, die du in deinem Text verwendet hast.

4 a Groß oder klein?

Nutze zur Entscheidung und beim Aufschreiben dieser häufig gebrauchten Wörter und Wortgruppen die Rechtschreibtipps auf den Seiten 175–177.

DAS GLEICHE, ZU GUTER LETZT, KEINER VON BEIDEN, EIN TAUSENDSTEL, DIE ERSTEN DREI, OHNE WEITERES, IM VORAUS, AM BESTEN, AUF DEM LAUFENDEN SEIN, UND ÄHNLICHES, IM ALLGEMEINEN, DIE WENIGSTEN, DAS MEISTE, ZUM BESTEN GEBEN, IM ÜBRIGEN, DES WEITEREN, RECHT SEIN, ANGST HABEN, AUS VERSEHEN, ENGLISCH SPRECHEN, DIESE REGELN UND AUCH DIE FOLGENDEN, DABEI IST FOLGENDES ZU BE-

ACHTEN, ÖSTERREICHISCHE GEMEINDEN, IN DEN SCHWEIZER ALPEN, NACHMITTAGS, EINES SCHÖNEN NACHMITTAGS, MITTWOCHS, HEUTE MORGEN, JEDEN MORGEN, IMMER MONTAGS, GESTERN ABEND, DER SONNTAGMORGEN, KOMMENDE NACHT, MORGENS

b Nutze folgende Hilfe zum Einprägen: Male oder klebe auf zwei völlig gegensätzliche Poster eine Sprechblase und schreibe jeweils die groß- bzw. kleinzuschreibenden Beispiele aus Aufgabe a ein.
Hänge diese „Lernhilfen" in deinem Zimmer auf. Nach einigen Tagen kontrollierst du den Einprägeeffekt.

5 a Der „richtige Weg" vom Start zum Ziel: Über welche Felder gelangst du zum Ziel, wenn nur Felder berührt werden dürfen, die keine Fehler in der Groß- und Kleinschreibung enthalten? Schlage im Zweifelsfall in einem Wörterbuch nach.

Start A	Heute Morgen bin ich zu spät gekommen. B	Morgen früh muss ich unbedingt pünktlich sein. C	Darüber solltest du dir im Klaren sein. D
Du bist an allem Schuld. E	Singen ist das Einzige, was ich nicht besonders kann. F	Jeder Einzelne wurde gefragt. G	Das wird im einzelnen noch geklärt. H
Er machte einiges falsch. I	Der LKW-Fahrer hat keine Schuld. J	Alles Andere erzähle ich dir später. K	Beim letzten mal war alles leichter. L
Man sollte das klein gedruckte sehr genau lesen. M	Niemals im Voraus bezahlen. N	Suche unter den zahlreichen Angeboten das günstigste heraus. O	Bitte den Anhang am schwarzen Brett beachten. P

b Entwirf selbst ein solches Spiel.

Getrennt- und Zusammenschreibung

1 a Welche Wortbauteile passen zusammen?

auseinander	sagen
abseits	lesen
voraus	nehmen
weiter	stehen
an	sprechen
ab	stellen
gegenüber	nehmen
wider	sagen

b Suche dir aus jeder Gruppe zwei Zusammensetzungen aus und verwende sie in Wortgruppen oder Sätzen.

c Lies dir den folgenden Rahmen durch. Markiere anschließend die Betonung der beiden aus Adverb + Verb zusammengesetzten Verben.

> Fügungen aus **Adverb + Verb** oder **Präposition + Verb** werden **zusammengeschrieben**, wenn die Hauptbetonung auf dem Adverb bzw. der Präposition liegt, z.B.:
> *aneinanderstoßen, vorwärtskommen, zusammenbleiben* (Adverb + Verb)
> *auftreten, entgegenkommen, gegenüberstellen* (Präposition + Verb)
> **Getrennt geschrieben** werden **Adverb + Verb** dagegen in der Regel, wenn die Hauptbetonung auch auf dem Verb liegen kann, z.B.:
> *Wir wollen besser aufeinander achten.*
> *Man kann sich schnell aneinander gewöhnen.*

2 Übertrage die folgende Tabelle in dein Heft und ordne die gegebenen Beispiele in die richtige Spalte ein.

Zusammenschreibung wieder + Verb (im Sinn von: zurück)	Getrenntschreibung wieder + Verb (im Sinn von: nochmals, erneut)
wiedergeben …	wieder holen …

ihm die CD … (wieder/geben)   das Spiel … (wieder/anpfeifen)
mir das Buch … (wieder/holen)   den Betrag … (wieder/erstatten)
das Theaterstück … (wieder/aufführen)   das Buch … (wieder/bringen)
das Geld … (wieder/fordern)   mit dem Lesen … (wieder/anfangen)

> Fügungen aus **Adjektiv + Verb** schreibt man in der Regel **getrennt**, z.B.:
> *krank werden, den Stuhl richtig (hin)stellen.*
> Fügungen aus Adjektiv + Verb schreibt man **zusammen**, wenn sie eine neue, **übertragene Bedeutung** haben, die sich nicht aus der wörtlichen Bedeutung der beiden Bestandteile erklären lässt, z.B.:
> *sich kranklachen (sehr laut lachen), den Fehler richtigstellen (berichtigen).*

3 Setze in den folgenden Sätzen die passende Fügung aus Adjektiv + Verb ein. Prüfe, ob eine übertragene Bedeutung vorliegt, und entscheide dann, wie du schreiben musst.

groß/schreiben, fest/binden, gut/gehen, fertig/werden

(1) Kannst du deine Schnürsenkel nicht ganz … ?
Deinen Hund kannst du am Zaun …
(2) Kann Paul mit dem Problem alleine … ?
Mit dieser Arbeit kann ich bis Freitag …
(3) In diesen Schuhen kann ich … .
Lass es dir in den Ferien … !
(4) Substantive sollst du …
Kevin soll auf dem Plakat …, damit man alles gut lesen kann.

> Fügungen aus *so*, *wie* oder *zu* + **Pronomen, Adjektiv** oder **Adverb** werden in der Regel getrennt geschrieben, z.B.:
> *so viel, so weit, so sehr; wie viel(e), wie weit; zu viel, zu groß, zu wenig.*
> Wird die Fügung als Konjunktion gebraucht, schreibt man sie zusammen, z.B.:
> *soviel* (Konjunktion) *ich weiß, …; soweit* (Konjunktion) *ich das sagen kann, … .*

4 Schreibe die folgenden Sätze ab. Prüfe, welche der in Klammern stehenden Wörter getrennt bzw. zusammengeschrieben werden müssen.

(1) Ich komme, … (so/bald) ich kann.
Bitte benachrichtigen Sie mich … wie möglich.
(2) … (so/weit) ich das beurteilen kann, hat Philipp Recht.
Endlich ist meine Arbeit …, dass ich sie abgeben kann.
(3) Wir helfen euch … (so/oft), wie wir können.
… du kommst, bringst du ein kleines Geschenk mit.

5 Überlege, ob du die in Klammern stehenden Wörter getrennt oder zusammenschreiben musst. Erläutere ihre Schreibung. Wenn du unsicher bist, schlage im Wörterbuch nach.

(1) Niemand weiß, … (wie/weit) seine Kräfte gehen, bis er sie versucht hat. (*Goethe*)
(2) Die bestverschlossene Tür ist die, die man … (offen/lassen) kann. (*Konfuzius*)
(3) Leihe Geld einem, der es nicht … (zurück/zahlt), und er wird es dir … (übel/nehmen). (*chinesisches Sprichwort*)
(4) Mit dem Auto ist die Kunst des Ankommens … (verloren/gegangen). (*Kästner*)

Fremdwörter

1 a Lies den folgenden Text und wähle aus den gekennzeichneten Wörtern bzw. Wortbauteilen zehn aus. Schreibe diese untereinander mit einer kurzen Bedeutungserklärung auf.

Reizwörter

In der Sprache jeder Gesellschaft und jeder Zeit gibt es Reizwörter, die eine starke Wirkung auf viele Menschen ausüben, weil sie die Assoziationen in eine ganz bestimmte Richtung lenken. In unserer Gegenwartssprache sind es vor allem Zusammensetzungen mit Bauteilen aus dem Griechischen: mega-, öko-, bio-, mikro-, nano- u.a. Mega-Hit, Bio-Eier, Ökostrom, Mikrochip, Nanotechnologie sind nur einige Beispiele. Von Komposita mit öko- und bio- geht auf alle umweltbewusst Lebenden eine starke Faszination aus, weil den Konsumenten suggeriert wird, dass alle so benannten Erzeugnisse und Verhaltensweisen für die Natur und den Menschen besonders wertvoll sind. Wörter mit mega-, mikro- und nano- kennzeichnen das Vordringen in Extrembereiche, symbolisieren also ein typisches Symptom der heutigen Zeit. Häufig werden diese Begriffe für supermoderne wissenschaftliche Entwicklungen verwendet, aus denen neuartige Produkte hervorgehen: Pharmaka, unkonventionelle Materialien, Computerbausteine. Kein Wunder, dass die Werbung solche Wortschöpfungen aufgreift, popularisiert, mitunter sogar selbst kreiert und manchmal auch missbraucht.

b Ergänze zu jedem dieser Fremdwörter 2–3 verwandte Wörter (Substantive, Verben, Adjektive, Zusammensetzungen).

2 a Lies den folgenden Text, tausche dich mit deiner Lernpartnerin/deinem Lernpartner über den Textinhalt aus. Schlage auch die Bedeutung aller Fremd- und Fachwörter nach, die du selbst nicht ganz exakt erklären kannst.

Der Nanokosmos – eine Welt voller Überraschungen

Das griechische Wort „nanos" heißt Zwerg, zwergartig und bezeichnet ganz anschaulich eine besonders kleine Dimension. Nanopartikel sind zehntausend Mal dünner als ein menschliches Haar. Sie herzustellen, haben Nanotechnologen sich vorgenommen.
In Science-Fiction-Darstellungen entfalten Nanoteilchen wunderbare Kräfte und Wirkungen. Braucht jemand z.B. neue Jeans, wirft er seine Nanoapparatur an und setzt aus entsprechenden Atomen den Stoff für das Kleidungsstück zusammen. Wünscht man sich einen goldenen Ring, lässt man den Nanoroboter Goldatome zusammenbauen. Eine Erkältung wird nanomedizinisch so behandelt, dass winzig kleine „Maschinchen" in die Blutbahn injiziert werden, die mit ihren Propellern die Viren ansteuern und zerhacken.

Die Fiktion: „Beamen" im Raumschiff Enterprise

Das alles ist keine Wirklichkeit, sondern Utopie, und man weiß nicht, wie nahe man diesen Visionen je kommen wird. Aber es werden bereits Nanoteilchen erzeugt und auf den Markt gebracht, deren nützliche Wirkung nachgewiesen ist, z.B. besonders kratzfeste Lacke und Farben. In modernen Sonnencremes mit extrem hohem Schutz vor ultravioletter Strahlung ist Titandioxid in Form von Nanopartikeln enthalten. Zehn Millionen solcher Teile hintereinandergereiht, ergeben einen Durchmesser von einem Millimeter. Sie bilden auf der Haut einen festen, unsichtbaren Film, der das Eindringen schädlicher Sonnenstrahlen verhindert.
Wenn es Wissenschaftlern gelingt, solche Nanoteilchen ganz gezielt zu produzieren, dann könnten auch Methoden zur Krebsbekämpfung, wie sie jetzt das Berliner Klinikum Charité erprobt, bald zur gängigen Praxis gehören: Eisenoxidpartikel – umhüllt von speziellen Stoffen – werden in den Körper eingespritzt und von den Krebszellen aufgenommen. Legt man ein Magnetfeld an, wird das von den Krebszellen aufgenommene Eisen stark erhitzt und dadurch werden die Krebszellen zerstört. Vielleicht ist das schon bald eine schonende Therapie zur Behandlung von Tumoren.

Die Wirklichkeit: Metallfilter zum Transport von Millionen von Nanoteilchen

Fremdwörter

b Bearbeite die Darlegungen zum Thema „Nanotechnologie" so, dass du sie in einer verkürzten, aber verständlichen Fassung aufschreiben kannst. Überlege, welche Fremdwörter sich durch deutsche Wörter ersetzen lassen.

3 a Was bedeutet der Wortbestandteil *mini*?

b Schreibe die Sätze in dein Heft und ergänze sie.

- Eine Miniatur ist …
- Miniaturisieren sagt man in der Elektronik für …, insbesondere von elektronischen Bauelementen.
- Minimum bedeutet …
- Minimieren …

Nutze – falls nötig – ein Fremdwörterbuch.

4 a Globalisierung – ein riesiges Wortfeld, das mit Begriffen aus den unterschiedlichsten Bereichen verknüpft werden kann.
Aber welches Wort lässt sich im Zusammenhang mit Globalisierung nicht verwenden?

- Ökonomie
- international
- Kritiker
- Hegemonie
- Regierung
- Alternative
- Universalismus
- total
- kompliziert
- Vision
- Massenmedien
- skeptisch
- Kontinuität
- elementar

- Realpolitiker
- Diplomatie
- Militär
- Positionen
- System
- tolerant
- Tendenz
- fundamental
- stabilisieren
- Terrorismus
- Kommunikation
- absolut
- Regionalisierung
- kontinuierlich

- Kultur
- Nationalstaat
- Demokratie
- Imperialismus
- Regime
- liberal
- existieren
- konservativ
- Illusion
- Identität
- ultraviolett
- Novum
- Differenz

b Schreibe die Wörter auf, die deiner Meinung nach eine zentrale Bedeutung für den Begriff „Globalisierung" haben.

c Ergänze weitere stammverwandte Wörter, z.B.:
Globalisierung, Globus, …

5 a Welche Besonderheit haben diese Verben?

- sprinten
- jobben
- chatten
- testen
- fighten
- mailen
- checken
- bluffen
- jetten
- walken
- joggen
- skaten

b Was bedeuten sie?

c Schreibe jedes Verb sowie das verwandte Substantiv auf.

6 a Nicht verwechseln! Eine Übung für Fortgeschrittene.
Welches Fremdwort kannst du auf Anhieb erklären?

konservativ	–	konserviert	Zäsur	–	Zensur
exportieren	–	expandieren	Kreation	–	Kreatur
importieren	–	improvisieren	Rezeption	–	Rezession
integrieren	–	intrigieren	ethisch	–	ethnisch

b Bei welchem musst du ein Fremdwörterbuch heranziehen?

Rechtschreibhilfen im Überblick

1. Wie muss ich den Wortstamm schreiben?

1.1. Das Wort langsam und besonders deutlich sprechen – möglichst hochdeutsch, z.B.:
er pro ben, fest stel len, be deu ten

1.2. Die Schreibung ableiten:

1.2.1. Den Wortstamm oder eine bekannte Form suchen, z.B.:
gän*g*ig (wegen Gan*g*)

1.2.2. Das Wort verlängern, z.B.:
spannen*d* (wegen spannen*de*),
Zwer*g* (denn: Zwer*ge*)

1.2.3. Das Wort in seine Bauteile zerlegen,
z.B.: *selbst-länd-ig, Inter-esse, ent-deck-en*

Rechtschreibhilfen im Überblick

2. Schreibe ich das Wort groß oder klein?

2.1. Ist das Wort als Substantiv gebraucht, also mit einem Artikel oder einem Attribut verwendet worden oder verwendbar, dann groß, z.B.:
das Wichtigste, (das) Überprüfen und Korrigieren, zügiges Arbeiten, die Zehn, beim (bei dem) Experimentieren, im Folgenden, im Voraus, nichts Neues, heute Morgen

2.2. Handelt es sich um eine einmalige Erscheinung (einen Eigennamen) oder um eine Ableitung von einem geografischen Eigennamen auf *-er*, dann groß, z.B.:
das Rote Meer, Berliner Weiße, Hägar der Schreckliche

2.3. Hat das Wort zwar die Merkmale eines Substantivs, aber eine andere Funktion, dann klein, z.B.:
von klein auf, ein jeder, die beiden, ein bisschen, der bekannteste Läufer und zugleich der erfahrenste, am leichtesten

3. Schreibe ich das Wort getrennt oder zusammen?

3.1. Liegt ursprünglich eine Wortgruppe zugrunde, dann zusammen, z.B.:
Sonntagmorgen (der Morgen des Sonntags), umweltfreundlich (für die Umwelt freundlich), freudestrahlend (vor Freude strahlend)

3.2. Zusammengeschrieben werden Verben mit folgenden und anderen Partikeln als erstem Bestandteil, z.B.:
ab-, an-, auf-, aufeinander-, aus-, bei-, beisammen-, da-, dabei-, dafür-, dagegen-, daher-, dahin-, dahinter-, daneben-, dar-, darunter-, davon-, davor-, dazu-, dazwischen-, dran-, drauf-, drauflos-, drin-, durch-, durcheinander-, ein-, fort-, gegen-, gegenüber-, her-, herab-, heran-, herauf-, heraus-, herein-, herüber-, herunter-, hervor-, hin-, hinauf-, hinaus-, hinein-, hinüber-, hinter-, hinterdrein-, hinunter-, hinterher-, hinzu-, los-, mit-, nach-, nebenher-, nieder-, über-, überein-, um-, umher-, unter-, vor-, voran-, vorauf-, voraus-, vorbei-, vorwärts-, vorweg-, weiter-, weg-, wi(e)der-, zueinander-, zurück-, zusammen-, zuvor-, zwischen-

3.3. Zusammengeschrieben werden Verben, die mit einem Adjektiv zusammengesetzt sind und in übertragener Bedeutung verwendet werden, z.B.: *großschreiben* (mit großem Anfangsbuchstaben), *klarmachen* (verdeutlichen), *richtigstellen* (berichtigen), *schiefgehen* (misslingen).

3.4. In der Regel getrennt schreibt man:

– Verb + Verb, z.B.:
einkaufen gehen, spazieren gehen, schwimmen lernen

– Substantiv + Verb, z.B.:
Ski laufen, Rad fahren, Klavier spielen

– Fügungen mit *sein*, z.B.:
beisammen sein, zurück sein, fertig sein, da sein, vorhanden sein, vorüber sein

– *so, wie* oder *zu* + Adjektiv oder Adverb, z.B.:
so viele, wie viele, zu viel, so oft, wie oft, zu weit, zu oft

4. Muss ich ein Komma setzen oder nicht?

4.1. Kann ich zwischen zwei Wörter, Wortgruppen oder Sätze *und* bzw. *oder* setzen, handelt es sich um eine Aufzählung. Dann steht ein Komma, z.B.:
Blumen, frisches Gemüse, vielerlei Obst
(Blumen und frisches Gemüse und vielerlei Obst)
Man tritt die Kupplung, legt den Gang ein, dann löst man die Handbremse und gibt langsam Gas.

4.2. Gibt es einen Teilsatz, der mit einem Einleitewort beginnt und mit der finiten Verbform endet, dann muss ich diesen Nebensatz durch Komma(s) vom übrigen Satz abgrenzen, z.B.:
Du musst den Computer ausschalten, bevor du den Raum verlässt.
Ein Text, der mit der Rechtschreibprüfung am PC kontrolliert wurde, ist meist noch nicht völlig fehlerfrei.

4.3. Lässt sich eine nachgestellte Wortgruppe auch in Klammern setzen, dann wird dieser Zusatz durch Komma(s) abgetrennt, z.B.:
Am Donnerstag (dem 9. 7.) beginnen in mehreren Bundesländern die Ferien.
Am Donnerstag, dem 9. 7.(,) beginnen die Ferien.

Abschlusstraining

Einen Text überarbeiten

Aufgabe: Lies den Schüleraufsatz, in dem sich ein Schreiber an jüngere Mitschülerinnen/Mitschüler richtet. Überarbeite ihn schriftlich. Die Arbeitshilfen zeigen dir auf, unter welchen inhaltlichen Gesichtspunkten du Texte überprüfen kannst. Auch wie du den sprachlichen Ausdruck kontrollieren kannst, wird dir verdeutlicht.
Achtung! Damit du den Text so wie in der realen Prüfungssituation bearbeiten kannst, musst du ihn kopieren.

Bitte verbessern!

Was Kinder krank macht

Liebe Schüler,
es gibt drei große gesundheitliche Problembereiche.
Die drei Problembereiche sind Stress, Bewegungsmangel und die Essgewohnheiten von euch.
5 Ich möchte mich auf eines dieser Probleme spezialisieren. Das Problem, auf das ich mich spezialisiere, ist der Bewegungsmangel. Was versteht man überhaupt unter Bewegungsmangel? Bewegungsmangel ist, wenn man nicht viel Sport treibt oder wenn man den ganzen Tag vor dem Computer oder dem Fernsehen sitzt oder, oder, oder. Es gibt nämlich viele Gründe für Bewegungsmangel, die
10 Gründe, die ich euch aufgezählt habe, sind nur ein paar Beispiele. Aus diesen Problemen ergeben sich immer mehr kleinere Probleme, aber die kleineren Probleme werden immer größer. Ich möchte euch jetzt die Probleme aufzählen und sie euch erleutern.
Es gibt drei kleinere Probleme zu den großen Problem Bewegungsmangel. Die
15 kleineren Probleme sind Übergewicht, Untergewicht und als sportförderungsbedürftig eingestuft.
Zu dem Problem Übergewicht: Es leiden 11 % aller Jungen und Mädchen an diesem Problem. Es gibt wiederum viele Ursachen für das Problem Übergewicht, z.B. Snacks, Fastfood und zu wenig Bewegung.
20 Ein zweites Problem ist das Untergewicht, von allen Jungen und Mädchen leiden 8 % an dem Problem Untergewicht.
Das dritte kleinere Problem ist, das viele Jugendliche als sportförderungsbedürftig eingestuft werden. Es werden schon viele Testgruppen gebildet um das Problem als sportförderungsbedürftig eingestuft zu werden zu verringern. Zwei Test
25 ergebnisse möchte ich euch mitteilen: Es gab eine Testgruppe 1985, es wurden 16 % als sportförderungsbedürftig eingestuft und eine zweite Testgruppe von 1995 mit dem Ergebnis, 47 % wurden als sportförderungsbedürftig eingestuft. Diese Ergebnisse lassen erahnen, dass die Jugendlichen von 1985 mehr Sport getrieben haben, als die Jugendlichen von 1995.

Abschlusstraining: Einen Text überarbeiten

30 Dies ist ein sehr erschreckendes Ergebnis. Und warum ist es so? Weil immer mehr Technik erfunden und weiterentwickelt wird.
Eine Studie hat ergeben, das immer mehr Jugendliche mit dem Gewichtsproblemen kämpfen. Die Studie sagt uns, das immerhin 11% der 11- 15-jährigen Jungs und 17% der Mädchen mit diesem Problem zu kämpfen haben.
35 Eine aktuelle Studie von 1999 zeigt uns, das die Mädchen immer mehr mit Gewichtsproblemen zu kämpfen haben. Es kämpfen 65% der 13-14-jährigen Mädchen mit Gewichtsproblemen.
Warum wollen die Meisten gar kein Normalgewicht? Weil sie ein Schönheitsideal haben, das die Kleidergröße 34/36 hat, statt Durchschnittskleidergröße 40/42.
40 Und wodurch kommt das? Erstens durch zu viel Technik und zweitens durch zu wenig Bewegung.
Ich finde, es gibt zu viele Jugendliche die an Gewichtsproblemen leiden oder Jugendliche die damit kämpfen. An Stelle von Jugendlichen die an Übergewicht leiden würde ich ein bischen mehr Sport treiben und nicht nur vor dem Fernsehen
45 oder vor dem Computer sitzen
An Stelle derer die an Untergewicht leiden würde ich etwas mehr essen und nicht immer auf das hören was vielleicht im Fernsehen kommt oder was vielleicht in Zeitungen steht.
Ich würde mir auch nicht einfallen lassen, so wie mein Vorbild auszusehen.
50 Denkt immer daran Sport zu treiben und bewegt euch viel (geht z.B. mal spazieren)!

1 Wie kannst du vorgehen?
Versuche, die Absicht des Schreibers zu erfassen. Schätze ein, worum es im Text geht.
Ordne die Antworten zu.
Darum geht es im Text

hauptsächlich	teilweise	kaum
…	a …	…

Der Schreiber
a) will Mitschülerinnen/Mitschüler zum Nachdenken über die Ursachen und Folgen des eigenen Bewegungsmangels anregen,
b) macht sich Gedanken über die Auswirkungen der zunehmenden Technisierung auf das Leben von Kindern,
c) will Mädchen und Jungen zu mehr sportlicher Betätigung veranlassen,
d) setzt sich mit Erscheinungen unserer modernen Gesellschaft auseinander, die sich negativ auf die kindliche Entwicklung auswirken,
e) zeigt anderen Schülerinnen/Schülern einige Ursachen für die gegenwärtig zu beobachtende Bewegungsarmut vieler Kinder und Jugendlicher auf,
f) macht Vorschläge für eine gesunde Lebensweise der Heranwachsenden.

2 Achte darauf, welche Teilprobleme im Text dargelegt werden. Lies dazu den Text noch einmal.
  a) Markiere in den Einzelabschnitten solche Wörter oder Wortgruppen, die den Textaufbau schlagwortartig erkennbar machen.
  b) Stelle in einer Mindmap selbst Ursachen, Folgen und deren Auswirkungen zum Thema „Was Kinder krank macht" zusammen.
  c) Schätze ein: Ist der vorliegende Textaufbau in Bezug auf das Anliegen sinnvoll und möglich? Ist er logisch und überzeugend und auch gelungen?
  d) Schreibe unter den Text einen Ratschlag für den Schreiber zur inhaltlichen Gestaltung des Aufsatzes.

3 Untersuche den Satzbau im Text:
  - die Satzanfänge im ersten Teil des Textes (bis Zeile 19),
  - die Relativsätze in den Zeilen 42–48,
  - die Frage- und Antwortsätze im zweiten Teil des Aufsatzes.

Schreibe Verbesserungsvorschläge zu 4–5 ungeschickten Formulierungen des Textes.

4 Achte auf die Wiederholung von Wörtern und Formulierungen.
  a) Markiere solche Wiederholungen.
  b) In den Zeilen 10–19 wird das Wort *Problem* wiederholt, in den folgenden Sätzen das Adjektiv *sportförderungsbedürftig*. Formuliere diese Passagen um.
  c) Es tauchen Wiederholungen beim Verknüpfen von Sätzen auf. Verbessere, indem du die Beziehungen zwischen den Sätzen geschickter und kürzer kennzeichnest.

5 Korrigiere falsche oder wenig verständliche Begriffe.
  a) Was ist im Satz „Ich möchte mich ... spezialisieren" eigentlich gemeint?
  b) Suche nach weiteren unrichtigen oder für dich unverständlichen Formulierungen und ersetze diese durch zutreffende Bezeichnungen.

6 Schreibe einen zweiten Ratschlag unter den Text, der dem Schreiber hilft, den Satzbau, die Textverknüpfung und die Wortwahl zu verbessern.

7 Überprüfe und verbessere die Kommasetzung, insbesondere bei den Relativsätzen mit dem Einleitewort *die* und bei den *das/dass*-Sätzen.

8 In Rechtschreibung und Grammatik ist der Textverfasser ziemlich sicher. Suche die 2 Rechtschreibfehler und die 2 Grammatikfehler, die zu finden sind.
(Nicht enthalten sind „dass"-Fehler, siehe Aufgabe 7.)

9 Schreibe den Text überarbeitet in dein Heft.

➔ *S. 191: Hier findest du Lösungsmöglichkeiten.*

Arbeitstechniken anwenden

Sachtexte kürzer fassen

→ S. 93–97: Sachtexte lesen und verstehen.

Inhalte gekürzt wiedergeben oder die Hauptinformation herausarbeiten

Die folgende Übersicht enthält zwei Möglichkeiten, Sachtexte kürzer zu fassen.

Inhalte gekürzt wiedergeben *(Welches sind die wichtigsten Inhalte des Textes?)*	Hauptinformation herausarbeiten *(Worüber schreibt die Autorin/der Autor mit welchem Ziel?)*
Ziel: Die wichtigen Aussagen des Textes sollen gekürzt wiedergegeben werden.	Ziel: Die Grundaussage bzw. das Gesamtanliegen des Textes wird in einem oder sehr wenigen Sätzen mitgeteilt.
Vorgehen: 1. Die Absicht der Autorin/des Autors (z.B. informieren) und das Thema des Textes erfassen 2. Abschnittweise vorgehen und die wesentlichen Informationen des Abschnittes unterstreichen bzw. herausschreiben 3. Nebensächliche Informationen streichen bzw. weglassen (z.B. Beispiele, Wiederholungen, Erläuterungen) 4. Die Textinhalte in Stichworten oder als stark gekürzten Fließtext wiedergeben Bei dieser Methode wird der Aufbau des Textes meist beibehalten.	Vorgehen: 1. Die Absicht der Autorin/des Autors (z.B. informieren, Stellung nehmen, appellieren) und das Thema des Textes erfassen 2. Das Wesentliche der einzelnen Abschnitte erfassen und notieren (siehe Methode Inhalte gekürzt wiedergeben: 2./3.) 3. Die Reihenfolge der Textaussagen außer Acht lassen und diese auf die Gesamtaussage des Textes hin verdichten (z.B. Einzelbegriffe unter einem Oberbegriff zusammenfassen) 4. Die Autorenabsicht und die Grundaussage in möglichst einem Satz wiedergeben
Beispiel: *Die Initiative zum Verbot genmanipulierter Nahrung wurde 1996 gegründet. Ziel der Initiative ist es, die Verbraucher aufzuklären. Das geschieht durch Aktivitäten wie …*	Beispiel: *Die Naturgesetz-Partei fordert die Verbraucher auf, das Gengesetz zu boykottieren.*

Sachtexte kürzer fassen

In Texten markieren/unterstreichen

Es ist wichtig, dass du nicht zu viel markierst, sondern tatsächlich nur das Wichtigste. Anderenfalls hast du einen stark markierten Text, den du beinahe noch mal ganz lesen musst. Das Markieren/Unterstreichen ist natürlich nur im eigenen Buch oder auf Kopien möglich.
Du solltest in drei Stufen vorgehen:

1. Stufe	2. Stufe	3. Stufe
Lies den Text. Mach dir während des Lesens bei unbekannten/unklaren Begriffen Fragezeichen an den Rand oder notiere dir diese. Kläre die Begriffe durch Nachschlagen oder Internetrecherche und notiere die Erklärungen am Rand oder auf einem Extrablatt.	Lies den Text ein zweites Mal. Unterstreiche mit Bleistift und Lineal wichtige Aussagen.	Geh noch mal deine Unterstreichungen durch und hebe mit einem Textmarker die wichtigsten Wörter (Kernwörter) hervor. Unterstreiche mit einem feinen Filzstift die Nebeninformationen. Radiere eventuell überflüssige Bleistiftunterstreichungen wieder weg.

„Gastarbeiter" in Westdeutschland

In den Sechzigerjahren gab es in Westdeutschland ein großes Interesse an ausländischen Arbeitnehmern, weil in der wachsenden Industrie Arbeitskräfte fehlten. Viele Arbeiter kamen in die Bundesrepublik, um den Schwierigkeiten in ihren Heimatländern zu entgehen und eine lohnende Lebensperspektive zu gewinnen. Ihr Ziel war der rasche Gelderwerb, um mit den Ersparnissen nach der Rückkehr in die Heimat eine eigene Existenz aufbauen zu können. Damit sie möglichst viel sparen konnten, lebten viele der „Gastarbeiter", wie sie in Westdeutschland genannt wurden, in einfachen Unterkünften. Sie suchten auch selten Kontakt zu Deutschen und blieben unter sich, um sich dadurch ein wenig Heimat in der Fremde zu erhalten: die eigene Sprache, eigene Speisen, eigene Musik.
1973 war die wirtschaftliche Situation in der Bundesrepublik Deutschland nicht mehr so rosig wie in den Sechzigern, man befürchtete Arbeitslosigkeit. Mittlerweile arbeiteten 2,3 Millionen Ausländer in deutschen Betrieben. Ein Anwerbestopp wurde beschlossen.

In Texten markieren/unterstreichen

1 Lies den folgenden Text und arbeite die Hauptinformation heraus. Die Übersichten auf den Seiten 181 und 182 helfen dir dabei.

Aus dem Aufruf Schweizer Köche 1993

Wir servieren kein genmanipuliertes Essen. Es ist uns ein großes Anliegen, dass wir als Chefköche nicht unsere Tradition und die Integrität unserer kulinarischen Kunst opfern dürfen, nur um die gentechnisch verfahrende Industrie zu schützen. Es besteht hier auch eine Chance, dass wir dieses genetische Herummanipulieren an unseren Nahrungsgrundlagen noch aufhalten können, und zwar jetzt. Als Chefköche können wir bei dieser wichtigen Aufgabe eine zentrale Rolle übernehmen.

2 Lies den folgenden Text und gib die Kernaussagen des Textes gekürzt wieder. Die Übersichten auf den Seiten 181 und 182 helfen dir dabei.

Gentechnik: Mit neuen Methoden zu alten Zielen

Seit mehr als 10 000 Jahren verändert der Mensch Pflanzen seinen Bedürfnissen entsprechend. Dabei stehen Qualität, Ertrag und Widerstandskraft gegen Krankheitserreger und Schädlinge im Vordergrund. Heute existiert eine große Anzahl von ertragreichen Nutzpflanzen, die alle ganz allmählich aus ursprünglichen und unscheinbaren Wildpflanzen entstanden sind. Sie liefern qualitativ hochwertige Lebensmittel mit gutem Geschmack und hohem Nährwert.

Mit der Entdeckung der Vererbungsregeln durch Gregor Mendel hat eine systematische Züchtungsforschung eingesetzt, deren Ziel es ist, immer bessere Sorten zu schaffen. Im Mittelpunkt der traditionellen Züchtung steht die Kreuzung verwandter Arten miteinander. Dabei werden Erbanlagen der Elternpflanzen gründlich gemischt. Erwünschte Kombinationen werden vom Züchter aussortiert und weiter vermehrt. Der gesamte Prozess ist langwierig und kostspielig und sehr oft vergehen zehn bis zwanzig Jahre, bevor eine neue Sorte auf dem Markt eingeführt werden kann.

Seit dem Anfang der Siebzigerjahre kann man mit der Gentechnik das Gen für eine einzelne gewünschte Eigenschaft aus dem Erbgut einer Pflanze isolieren und in eine andere Pflanze einsetzen. Dadurch wird das unendliche Geduldspiel aus Kreuzung und Auslese um eine neue Methode ergänzt, mit deren Hilfe Pflanzen gezielt und nach eigenen Wünschen geformt werden können. Und anders als bei der klassischen Züchtung funktioniert das auch über die Artgrenzen hinweg. Nun können Gene von Nüssen in Sojapflanzen, Gene von Fischen in Tomaten und sogar Gene vom Menschen ins Schwein eingesetzt werden. Damit gehen die Ergebnisse, die mit gentechnischen Verfahren in der Züchtung von Nutzpflanzen und -tieren und in der Nahrungsmittelproduktion erzielt werden, weit über die Ergebnisse der traditionellen Methoden hinaus.

Gesetzestexte lesen und verstehen

1 a An dem folgenden Beispiel wird deutlich, dass auch scheinbar allgemein bekannte Begriffe in juristischen Fachtexten einer eindeutigen juristischen Definition unterliegen, die mitunter das Verständnis scheinbar leichter Texte erschweren. Lies den folgenden Paragrafen aus dem bürgerlichen Gesetzbuch (BGB).

> **§ 433 (BGB) Vertragstypische Pflichten beim Kaufvertrag**
> (1) Durch den Kaufvertrag wird der Verkäufer einer Sache verpflichtet, dem Käufer die Sache zu übergeben und das Eigentum an der Sache zu verschaffen. Der Verkäufer hat dem Käufer die Sache frei von Sach- und Rechtsmängeln zu verschaffen.

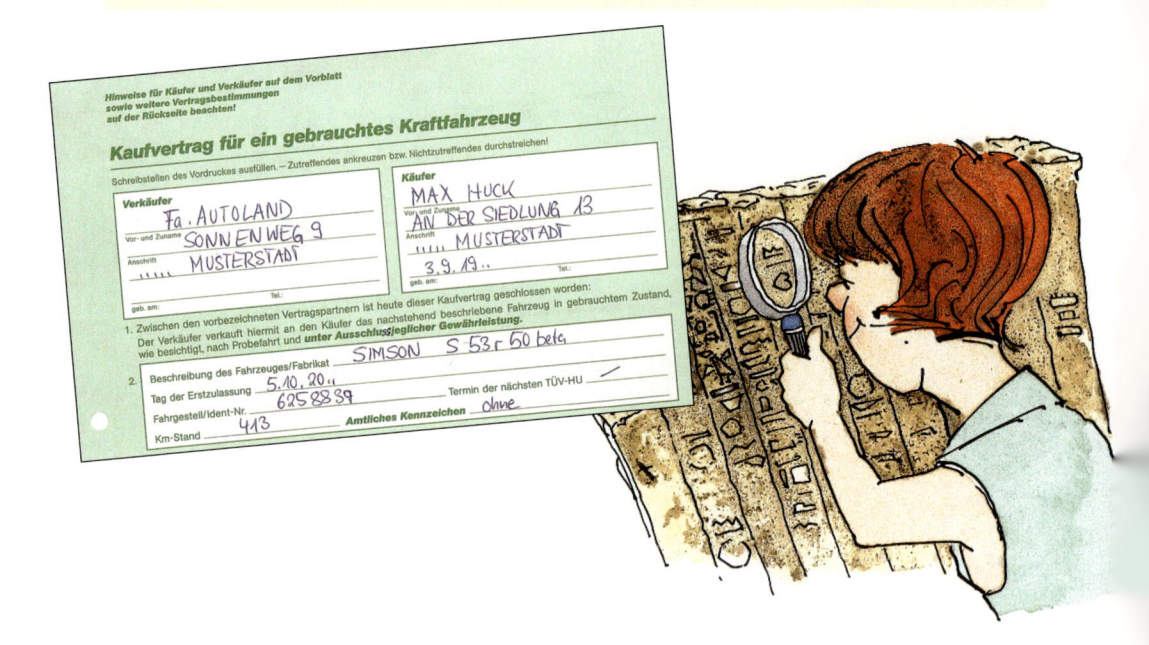

b Benenne die Begriffe, deren juristische Bedeutung zum Verständnis des Paragrafen geklärt werden muss.

c Lies gemeinsam mit deiner Lernpartnerin/deinem Lernpartner die Schrittfolge, die beispielhaft in der folgenden Tabelle zur Erschließung des Gesetzestextes vorgeführt wird. Erklärt euch danach gegenseitig die juristisch definierten Begriffe.

Arbeitstechnik	Ergebnis
Feststellen, was geregelt wird (Überschrift, Text); Sinnzusammenhang erfassen	vertragstypische Pflichten des Verkäufers bei einem Kaufvertrag
Sind unbekannte Begriffe enthalten?	Nein
Welche Begriffe/Wortkonstruktionen haben vermutlich eine juristische Definition? ↳ Nachschlagen in einem juristischen Wörterbuch	*Kaufvertrag:* gegenseitiger schuldrechtlicher Vertrag zwischen Verkäufer und Käufer *Sache:* körperliche (auch flüssige oder gasförmige), räumlich abgrenzbare Gegenstände *Eigentum:* umfassendes Herrschaftsrecht über eine Sache *frei von Sachmängeln:* Der Verkäufer haftet dafür, dass die Sache zum Zeitpunkt des Verkaufs nicht mit Fehlern behaftet ist, die den Gebrauch des Gegenstands nicht mehr als nur unerheblich mindern. *frei von Rechtsmängeln:* Verkaufter Gegenstand muss frei von Rechten sein, die von Dritten gegen den Käufer geltend gemacht werden können.
Satz in mehrere Teilsätze auflösen und Inhalt erfassen	Der Verkäufer wird durch den Kaufvertrag zu etwas verpflichtet. Seine Pflicht besteht darin, dem Käufer die Sache (das, was verkauft werden soll) zu übergeben. Damit geht die Sache in das Eigentum des Käufers über. Der Verkäufer ist verpflichtet, die Sache ordnungsgemäß zu übergeben, d.h., sie muss frei von Sachmängeln und frei von Rechtsmängeln sein.

Gesetzestexte lesen und verstehen

Das **Lesen von Gesetzestexten** ist oft mit Lese- und Verstehensschwierigkeiten verbunden. Gegen Lese- und Verstehensschwierigkeiten kannst du folgendermaßen vorgehen:
- die Textstelle mehrmals lesen, um möglichst viele und evtl. überlesene Informationen zu erfassen
- den vorhergehenden und nachfolgenden Text lesen und versuchen, die Textstelle aus dem Sinnzusammenhang zu erfassen
- unbekannte Begriffe mithilfe eines Nachschlagewerkes oder des Internets klären
- komplizierte Satzstrukturen auflösen, d.h.
– für das Verstehen zunächst unwichtige Einschübe, zusätzliche Erläuterungen u. Ä. wegstreichen,
– lange Sätze in mehrere kurze Sätze umformulieren,
– Substantivkonstruktionen auflösen.

S. 97–102: Fachtexte lesen und verstehen.

2 Erschließe dir den folgenden Paragrafen des BGB nach vorgeführtem Muster in der Tabelle (Aufg. 1). Recherchiere zur Klärung des Widerrufsrechts auch den Inhalt des Paragrafen 355.

§ 312 Widerrufsrecht bei Haustürgeschäften
(1) Bei einem Vertrag zwischen einem Unternehmer und einem Verbraucher, der eine entgeltliche Leistung zum Gegenstand hat und zu dessen Abschluss der Verbraucher
1. durch mündliche Verhandlungen an seinem Arbeitsplatz oder im Bereich einer Privatwohnung,
2. anlässlich einer vom Unternehmer oder von einem Dritten zumindest auch im Interesse des Unternehmers durchgeführten Freizeitveranstaltung oder
3. im Anschluss an ein überraschendes Ansprechen in Verkehrsmitteln oder im Bereich öffentlich zugänglicher Verkehrsflächen

bestimmt worden ist (Haustürgeschäft), steht dem Verbraucher ein Widerrufsrecht gemäß § 355 zu.

Lösungsbeispiele zu den Abschlusstrainings

1. Abschlusstraining: Einen argumentativen Brief schreiben

→ S. 74–75

> **Lösungsbeispiele zu 2.1.:**
> Zusammenfassung wichtiger Textaussagen: *Drei Viertel der Bundesbürger befürworten Religionsunterricht an allgemein bildenden Schulen, nur 7 Prozent wollen ihn ganz von der Schule verbannen. Zwischen einzelnen Bundesländern gibt es deutliche Unterschiede. Über die konkreten Formen (Hauptfach, Nebenfach, Wahlfach) gibt es abweichende Vorstellungen. Die größte Zustimmung erhielt der Vorschlag, die Teilnahme den Schülern freizustellen.*
> Hauptinformation: *Eine deutliche Mehrheit der Bundesbürger befürwortet Religionsunterricht als reguläres Schulfach.*
> Kritische Fragen: *Was stellen die einzelnen Befragten sich wohl unter Religionsunterricht vor? Was genau befürworten die einzelnen Befragten? Woher kommen die großen Unterschiede zwischen Bayern und Berlin?*
>
> **Lösungsbeispiele zu 2.2.:**
> Gliederung des Brieftextes:
> – Einleitung
> – Zusammenfassung meiner Meinung: …
> – Begründungen/Argumente für Religion als Schulfach: …
> – Begründungen/Argumente gegen Religion als Schulfach: …
> – möglicher Kompromiss: …

Stern
Redaktion Leserbriefe
Straße, Hausnummer
PLZ Ort   Datum

Leserbrief zu „Religionsunterricht gehört in die Schule", Beitrag vom 08.08.2003

Sehr geehrte Damen und Herren,

Ihre Darstellung der Umfrageergebnisse zum Religionsunterricht hat bei mir einige Fragen und Meinungen hervorgerufen, die ich gern zur Diskussion stellen möchte. Die wichtigste Frage zur Entscheidung darüber, ob Religionsunterricht in die Schule gehört, ist für mich: Was verstehen die drei Viertel Bundesbürger, die sich
5 dafür aussprechen, eigentlich unter Religion? Stellt man sich in Bayern vielleicht

etwas anderes darunter vor als in Berlin? Allein in Berlin gibt es mehrere hundert Glaubensgemeinschaften. In allen größeren Städten dürften längst Menschen aller Weltreligionen leben. An welche Religion denken die einzelnen Befragten, wenn sie sagen, Religion soll ein reguläres Schulfach sein? Und wie stellen sie sich diesen Unterricht genau vor?

Meine Meinung dazu ist: Religionsunterricht als Pflichtfach für alle wäre schon gut, aber nur unter folgenden Bedingungen. Es müsste ein Unterricht sein, der die Schülerinnen und Schüler mit verschiedenen Religionen bekannt macht. Das halte ich für sehr wichtig, weil man auf diese Weise etwas über die Gemeinsamkeiten und Unterschiede erfahren würde. Das trägt zum einen dazu bei, die Denk- und Lebensweisen anderer besser verstehen zu können. Zum anderen würde es den Schülerinnen und Schülern ermöglichen, sich selbst entscheiden zu können, woran sie glauben und wie sie leben möchten.

Etwas über Religionen, ihre Entstehung und ihre Entwicklung zu wissen ist aber auch deshalb von großer Bedeutung, weil die gesamte Menschheitsgeschichte, die Sprachen, Kulturen, Traditionen und Wertvorstellungen und sogar unser alltägliches Leben von Religionen beeinflusst wurden und werden. Etwas über Religionen zu wissen heißt also, etwas über die Menschheit zu wissen.

Versteht man allerdings Religionsunterricht als Einführung in eine bestimmte Religion und Erziehung zu einem bestimmten Glauben, dann gehört er meines Erachtens nicht in staatliche Schulen, die gleichberechtigt für alle da sein müssen, unabhängig von ihrem Glauben. Solch ein Religionsunterricht gehört in die Kirchen und sollte freiwillig sein.

Vorstellbar wäre schließlich Religion als Wahlpflichtfach, d.h., jeder kann wählen, welchen Religionsunterricht er besuchen möchte. Aber das würde meiner Meinung nach die Trennung und Unterscheidung der Menschen nach ihrem Glauben nur verstärken und nicht zum besseren gegenseitigen Verstehen beitragen.

Ich würde mich freuen, wenn meine Meinung zu diesem Thema veröffentlicht wird und sich möglichst viele Leserinnen und Leser dazu äußern.

Mit freundlichen Grüßen

Raphaela Michaelis

2. Abschlusstraining: Einen literarischen Text interpretieren

S.119

Die Lösungsbeispiele stellen Möglichkeiten dar, wie formuliert werden könnte.

1. Einleitung

Welches Thema ist im Gedicht zentral?
Möglichkeit A:
Im Gedicht „Idylle" von Dagmar Nick, das 1992 entstanden ist, geht es um die Darstellung des Krieges in den Medien und um das Verhältnis der Zuschauer zu diesen Bildern.

Möglicheit B:
Jeder kennt diese Bilder: ein Nachthimmel voller grüner Lichtblitze, einem Feuerwerk ähnlich, dazu noch Videoausschnitte eines fliegenden Marschflugkörpers, der exakt im anvisierten Ziel detoniert. Dies sind fast alltägliche Bilder im Fernsehen, das mit seinen Mitteln versucht, über Kriegsgeschehen zu berichten. Im Gedicht „Idylle" von Dagmar Nick geht es um die Wirkung solcher Bilder auf den Menschen.

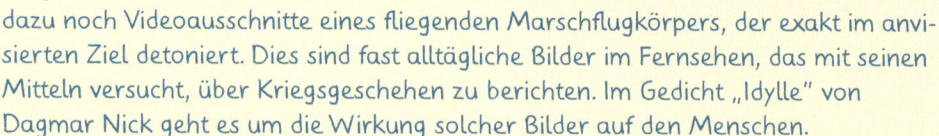

Welche Grundaussage steckt im Gedicht „Idylle"?
Indem sie Kriegsbilder im Fernsehen konsumieren, nehmen die Menschen als Zuschauer die Grausamkeit des Krieges nicht mehr wahr. Er erscheint ihnen bloß – vergleichbar mit einer Spielshow – als faszinierend farbiges Spektakel.

2. Hauptteil: genaue Textuntersuchung

Mögliche Elemente:
Wie wirkt die Sprache auf dich?
Im Gegensatz zum Inhalt des Gedichts erscheint die Sprache kühl und nüchtern. Diesem Stil steht der ironische Gebrauch einiger Adjektive umso bemerkenswerter entgegen. „Leicht" und „hübsch" (Z.4, 5) werden verwendet, um das Kriegsgeschehen auf dem Bildschirm zu beschreiben. Dies deutet auf die Wirkung der Bilder auf den Fernsehzuschauer hin, der den Ernst der Kriegslage gar nicht begreift, weil er eben „todsicher" (Z.13) in der „ersten Reihe" zu Hause sitzt und das Geschehen als Unterhaltung auffasst.

Gibt es Schlüsselwörter im Text, die sich wiederholen? Gibt es andere Begriffe, die zum gleichen Wortfeld gehören?
Mehrmals wird indirekt oder direkt vom Tod gesprochen. Schon gleich am Beginn wird von „Vergänglichkeit" gesprochen (Z.1), von der allerdings gesagt wird, dass

darüber nicht geredet würde. Dies erscheint umso seltsamer, weil im Hauptteil des Gedichts vom Krieg und also von Toten gesprochen wird (Z.8). Zuletzt erscheint das zusammengesetzte Wort „todsicher" (Z.12), das hier in mehrfacher Weise zu verstehen ist: Zunächst kann man es in der Bedeutung einer absoluten Gewissheit verstehen, dass der Zuschauer geduldig auf die Kriegsmeldungen am Fernsehschirm wartet. In übertragener Bedeutung weist es jedoch darauf hin, dass stets neue Bilder vom Tod geliefert werden, der Zuschauer sich jedoch zu Hause in Sicherheit vor dem Tod befindet.

Zusammenfassend kann man sagen, dass die Verwendung des Todesmotivs in diesem Gedicht den Widerspruch zeigt zwischen der Allgegenwärtigkeit des Todes durch den Krieg und dem Nichtwahrnehmen des Todes durch die Fernsehzuschauer.

Wie kann die Überschrift gedeutet werden?
Die Überschrift kann zweifach gedeutet werden: Inhaltlich drückt sie das Gegenteil von Krieg aus und wirkt so als zynische Antithese. Zugleich verdeutlicht sie, wie behaglich und sicher der Mensch in seiner privaten Sphäre dem Kriegsgeschehen folgt. Er hat sich in einer Scheinidylle eingerichtet.

Welche Stilmittel werden verwendet? Welche inhaltliche Bedeutung hat ihre Verwendung?
1. Mehrere Antithesen (inhaltliche Gegensätze) strukturieren den Text: „Montag" und „Dienstag" (Z.2, 3), „Nacht" und „morgens" (Z.7, 8), die „Toten" und die „Lebenden" (Z.8, 10) und auch die Verbformen „fliegt" (Z.4) und „warten" (Z.12) werden einander gegenübergestellt. Unterstrichen wird damit die tödliche Schnelligkeit des Krieges, in dem ein „Waffenstillstand" (Z.2) genauso schnell wieder in Krieg umschlagen kann. Genauso schnell zerstören Bomben in kürzester Zeit viele Menschenleben. Hier klingt schon der krasse Gegensatz zwischen der Situation des Fernsehzuschauers in seiner „Idylle" und dem todbringenden Kriegsgeschehen an, der durch die Überschrift in seiner Wirkung noch verstärkt wird.

2. Welche Bilder dominieren das Gedicht? Wofür stehen sie?
Die im Gedicht verwendeten Bilder veranschaulichen, wie ein Krieg im Fernsehen dargestellt und vom Zuschauer aufgenommen wird. Sie sind im Grunde sehr realistisch: Was von der Nachtseite des Krieges „über den Bildschirm" (Z.5) gelangt, sind ähnlich einem bunten Feuerwerk „Leuchtmunition" (Z.4) und ein „Phosphorgrün der Raketen" (Z.6). Diese Bilder, Symbole der modernen, technisierten Kriegsführung, müssten eigentlich Entsetzen beim Betrachter hervorrufen, genau wie die bedeckten „Gesichter der Toten" (Z.8). Doch sie erreichen den Zuschauer nicht. Dieser wartet auf den Sieger des Duells, das er als Gameshow wahrnimmt: „Einer wird gewinnen, [...]" (Z.11). Die grausame Realität des Krieges wird ihm trotz der Fernsehbilder nicht bewusst, diese bleiben für ihn bunte Bilder eines „erfundenen" Kriegsszenarios. Der Krieg findet im Wohnzimmer des Zuschauers statt und kommt ihm dennoch nicht nahe.

3. Schluss: Aussageabsichten

Möglichkeit A:
In dem Gedicht „Idylle" wird über die Darstellung des Krieges im Fernsehen und gleichzeitig über unser Verhalten als Medienkonsumenten nachgedacht. Nicht nur die Verharmlosung des modernen Kriegsgeschehens durch die Inszenierung eines bunten Fernsehspektakels wird kritisiert, sondern auch das passive Verhalten des Zuschauers, der die Bilder des Krieges genauso konsumiert wie die dazwischengeschaltete Werbung.

Möglichkeit B:
Die ersten Eindrücke, die ich beim Lesen des Gedichts hatte, haben sich nach eingehender Untersuchung bestätigt. Der Widerspruch zwischen der locker-harmlosen Sprache und dem sehr ernsten Thema stellt ein wichtiges Element des Textes dar. Gerade darin zeigt sich der Abgrund, der sich zwischen dem Fernsehabend auf der Couch und dem Sterben im richtigen Leben in der Welt draußen auftut. Die Autorin Dagmar Nick weist darauf hin, dass das Fernsehen die Menschen zu handlungsunfähigen Zuschauern macht. Diese können nicht mehr selbst handeln, weil sie Kriege und Elend gar nicht mehr als reale Ereignisse wahrnehmen. Das Jahr der Entstehungszeit des Gedichts, 1992, könnte als Beleg für Nicks Kritik herangezogen werden. Im Jahr davor fand der Zweite Golfkrieg statt, bei dem zum ersten Mal die grünen Leuchtfeuerraketen über die Bildschirme flimmerten.

3. Abschlusstraining: Einen Text überarbeiten

▶ S. 178–180

1 Darum geht es im Text:
hauptsächlich: e
teilweise: a, c, d, f
kaum: b

a b Textaufbau:
– 3 große Problembereiche, Konzentration auf einen davon:
  Bewegungsmangel (Ursachen und Folgen)
  • Übergewicht
  • Untergewicht
  • mangelnde Fitness/sportliche Leistungsfähigkeit
– Vergleich von Untersuchungsergebnissen aus den Jahren 1986, 1995 und 1999
– eigener Standpunkt und Empfehlungen an Mitschülerinnen/Mitschüler

c Konzentration auf eine Problemgruppe ist möglich, aber stärkere Darstellung der vielfältigen Zusammenhänge nötig, z.B. Zusammenhänge zwischen Technisierung – Bewegungsmangel – Essgewohnheiten – sportlicher Aktivität – Übergewicht – psychischen Auswirkungen; Unterscheidung von Ursachen und Folgen: Untergewicht kann eine Ursache für Bewegungsmangel sein, Übergewicht kann sowohl Ursache als auch Folge von Bewegungsmangel sein, Sportförderungsbedürftigkeit ist eine Folge von Bewegungsmangel; insgesamt keine ganz logische und überzeugende Darstellung.

d   Die Ausführungen werden dann verständlich und überzeugend, wenn du den Begriff „Problem" stärker differenzierst und logischer darlegst, welche Ursachen und welche weiteren Folgen Bewegungsmangel haben kann.

3

	Unpassende Formulierungen	Korrekturvorschläge
Satzanfänge	Aufzählungen/ Reihungen von Satzgliedern und einfachen Sätzen; relativ gleichförmiger Satzbau, mehrfacher Beginn mit „Es gibt …"	Abwechslung bei den Satzanfängen z.B.: Z.6: Auf eines dieser Themen möchte ich mich … Z.9: Zahlreiche Gründe führen dazu, dass … Bewegungsmangel kann verschiedene Gründe haben. Bewegungsmangel hat aber auch Folgen … Ursachen für Übergewicht …
Relativsätze	Häufung von Relativsätzen wirkt schwerfällig.	Z.42: Meiner Meinung nach kämpfen zu viele Jugendliche mit Gewichtsproblemen. Als betroffener Jugendlicher würde ich mehr … Anstelle übergewichtiger Jugendlicher … Jugendliche mit Untergewicht … … nicht auf das hören, was die Massenmedien suggerieren.
Frage- und Antwortsätze	mehrere Frage- und Antwortsätze als besonderes Stilmittel, wirkt lebendig	

4a Wiederholungen

- mehrere kleine Probleme, aber die kleineren Probleme
- dieses Ergebnis, ein sehr erschreckendes Ergebnis
- auf ein Problem spezialisieren, auf das ich mich spezialisiere

Korrekturvorschläge

- mehrere kleine Probleme, die …
- dieses sehr erschreckende Ergebnis
- konzentrieren, und zwar …

b Formulierungsvarianten
– um die Wiederholung des Wortes „Problem" zu vermeiden:
Bewegungsmangel hat Auswirkungen, die zunächst klein sind, aber rasch größer werden können. Drei dieser Folgen möchte ich aufzählen und erläutern: Übergewicht, Untergewicht und mangelnde Fitness.
11% aller Jungen und Mädchen leiden an Übergewicht. Übergewichtig können Kinder dann werden, wenn sie in ihrer Freizeit passiv sind und sich dazu noch ungesund ernähren, sich z.B. mit Fastfood und allen möglichen Snacks vollstopfen …

– um die Wiederholung des Wortes „sportförderungsbedürftig" zu umgehen:
Das dritte Problem ist die ungenügende Fitness vieler Jugendlicher infolge zu geringer sportlicher Betätigung – wie zahlreiche Tests belegen. Aus diesen Untersuchungen ergibt sich außerdem, dass die Zahl derer zugenommen hat, die als sportförderungsbedürftig eingestuft werden müssen. 1986 waren das nur 16%, 1995 bereits 47%.

5 a Gemeint ist: sich konzentrieren/sich beschränken

b statt *Bewegungsmangel ist* (Z.7) besser *An Bewegungsmangel leidet, wer* …; statt *Fernsehen* (Z.8, Z.47) besser *Fernseher*; statt *als sportförderungsbedürftig eingestuft* (Z.15/16) besser *als sportförderungsbedürftig eingestuft sein*; statt *erahnen* (Z.28) besser *erkennen*; statt *Technik erfinden* (Z.31) besser *technische Neuerungen erfinden*

6 Achte darauf, dass du nicht immer nur einfache, gleich gebaute Sätze verwendest, die häufig auch noch mit einem stereotyp wiederholten Satzanfang beginnen. Suche nach dem richtigen Begriff. Vermeide es, Wörter und Wendungen aus dem vorhergehenden Satz wieder aufzugreifen, verwende stattdessen zur Satzverknüpfung bedeutungsähnliche Wörter, Zusammensetzungen, Attribute, Pronomen.

7 Vor einem mit *der, die, das, was* … eingeleiteten Relativsatz steht ein Komma, z.B.: *Jugendliche, die … leiden …* oder *Jugendliche, die … kämpfen …; auf das hören, was …; Anstelle derer, die …*
Nach Wendungen wie *hat ergeben/ sagt uns/ zeigt uns/ ein Problem ist, …* folgt die Konjunktion *dass*.
Es steht kein Komma vor *als* in Vergleichen, z.B. *…, dass die Jugendlichen von 1986 mehr Sport getrieben haben als die Jugendlichen von 1995* (Z.28/29).

8 Rechtschreibfehler: erläutern, ein bisschen
Grammatikfehler: zu ~~den~~ dem großen Problem, mit ~~dem~~ Gewichtsproblemen

Wichtige grammatische Bezeichnungen

	deutsche Bezeichnung	Beispiel
Adjektiv	Eigenschaftswort	schön, gelb, breit
Adverb	Umstandswort	*Draußen* ist es kalt.
Adverbialbestimmung/ Adverbial	Umstandsbestimmung	
kausal	des Grundes	*Wegen des schlechten Wetters* kehrten wir um.
lokal	des Ortes	Wir wohnen *dort*.
modal	der Art und Weise	Ich renne *blitzschnell* nach Hause.
temporal	der Zeit	Er kommt *um 6 Uhr*.
Akkusativ	4. Fall	den Mann; ihn
Aktiv	Tatform	Ich *fotografiere*.
Antonym	Gegenwort	hell – dunkel; groß – klein
Apposition	nachgestellte nähere Bestimmung	Carolin, *meine Freundin*, …
Artikel	Geschlechtswort	der, die, das; ein, eine, ein
Attribut	Beifügung	der *kleine* Junge; die Jacke *des Jungen;* das Haus *mit dem schiefen Dach*
Dativ	3. Fall	dem Mann; ihm
deklinieren	ein Substantiv beugen	der Hund, des Hundes, dem Hund, den Hund
Demonstrativpronomen	hinweisendes Fürwort	*Diese* Hose gefällt mir sehr gut.
direkte Rede	wörtliche Rede	Sie fragt: *„Kommst du mit?"*
finite Verbform	gebeugte Verbform	ich lese, du erzählst, wir schreiben
Futur	Zukunft	ich werde singen, er wird anrufen
Genitiv	2. Fall	des Mannes; seiner
Homonyme	gleich lautende Wörter mit unterschiedlichen Bedeutungen	*Schloss* = Bauwerk *Schloss* = Vorrichtung zum Verschließen von Türen
Imperativ	Befehlsform	Geh! Geht! Kommen Sie her!
Indefinitpronomen	unbestimmtes Fürwort	*viele* Menschen, an *manchen* Tagen
Indikativ	Wirklichkeitsform	er *kam*; es *war* (schön)
indirekte Rede	nichtwörtliche Rede	Sie fragt, *ob er mitkomme*.
infinite Verbform	ungebeugte Verbform	sprechen, fahren, raten
Infinitiv	Nennform des Verbs	sprechen, fahren, raten
Komparativ	Mehrstufe; 1. Steigerungsstufe	schöner, höher, freundlicher
komparieren	ein Adjektiv steigern	schön, schöner, am schönsten
konjugieren	ein Verb beugen	ich hole, du holst, er holt, …
Konjunktion	Bindewort	und, oder, als, dass
Konjunktiv	Möglichkeitsform	er *käme*; es *wäre* (schön)
Modus	Aussageweise	

Wichtige grammatische Bezeichnungen

	deutsche Bezeichnung	Beispiel
Nomen/Substantiv	Dingwort, Hauptwort, Namenwort	Stadt, Auto, Freude
nominalisieren/ substantivieren	zu einem Dingwort machen	das *Läuten* der Glocke, das *Grün* des Waldes
Nominativ	1. Fall	der Mann; er
Numerale	Zahlwort	
bestimmtes Numerale	bestimmtes Zahlwort	eins, zwei, drei
unbestimmtes Numerale	unbestimmtes Zahlwort	wenige, viele, alle
Objekt	Ergänzung	
Akkusativobjekt	Ergänzung im 4. Fall	Siehst du *das Haus*?
Dativobjekt	Ergänzung im 3. Fall	Ich danke *dir*.
Genitivobjekt	Ergänzung im 2. Fall	Wir erinnern uns *seiner*.
Präpositionalobjekt	Ergänzung mit Verhältniswort	Wir erinnern uns *an ihn*.
Partikel	unveränderbares Wort	und; dort; in
Partizip	Mittelwort	lachend; gelacht
Passiv	Leideform	Ich *werde fotografiert*.
Perfekt	vollendete Gegenwart	ich habe gesungen, er ist gelaufen
Personalpronomen	persönliches Fürwort	ich, du, er, wir, ihr, sie
Plural	Mehrzahl	die Schüler, die Häuser
Plusquamperfekt	vollendete Vergangenheit	er hatte gesungen, er war gelaufen
Positiv	Grundstufe	schön, hoch, freundlich
Possessivpronomen	besitzanzeigendes Fürwort	*mein* Hund, *deine* Katze
Prädikat	Satzaussage	Das Mädchen *rennt*.
Präfix	Vorsilbe	*be-, ent-, miss-, ur-, zer-*
Präposition	Verhältniswort	aus, in, ohne, zwischen
Präsens	Gegenwart	ich singe, er läuft
Präteritum	Vergangenheit	ich sang, er lief
Pronomen	Fürwort	er, sie; sein, ihr
Reflexivpronomen	rückbezügliches Fürwort	Sie zieht *sich* an.
Relativpronomen	bezügliches Fürwort	Das Mädchen, *das/welches*…
Singular	Einzahl	der Schüler, das Haus
Subjekt	Satzgegenstand	*Das Mädchen* rennt.
Substantiv/Nomen	Dingwort, Hauptwort, Namenwort	Stadt, Auto, Freude
substantivieren/ nominalisieren	zu einem Dingwort machen	das *Läuten* der Glocke, das *Grün* des Waldes
Suffix	Nachsilbe	*-heit, -ung; -ig, -lich*
Superlativ	Meiststufe; 2. Steigerungsstufe	am schönsten, am höchsten, am freundlichsten
Synonym	bedeutungsgleiche oder -ähnliche Bezeichnung	sagen – sprechen – reden; Sonnabend – Samstag
Tempusform	Zeitform	
Verb	Zeitwort, Tätigkeitswort	rufen, schwimmen, telefonieren

Sachwortverzeichnis

Aktives Zuhören 12
Aktivsätze 158
Althochdeutsch 120
Antrag stellen 63
Argumentieren 10, 15, 18, 55
argumentativer Brief 74
Auflockern 152, 153

Bericht 51, 107
Berichten 51, 53, 104
Beschreiben
    komplexe Sachverhalte beschreiben 46
Bewerbung 70
Bewerbungsschreiben 69
Briefe/E-Mails formulieren (offizielle) 29, 58, 63, 74

Diskussion 10, 14, 15
dramatische Texte interpretieren 91
Drehbuch schreiben 36

E-Mail schreiben 63
Erörtern
    textunabhängiges/freies Erörtern 18, 20, 21
    lineares/steigerndes Erörtern 22
    kontroverses Erörtern 23, 24
    Einleitung/Schluss 25
    textbezogenes/textgebundenes Erörtern 28
Erzählen 34, 40
    Erzählen im Film 40
    Erzählperspektive 34, 40
Erzähltexte interpretieren 87, 92

Fachsprache 97, 163, 164
Fachtexte 97, 100
    Gesetzestexte 100, 185, 186
Fachwörter 163, 164
Film 36, 37, 40

freies Erörtern 18
Fremdsprachen 129

Gedichte interpretieren 76, 77, 78, 79, 80, 81, 82, 84
Gebrauchstexte 65
Gesetzestexte lesen 100, 185, 186
Getrennt- und Zusammenschreibung 170, 176, 177
Groß- und Kleinschreibung 169, 176

Indikativ 156, 157
informierende Textsorten
    Bericht 51, 107
    Interview 51, 107
    Meldung 51, 53, 107
    Reportage 51, 107
Internationalismen 122
Interpretieren eines literarischen Textes 79, 80, 84, 87, 91, 92
Interview 51, 107

Kameraeinstellungen 36
Kommasetzung 177
Kommentar 55, 107
Konjunktiv 156, 157
kontroverses Erörtern 23, 24

Leserbrief 29, 58
Lesetechnik 94, 167, 182
lineares Erörtern 22
literarische Texte interpretieren 79, 80, 84, 87, 91, 92

Markieren/Unterstreichen 182
meinungsäußernde Textsorten
    Kommentar 55, 107
    Rezension 55, 107
Meldung 51, 53, 107
Metapher 76, 160

Sachwortverzeichnis

Metrum 77
Mittelhochdeutsch 120
Modusformen
    Indikativ 156, 157
    Konjunktiv 156, 157

Neuhochdeutsch 121

Passivsätze 158

Reim 77
Reportage 51, 107
Rezension 55, 107
rhetorische Mittel 137

Sachtexte 46, 94, 181, 182
Satire 86
Sätze verknüpfen 140, 148
Schildern 31
Sonett 81
steigerndes Erörtern 22
Stoffsammlung 21
Symbole 77

Textabschnitte verknüpfen 150
Textanalyse (literarische Texte) 79, 80, 87, 91
textbezogenes/textgebundenes Erörtern 28
Texte lesen 94, 167, 182
textunabhängiges Erörtern 18, 20, 21

Verdichten 152, 153
Verknüpfen von Sätzen 140, 148
Vermaß 77
Vorstellungsgespräch 73
Vortrag halten 139

Wiedergabe von Eindrücken/Schildern 31
Wortarten 155
Wortstammschreibung 175

Zeitung 50, 51, 103, 104, 107
Zusätze 146

Quellenverzeichnis

TEXTE: 8 Friedemann Schulz von Thun: Die moderne kommunikationspsychologische Sichtweise ... Miteinander reden. Bd.1. Störungen und Klärungen. Allgemeine Psychologie der Kommunikation. Reinbek: Rowohlt Taschenbuch Verlag, 1998, S.91–92, stark gekürzt. | 9 Heine-Zitat: Aus: Eichelberger, Ursula: Zitatenlexikon. Leipzig:VEB Bibliographisches Institut 1981, S.276. | 12 Genervte Lehrer. Aus:Thüringer Allgemeine vom 17.6.2003. | 16 Kleist-Zitat: Aus: Eichelberger, Ursula: Zitatenlexikon. a.a.O., S.397. | Niederreuther-Zitat: Aphorismen. Aus: Puntsch, Eberhard: Das neue Zitaten-Handbuch. Augsburg: Weltbild Verlag, 1996, S.195. | Grabbe-Zitat: Aus: Puntsch, Eberhard: Das neue Zitaten-Handbuch. a.a.O., S.193. | 24 Die Klage der Erwachsenen ... http://www.bpb.de/themen/9GHXYG,o.o.Kultur.htm. | 32 Klaus Britting: Das Autogramm. Zitiert nach: Sächsische Zeitung vom 14./15. 9.2002, S.14. © Klaus Britting | 36 Wie Sie ein Drehbuch schreiben können. Nach: Heinrich Brinkmüller-Becker (Hrsg.): Die Fundgrube für die Medienerziehung in der Sekundarstufe I und II, Berlin: Cornelsen Verlag Scriptor GmbH & Co. KG, 5. Auflage 2001, S.122f. | 38/39 Mia Camara: Der Aktenkoffer. www.online-roman.de. | 41/42 Irina N.: Dass ich lesbisch bin, das ist es nicht. Gekürzt, Aus: Holde-Barbara Ulrich: Schmerzgrenze. Elf Porträts im Gespräch. Berlin: Dietz Verlag, 1991, S.47–68. | 43 Traumhafter Chorgesang ... Nach: Corinne Ullrich: HIT! Starbuch Musik. Nürnberg: Burgschmiet Verlag GmbH, 1997, o. S.| 47 Egon Erwin Kisch: Schittkauer Mühle in Flammen. Aus: Reportagen. Stuttgart: Philipp Reclam jun.Verlag, 1978 (Lizenzausgabe mit Genehmigung des Aufbau-Verlages Berlin-Leipzig). | 48 M. Meckelein: Falsche Fuffziger aus der Frühstückspension, Aus: Bild vom 30.4.2004 | 49 Frank Buhlemann: Euros vom Kopierer, leicht gekürzte Version. Aus: Thüringer Allgemeine vom 6.4.2004 | 54 Die Retter konnten nicht mehr helfen. Aus:Thüringer Allgemeine vom 2.12.2003. | 55 Dreijährige von Hund fast getötet. Aus: Thüringer Allgemeine vom 30.3.2004. | 56/57 Vera Dähnert und Kai Mudra: Es geht um Menschenleben. Aus: Thüringer Allgemeine vom 30.3.2004 | 57/58 Angelika Reiser-Fischer: Hundeelend. Aus: Thüringer Allgemeine vom 30.3.2004. | 73 Übersicht zu Körperhaltung/Mimik etc., etwas verändert, in: http://www.dr-reichel.de/Vorstellungsgespraech. | 76 Heinrich Heine: Ich grolle nicht. Aus: Meine deutschen Gedichte, ges. von Hartmut von Hentig. Seelze-Velber: Kallmeyersche Verlagsbuchhandlung bei Friedrich, 1999, S.525. | 79 Alfred Wolfenstein: Städter. Aus: Menschheitsdämmerung. Reinbek: Rowohlt Verlag, 1997, S.45. | 82 Hans-Magnus Enzensberger: blindenschrift. Aus: blindenschrift. Gedichte. Frankfurt a.M.: Suhrkamp Verlag, 1964. | 84 Glück und Freude als Lebensziel (Allensbach-Umfrage) von epd. Aus: Der Tagesspiegel vom 2.3.2001. | 85/86 Kurt Kusenberg: Schnell gelebt. Aus: Kurt Kusenberg: Mal was andres. Reinbek: Rowohlt Verlag, 1967, S.96–97.| 88 Kurt Marti: Neapel sehen. Aus: Kurt Marti: Dorfgeschichten. Darmstadt: Luchterhand, 1983. | 90 Friedrich Schiller: Kabale und Liebe. Erster Akt, siebte Szene (Auszug). Aus: Kabale und Liebe. Ein Bürgerliches Trauerspiel. Stuttgart: Philipp Reclam jun., 1989, S.21 f. | 93 K. F. Fischbach: Gentechnologie (1). Aus: www.zum.de/Gentechnik, S.1. | 95/96 K. F. Fischbach: Gentechnologie (2) a.a.O. S.2. | 97 Definition von Gentechnologie. Aus: www.zum.de/Gentechnik, S.1. | 98/99 Gesetz zur Regelung der Gentechnik (Gentechnik-Gesetz – GenTG). In der Fassung der Bekanntmachung vom 16.12.1993 – BGBl. S.2066, S.1 und 2.| 100–102 Gesetz zum Schutz von Embryonen (Embryonenschutzgesetz – EschG). In der Fassung der Bekanntmachung vom 13.12.1990 – BGBl. I S.2747, S.2 f. | 104 When a dog bites a man, von John B. Bogart. Aus: Walter von La Roche: Einführung in den praktischen Journalismus, 15. völlig neu bearb. Auflage, München: List Verlag, 1999, S.64.| 106 Lokführer nach Bahnunglück in Haft. Aus: Süddeutsche Zeitung vom 15.7.2004. | 106 Kein Anlass zur Trauer/Bücher ohne Chance. In: IZOP-Institut (Hrsg.): Zeitung in der Schule. Materialien zu den Unterrichtsempfehlungen, Aachen o.J., S.10. | 107 Brautkleid in Weiß? In: ISOP-Institut (Hrsg.): Zeitung in der Schule. Zeitungskunde für Schülerinnen und Schüler mit einer Anleitung zum Schreiben für die Zeitung, Aachen o.J., S.27. | 108 Kritik zu „Sofies Welt" von Jostein Gaardner. Aus: www.lesewelt.de. | 108 Andreas Kunze: Lockruf des Geldes. Aus: DIE ZEIT Nr. 33 v. 7. August 2003 | 111 Zeitungsartikel „Bestechungsgeld für Agenten". Aus: Thüringer Allgemeine vom 16.6.2003. | 111 Ersatzteilkinder – die Legende vom Organraub. Aus: Burkhard Müller-Ulrich: Medienmärchen. Gesinnungstäter im Journalismus, München: Goldmann Verlag, 1998, S.50–51. | 113 Clever suchen im Internet. In: Ina Herbert: Clever durchs Internet. Tolle Surftipps für Schüler. Würzburg: Arena Verlag, S.14–15. | 119 Dagmar Nick: Idylle. Aus: Nachkrieg und Frieden. Gedichte als Index. 1945–1995. Hrsg. von Hilde Domin u. Clemens Greve. Frankfurt a. M.: S. Fischer, 1995 (Erstdruck), S.191. | 122 Deutscher Text ohne deutsche Wörter, von Enno von Lowenstern. Aus: Die Welt vom 11.8.1997. | 127 Francesco Micieli: Meine Eltern sind gekommen ... Aus: Lerke von Saalfeld (Hrsg.): Ich habe eine fremde Sprache gewählt. Ausländische Schriftsteller schreiben deutsch. Gerlingen: Verlag Bleicher, 1998, S.220 f. | 134 Rainer Maria Rilke: Liebes-Lied. Aus: Rainer Maria Rilke: Die Gedichte. Frankfurt a.M.: Insel Verlag, (3. Aufl.), 1987, S.428. | 135

Quellenverzeichnis

Rede Stefan Heyms. Aus: www.ddr89.de/ddr89/chronik/1189/041189.html. | **146** Zwei Jugendliche aus Thüringen … Nach: Heuzeroth, Johannes: Sehen, spüren, riechen. Die Panamericana ist ein Mythos. Aus: Thüringische Landeszeitung vom 11.7.2002. | **148** Am 2.Juli 1904 … Aus: Christof Siemes: Sklaven der Presse. 100 Jahre Tour de France. In: DIE ZEIT, Nr. 27 vom 26.6.2003, S.76. | **150** Fit durch Sport. Nach: Greschik, Stefan: Sport – der spaßige Fitmacher. In Geolino vom 7.7.2003, S.22, 23, 26. | **152/153** „Ilse"– das Jahrtausendtief/Die kleine Siedlung Röderau … Aus: Anke Sparmann: Deutschland, deine Flüsse. In: Geo 08 /August 2003, S.96, 98, 99. | **154** Florian Illies: Generation Golf zwei. München: Blessing Verlag 2003. | **165** Vom schlechten Schüler zum Nobelpreisträger. Nach: Jürgen Hüholdt: Wunderland des Lernens. Lernbiologie, Lernmethodik, Lerntechnik. Hrsg. Studienkreis GfM, Gesellschaft für angewandte Methodik im Schulunterricht. Bochum: Verlag für Didaktik, 1993, 8. neu bearbeitete Auflage, S.23–25. | **161/162** Globale Probleme der Mensch-Raum-Beziehung. Aus: Geografie in Übersichten. Hg. von Uwe Hertsch. Berlin: Verlag Volk und Wissen, 1990, S.137-140 | **167/168** Die Ü-Fra-Le-Wie-Methode. Nach: Wolfgang Endres und Elisabeth Bernard: So ist Lernen klasse. München: Kösel Verlag, 1996, 3. überarbeitete Auflage, S.107–108. | **173** Der Nanokosmos – eine Welt voller Überraschungen. Nach: Mike Schäfer, WDR Fernsehen „Quarks & Co.", Sendung vom 6.8.2002 (www.aquarks.de). | **175–177** Rechtschreibhilfen. Nach: Gerhard Augst und Mechthild Dehn: Rechtschreibung und Rechtschreibunterricht. Können— Lehren – Lernen. Eine Einführung für Studierende und Lehrende aller Schulformen. Stuttgart: Ernst Klett Verlag, 2002, 2. Aufl., S.289–290. | **182** „Gastarbeiter" in West-Deutschland. Aus: Deutschbuch Grundausgabe Orientierungswissen, Berlin: Cornelsen Verlag, 2002, S.127. | **183** Aufruf Schweizer Köche: In: Gen-ethisches Netzwerk (Hrsg.): Genethischer Informationsdienst 85, Berlin 1993, S.6. | **183/184** Gentechnik: Mit neuen Methoden zu alten Zielen. In: Auswertungs- und Informationsdienst für Ernährung, Landwirtschaft und Forsten (aid) e.V. (Hrsg.): Gentechnik für den Einkaufskorb. Ein Leitfaden für Verbraucher, Bonn 2000, S.-5–6. | **184** Vertragstypische Pflichten beim Kaufvertrag. Aus: Bürgerliches Gesetzbuch (BGB), München: dtv, 2002, 52. Auflage, § 433; S.143. | **186** Wiederufsrecht bei Haustürgeschäften. Aus: Bürgerliches Gesetzbuch (BGB), München: dtv, 2002, 52. Auflage, § 312, S.118.

BILDVERZEICHNIS:
6, 9, 13, 17, 59, 67, 103, 117 BARLO FOTOGRAFIK, Tobias Schneider, Berlin | **23** oben. www.BilderBox.com/Erwin Wodicka, Thening, Österreich | **23 unten** vario-press/Christoph Papsch | **25** ddp/Thomas Lohnes | **29** www.BilderBox.com, Thening, Österreich | **30, 43, 49, 52, 57, 69, 74 links, 97, 100, 119, 122, 148 unten, 189** picture-alliance/dpa - Fotoreport | **31** Norbert Michalke, Berlin | **32** David Ausserhofer/JOKER | **33** © imago/imagebroker/theissen | **34, 71** Pressefoto Michael Seifert, Hannover | **38** ullstein bild – Eckel | **39** Matthias Tunger, München | **41** © Wolfgang Weinhäupl /OKAPIA, Frankfurt a. Main | **44, 159** akg-images, Berlin | **45, 76, 141, 143 oben, 153** Corel Library | **46** Deutsches Filmmuseum, Frankfurt a. Main | **53** Bongarts/Nadine Rupp. | **54, 102, 133, 138, 183** picture-alliance/ZB-Fotoreport | **55** © Roland Magunia/Joker | **73** Peter Wirtz, Dormagen | **74 rechts** picture-alliance/dpa/Matthew Fearn | **79** bpk, Berlin | **82** picture-alliance/OKAPIA/Herbert Schwind | **83** Rainer F. Steuszloff/JOKER | **84** Fotoarchiv Mehrl, Frankfurt a. Main | **85** akg-images/© 2005 VG Bild-Kunst, Bonn | **88** akg-images/Erich Lessing | **90** Günter Englert, Frankfurt a. Main | **93** Thien/CCC, www.c5.net | **95, 96, 173 unten, 114 oben, 135** picture-alliance/dpa-Bildarchiv | **106, 186** © Marcus Gloger/JOKER | **108 oben** Cover von Jostein Gaarder, Sofies Welt. Hanser Verlag, München 1993, Umschlagbild © Quint Bucholz | **108 unten** The New York Collection 1996 Danny Shanahan from Cartoonbank com | **110 rechts** © RTL Television 2001, vermarktet durch RTL Enterprise | **110 linkss** © RTL Television 2001, © Grundy UFA 2001, vermarktet durch RTL Enterprise | **114 unten** aus: Ina Herbert, Clever durchs Internet. Arena Verlag, Würzburg 2000 , S.10, Illustration von Hans-Jürgen Feldhaus | **120** Universitätsbibliothek Heidelberg | **127 oben** picture alliance/akg-images | **127 unten** ullstein bild/Lauterwasser | **140, 142, 144** Superbild/Gräfenhain | **143 unten** G. Schwabe/Arco Digital Images | **148 oben** ullstein bild/Schirner X | **149** Bongarts/Michael Kienzler | **150** Stefan Eisend, München | **154** picture-alliance/KPA/ Thomas | **162** © Wendy Stone/Corbis | **163** David Boucherie, Köln | **166** Dirk Kruell, Düsseldorf | **173 oben** cinetext, Frankfurt a. Main

ZEICHNUNGEN: **137** H. Wunderlich, Berlin | **145** K. Vonderwerth, Berlin

KARTEN: **45, 146, 152** V. Binder, Berlin

UMSCHLAG: Bildmontage unter Verwendung eines Fotos von einer Filmszene mit Franka Potente aus „Lola rennt" (BRD 1998, Regie Tom Tykwer), © X-Filme Creative Pool/WDR/arte – CINETEXT Bildarchiv, Frankfurt a. Main und eines Fotos von Gerhard Medoch, Berlin

Einander entsprechende Lerninhalte in „Unsere Muttersprache 10" und „Unser Lesebuch 10"

Lernziel/ Sachthema	Unsere Muttersprache 10	Unser Lesebuch 10
Argumentieren – Diskutieren – Erörtern	Zu einem Problem referieren S. 6 ff., Diskutieren, Argumentieren S. 12 ff., Freies Erörtern S. 17 ff., Textbezogenes oder textgebundenes Erörtern S. 26 ff.	Verschiedene Fragen oder Themen diskutieren bzw. erörtern S. 10, 16, 25, 30, 38, 65, 82, 87, 160, 168 ff., 190, Sich Dialoge ausdenken bzw. vorspielen S. 9, 18, 183
Erzählen – Beschreiben	Im Film erzählen S. 32 ff., Personen beschreiben S. 41 ff., Komplexe Sachverhalte beschreiben S. 44 ff.	Personen beschreiben S. 10, 25, 26, 207
Freies Schreiben	Schildern S. 30 f.	Persönl. Wunschzettel S. 10, Tagebucheintrag S. 13, 163, 209, Text in freien Versen schreiben S. 13, Textfortsetzung S. 19, Antworttext S. 19, Ratschläge formulieren S. 23, (Parallel-)Gedicht S. 59, 67, Gedankenmonolog S. 178
Mit literarischen Texten umgehen	Ein Gedicht interpretieren S. 76 ff., Einen kurzen Erzähltext verstehen S. 84 ff., Eine Dramenszene interpretieren S. 89 ff.	Gedichte S. 57 ff., Epische Texte S. 77 ff., Drama S. 101 ff., 148 ff., Lektüreanregung KJL S. 167 ff., Klappentext/Romanhandlung S. 32, 78, 82, 94, 102, 124, 128, 156 etc.
Mit Sachtexten umgehen	Mit Sach- und Fachtexten umgehen S. 93 ff., Sachtexte kürzer fassen S. 181 ff., Gesetzestexte lesen S. 184 ff., Bewerbungsschreiben S. 66 ff.	Sachtexte S. 71, 88 f., 134, 147, 164 f., 166, 188 f., 192, 199, Statistik S. 29, 193, 198 Interviews S. 136 f., 186 f., 200 ff., Bewerbungsschreiben S. 195
Mit Medien leben	Berichten, Kommentieren S. 47 ff., Zeitungen lesen S. 103 ff., Medien kritisch betrachten S. 110 ff., Das Internet nutzen S. 112 ff.	Literaturverfilmung S. 31 ff., 124 ff., 128 ff., 167 ff., Dokumentarfilm S. 51 Ein Filmplakat gestalten S. 56
Sprachliche Mittel kennen lernen	Satzbau und Textgestaltung S. 140 ff., Die Wirkung von Sprache untersuchen S. 134 ff., Stilübungen: Konjunktiv S. 155 ff., Stilübungen: Passiv S. 158 ff., Metaphern S. 159 ff., Fachwörter, Fachsprache S. 161 ff.	Redensarten S. 74 f., Wortfamilie „sehen" S. 93 Metaphern S. 25 ff., Ironie S. 60 ff.
Arbeitstechniken	Sachtexte kürzer fassen S. 181 ff., In Texten markieren, unterstreichen S. 182 ff., Gesetzestexte lesen S. 184 ff., Abschlusstrainings (Vorbereitung auf Vergleichsarbeiten) S. 74, 119, 178, Projektorientiertes Arbeiten S. 60, 132, Lesetechnik S. 94	Mindmap S. 91, 115, 164, Brainstorming S. 174, Cluster S. 212, Internetrecherche S. 17, 27, 51, 70, 76, 87, 89, 91, 98, 133, 145, 171 etc., Statistik auswerten S. 29, 193, 198, Projektorientiertes Arbeiten S. 30, 51, 70, 142, 191 ff., Sich Notizen machen S. 85, Lesetechniken S. 123 ff.